"国培计划"优秀成果出版工程·陕西系列

爱在人生伊始

幼儿教师培训指导手册

张昭 主编
孟凡 杨婕 副主编

西南师范大学出版社
全国百佳图书出版单位 国家一级出版社

图书在版编目（CIP）数据

爱在人生伊始：幼儿教师培训指导手册 / 张昭主编 .—重庆：西南师范大学出版社，2017.1

ISBN 978-7-5621-8410-2

Ⅰ.①爱… Ⅱ.①张… Ⅲ.①学前教育—教学参考资料 Ⅳ.①G613

中国版本图书馆 CIP 数据核字（2016）第 290742 号

名师工程系列丛书

编委会主任： 马　立　宋乃庆

总策划： 周安平

策　划： 李远毅　卢　旭　郑持军　郭德军

爱在人生伊始——幼儿教师培训指导手册

张　昭　主编

责任编辑： 张昊越

特约编辑： 刘艳春

封面设计： 天之赋设计室

出版发行： 西南师范大学出版社

地址：重庆市北碚区天生路 1 号

邮编：400715　市场营销部电话：023-68868624

http：//www.xscbs.com

经　销： 新华书店

印　刷： 重庆共创印务有限公司

开　本： 720mm×1030mm　1/16

印　张： 19.75

字　数： 334 千字

版　次： 2017 年 3 月　第 1 版

印　次： 2017 年 3 月　第 1 次印刷

书　号： ISBN 978-7-5621-8410-2

定　价： 35.00 元

序一

解读教师培训的密码

教育作为最大的民生问题，历来是社会关注的热点。当前人们对基础教育的诟病，最集中的莫过于“优质教育资源不足且分布不均衡”。更有专家断言，现在基础教育的首要问题是“优质教育资源的有限性与人民群众对优质教育资源需求的无限性之间的矛盾”。这些观点倒是能切中教育问题的要害，直击肯綮。君不见，在一片“均衡”声中，“择校热”愈演愈烈，已成为不争的事实。择校，说到底是择师。高质量的教育必然需要高素质的教师，因此，打造一支师德好、理念新、能力强、肯奉献的教师队伍，恰是回应群众需要、破解教育难题的关键。如何让教师培训变得更有实效、更具吸引力，是教育部门和教师研训机构需要认真思考和实践探索的重大课题。

近年来，陕西省宝鸡市围绕“建设教育强市”“在关中一天水经济区率先基本实现教育现代化”这个总目标，始终把教师培训作为推进教育优质资源均衡发展的根本来抓。早在2011年，我们就启动了教师全员培训工程，着力建构“国培”“市培”“县培”、校本培训、自我研修五大体系，创新名师引领、理念研修、实地观摩、实操指导、座谈交流五大模式，实施需求分析、菜单确定、策略实施、成果评价、反馈跟踪五大步骤，这一系列举措使教师培训的针对性、科学性、实效性显著增强，对于提升教师队伍整体素质、推进区域教育综合改革发挥了重要作用。

宝鸡教育学院作为教师培训的生力军，近年来，始终坚持“问题导向、需求引领、任务驱动、注重实践”的原则，不断创新培训模式，打造培训品牌，在助力教师专业成长方面起到了推动作用，也为教师培训闯出了新路，提供了示范。这几年，我曾多次到宝鸡教育学院调研“国培”工作，也时常担任培训讲师，经常与参训教师面对面交流，对宝鸡教育学院的“国培”工作也有一定的了解。我深切感受到他们是在用心做“国培”，肩负使命做精品；用智做“国培”，精选内容重实效；用力做“国培”，培训过程求创新；用情做“国培”，参训教师有提高。他们用自己的创新实践，解读了教师培训的“密码”。连续几年，宝鸡教育学院在全省“国培”项目的匿名评价中始终名列前茅，就是对他们培训工作成效的最好诠释。

从教师队伍的实际需要来看，当前培训不是多了，而是少了。但现实中的具体情况是许多教师对培训不胜其烦，除了工学矛盾因素，更多的原因恐怕与以往培训内容空泛、培训形式呆板不无关系。我认为，相对于以往的培训而言，宝鸡教育学院当前的培训有以下几个鲜明的特点。

一是激发动能。李嘉诚曾说：“鸡蛋，从外打破是食物，从内打破是生命。”激发和引领教师的内在需求，已然成为提高教师培训质量的关键。宝鸡教育学院的培训体系对每个环节都进行了精心设计，无不体现了对参训教师内驱力的激发、点拨和磨砺。

二是问题导向。在职教师培训的一个重要目的是解决教育教学中的具体问题，需要“望、闻、问、切”。每次培训前，宝鸡教育学院的教师都要通过问卷调查或面对面座谈交流的方式，了解参训教师的培训需求，力争让培训内容更具针对性、服务性。这种“接地气”的选题，无疑最贴近教师教育教学的难点和热点，也特别能引起参训教师的共鸣。

三是课程研发。宝鸡教育学院从一开始的需求分析、菜单确定、策略实施、成果评价，到最后的反馈跟踪，整个过程都按照新课程改革的理念来实施，而且已成体系，真正体现了“供给侧改革”的理念，使培训做到了紧密互动、有的放矢。

四是模式创新。传统的教师培训一般是专家台上讲，教师台下听。这种接受式、灌输式的培训，受众面广，但参与度低，只适合理论传递、信息输送，不见得能够调动每一位参训教师的积极性。宝鸡教育学院的培训引入高效课堂的理念，注重充分调动每一名参训教师的主动性和积极性，让参训教师真正“动”起来。“主题讲座—课例实践—互动研讨—自我反思”，这种强调培训者与参训教师、参训教师与参训教师之间的多向交流互动的培训模式，有理论的冲击，也有实践的参照，能够真正在多维互动中实现从教育理念到教育行为的转换和内化。

五是任务驱动。这是调动学生探索、研究、分析和解决问题，培养学生创新能力和主动学习能力的重要策略，在教师培训中同样适用。任务驱动，可以促使参训教师自觉研究，主动思考，在协作中寻求解决问题的策略，在研讨中分享各自的工作经验，搭建参训教师互训的广阔平台。

这套书籍，是宝鸡教育学院对“国培”工作实践性、经验性的行动总结，也是对如何提高培训质量、促进教师专业发展的科学性、创新性的理论探索，更是培训者与参训者互动学习、共同成长的真实记录。书中收集的案例成果全部来自本土专家和一线教师，这些精选的活动组织、教学设计都属于可分享、可移植、可学习、可借鉴的本土经验，值得读者结合实际反复体味。我一直认为，听和读是完全不同的学习状态。听讲时主要是感性的认知和判断，读则更多的是理性的思考和评判，因为文本中理论的严谨性和逻辑的严密性比宣讲时更强。所以，听讲后再去阅读文本，就有了更多咀嚼、思考的时间，就多了理解、消化、吸收的可能。

有人说：“理论永远是灰色的。”我要说，实践永远是五彩缤纷的。我相信我们今天洒下的汗水一定会有结果，多年后形成的蔚然风景会证明我们的存在和价值。愿宝鸡教育的核心竞争力日趋彰显，愿我们的教师培训工作能真正成为提升宝鸡教育软实力的发动机，愿更多的教师能够从本套书中获得收益，在与高手对弈、与智者交流中实现心灵的顿悟和能力的提升。最后，真心希望我们这块曾经生长过燕伋、马融、张载的沃土上成长起一批批享誉全国的仁师、名师。

是为序。

宝鸡市教育局党组书记、局长　苏永兴

序二

爱在人生伊始

——读《爱在人生伊始——幼儿教师培训指导手册》感悟

当我接过这沉甸甸的一摞文稿时，虔敬之情油然而生。只要是为幼儿教育用心付出的任何一个小小的行为都会让我心生敬重，更何况是这么厚一本用心血和汗水凝结成的文字。

我恭敬地把文稿放在桌面上，细细地将五个篇章逐一分开，便从第一篇开始静心拜读。除了吃饭的时间外，整整两天从早上 6 点读到晚上 12 点，丝毫不敢轻慢和懈怠。我被书中缜密务实的文字所吸引，被撰写此书的人的专业精神和认真态度所感动，什么样的责任担当意识，什么样的胆识勇气，什么样的使命与爱心才能成就这本书呢？如果不是我有幸亲眼看见，根本无法想象在我有限的幼教职业生涯中竟然能看到幼教人梦寐以求的这本工具书，原以为能看到《幼儿园教育指导纲要》和《3～6 岁儿童学习与发展指南》已是我们正在从事幼教事业的幼儿教师们的幸事了。但是，宝鸡教育学院的精英们为了奠基幼教事业、造福幼儿教师，为我们编就了这么了不起的鸿篇巨制！此书带来的关于幼教的全面知识必将推动幼教事业发展。

我感动。书中共五篇，分别是管理篇、教育篇、保育安全篇、环境创设篇、家园共育篇。每一篇的内容都能切中幼儿园工作的关键点与要害处，每一节的每个部分都让我这个有着 31 年幼教经验的人慨叹——每种理念、每个观点都直击幼儿教育的关键问题，书中所有的“知识拓展”都给我们奉上了专业成长的佳肴美味。教育篇更是直指幼儿园课程的核心——课程必须关注儿童的内心世界，把儿童的内心需求真正体现出来，教师必须学会观察、学会倾听，必须把教育教学建立在观察和倾听儿童的基础上。我感动，我聆听到了幼儿教育的全部核心与真谛！

我感恩。这本书中全部的内容都写出了我这个老幼教人的心声，它是我们用心尝试、静心感悟幼教职业多年的人从心灵深处发出的激昂的呐喊——把我们所有的经验都用一种方式全部奉献给幼教事业的后来人。而这本书的内容就像一位职业老前辈语重心长的谆谆教诲，又如一位资深幼儿教师精辟的经验总结。我感恩，我看到了撰书者做了我们幼教人渴盼已久又心有余而力不足的事情。

我期待。书中提到的幼儿教育活动的意义、特点，教师提问与回应的技巧，社会教育活动的方法，幼儿安全保护与安全教育的关系等问题，都能直击幼教问题的关键与要害，如果是青年教师幸遇本书，它会从一开始就让他的职业发展走上高速通道，全方位引导他的幼儿教育工作，指导他在教育教学、保育安全、环境创设、家园共育等工作中取得骄人成绩，让他在职业生涯中少走很多弯路；如果是幼儿园的管理者有幸与它相会，它会给他的教师培训、家园共育工作等带来诸多方便，让他在工作中倍感愉悦、倍感轻松。我期待它的出版，期待它以书的形态出现在我的眼前，从此陪伴我之后的职业生涯。

张少玫

2015年5月31日

（张少玫，宝鸡幼儿园党支部书记兼保教副园长。躬耕于宝鸡幼儿园31年，有20年幼儿教师的教育实践经验，11年幼教管理的经历。有多篇幼教专业文章在国家级核心刊物或报纸上发表，多次在国家及省、市教育成果论文评选中获奖。承担宝鸡市幼儿教师的全员培训工作，并举办“国培”“市培”项目的专题培训讲座。对于幼儿学校教育、幼儿家庭教育和幼儿园班级管理、家园共育工作有自己独到的认识和见解。）

前 言

《国家中长期教育改革和发展规划纲要（2010—2020年）》明确提出，要对教师实行每五年为一周期的全员培训。2010年，教育部、财政部启动“国培计划”，以农村教师为重点，推动各地开展大规模教师培训。陕西省宝鸡教育学院从2011年起连续四年承担并组织实施了“国培计划”项目22个，共培训学员1924人，形成了“举院一致，科研先行，真情润培，师生共进，研培结合，长效跟踪”的“国培”工作指导思想，以及“用心做‘国培’，肩负使命创品牌；用智做‘国培’，培训内容重实效；用力做‘国培’，培训过程求创新；用情做‘国培’，学员满意有质量”的理念。在幼师培训方面，形成了“关注技能创品牌，聚焦问题求实效，注重内涵提品位”的特色，积累了宝贵的资源和丰富的经验。2013年和2014年我院承担的“国培”项目，在教育部的评估中取得了优异成绩，受到陕西省教育厅的充分肯定。省教育厅于2014年8月授予我院“陕西省中小学教师、校长培训示范基地”的称号。

《爱在人生伊始——幼儿教师培训指导手册》旨在为幼儿园管理人员、保教人员提供一本综合性指导读物，帮助幼儿教师提升理论素养，指导幼教实践。

在内容编排上，本书分为五篇。

“管理篇”，对幼儿园管理工作的内容、要素、原则、任务和目标，幼儿园资源及保教队伍的管理和建议，幼儿园管理工作评价等进行了详细阐述，并结合案例分析和图表加以说明，理论性和可操作性相结合，以帮助参训教师认识幼儿园管理工作的重要性。

“教育篇”，从幼儿园教育活动设计与实践、幼儿园教育活动评价、幼儿教师的教学技能及训练三个方面，对教师如何组织教育活动进行了介绍，尤其是在教师技能提升方面，给出了一些操作性较强的指导意见。

“保育安全篇”，从幼儿园一日常规工作的布置、安全工作要点、常用急救措施三个方面，介绍了保育与安全工作中的一些理论及常识，强化了幼儿园保教人员在保育工作中必知的基础理论，并提高了教师沉着应对安全事故的能力。

“环境创设篇”，以幼儿园环境创设的基本理论为指导，以我院幼师“国培”项目“影子培训”中的部分合作幼儿园建设为范例，介绍了环境创设的基本原则及材料准备、区角环境创设实例及分析等方面的理论知识。

“家园共育篇”，阐明了加强对幼儿家长指导的意义、原则及方式，介绍了提升幼儿家长教育能力的一些方法。针对家庭教育中普遍存在的问题和误区，如重智轻德、重知轻能等忽视孩子全面发展，溺爱保护过多，期望过高等问题进行了探讨。

推进幼儿教育事业发展，可以体现幼儿教师的人生价值和生命意义，是每一位幼教工作者共同的追求。它关系到幼儿园、幼儿教师个人，乃至整个幼儿教育事业的发展，更是国家兴旺、民族复兴的重大基础性事业。总之，优质的培训活动能让教师在职业生涯中，通过不断学习，不断实践，更加灵活而有创造性地开展工作。

陕西省宝鸡教育学院将为更多的教师搭建成长的平台，愿成为教师与新课程共同成长的守望者与促进者。

编　者

2015 年 6 月

目　录

管理篇

教育篇

保育安全篇

环境创设篇

家园共育篇

管理篇

幼儿园管理是各项教育活动进行的基础，本章从幼儿园管理的要素、原则、任务、目标等方面展开内容，同时对幼儿园资源管理和保教队伍管理、评价体系管理也做了详尽的介绍，并提供了科学的幼儿园管理方法，给出了具体的管理步骤。

第一节　幼儿园管理的要素、原则、任务和目标

一、幼儿园管理的内容和要素

要实现幼儿园管理工作的任务目标，就要了解幼儿园管理工作的内容和要素。用“麻雀虽小，五脏俱全”来形容幼儿园管理工作涉及的内容是很贴切的。

如果说支撑社会发展的传统资源是人、财、物的话，那么在新时代支撑社会发展的主要资源就是信息。除此之外，对空间进行有效的利用，对时间进行科学的管理，协调并安排好各方面的工作，也是幼儿园管理工作的重要内容。幼儿园管理工作的内容主要包括两大部分——保教前勤工作与总务后勤工作。幼儿园管理工作以最终实现育人目的为己任，要把各项育人之事——人、财、物等诸要素综合起来，进行全面的管理。我们把这些要素提取出来并加以概括，最终得出幼儿园管理工作的七大要素，即人、财、物、事、时间、空间、信息。

（一）对人的管理

任何管理都是通过管理人来完成的，人是幼儿园管理工作内容中最活跃、最能动的元素。在幼儿园里，“人”主要包括园长、副园长、保教人员、后勤人员和医务人员，每个人的工作热情和工作质量直接关系到幼儿园的整体管理水平。园长在对幼儿园进行管理时，要充分地尊重、关心和信任教职工，最大程度地为他们提供发展的空间，真正做到“以人为本”，调动教职工工作的积极性，使他们充分发挥工作潜能。

（二）对财、物的管理

在幼儿园管理中，“财”指资金，“物”指教学设施、仪器、玩（教）具、材料等物质条件。幼儿园要把有限的资金合理支配，把它们最大限度

地用在能提高效益的地方，使得财尽其用，以保障幼儿园各项工作正常运行。对物的管理包括选择购置、科学管理、恰当运用、节约维护等，使物尽其用，充分发挥物质本身的效能。在物质条件有限的幼儿园，我们可以充分利用废旧物品，制成各类玩（教）具。除此之外，我们还应做好对物品的维修和保养工作，延长玩（教）具、各种器材的使用寿命。

（三）对事的管理

任何一个组织的内部都会有很多常规性工作，幼儿园的工作更加纷繁复杂，包括对本园的发展建设、重大事情的研究与决策；对教养业务、思想教育、卫生保健、总务行政等各方面工作的安排等。这些工作必须围绕幼儿园保教的总目标来安排，使之有条不紊地进行。

（四）对空间环境的管理

空间环境可以分为物理空间环境和社会空间环境，前者为有形环境，后者为无形环境。幼儿园是育人的场所，优美的物理空间环境不仅具有重要的教育作用，还对园内形成良好的人际关系，创设友爱、尊重、积极向上的氛围有深远的影响。这些空间环境反映了幼儿园的整体风貌，使置身其中的每一名成员都可以受到熏陶和感染。

（五）对时间的管理

在对时间的管理上要善于抓住主要、重要、紧急的工作，统筹安排时间，这样才能避免出现频繁抓小事、贻误主要工作的现象。幼儿园的工作细小琐碎，这更要求管理人员做好时间管理工作，优质高效地完成幼儿园保教任务。

（六）对信息的管理

这里所说的“信息”包括幼儿园内部的教育管理信息和外部的大环境信息，工作中要注意信息的及时沟通、处理、运用与储存等问题。幼儿园要保持自己的先进性，必须注意及时获取各种教育信息。例如，对当前幼儿园的各种全新教育活动模式，幼儿园都应组织教师进行学习，促使教师转变教育观念，与时俱进。不过，对信息的获取应该适度，太少不利于管理人员和教师认识本园与他园的差距，太多则容易使管理人员和教师迷失，失去自己办园的方向和特色。因此，幼儿园要提高对信息管理认识，最大化地发挥信息管理的作用。

二、幼儿园管理的原则

（一）幼儿园管理原则确定的依据

确立幼儿园管理原则是一件严肃的事情，它的依据主要有以下几点。

（1）我国的教育法规和幼儿教育法规性文件。以正确的价值观为指导，遵照我国的教育法规和幼儿教育法规性文件要求，以全面提高幼儿园保育和教育工作的效率和效益，更好地完成幼儿园的双重任务。

（2）幼儿园管理的客观规律。尊重幼儿园管理的客观规律，处理好幼儿园的内部关系与外部关系，如人与人的关系、事与事的关系、“投入”和“产出”的关系、幼教机构与社区的关系，等等。

（3）幼儿园管理工作的实际情况。幼儿园管理原则是管理实践经验的结晶，要明确幼儿园各项工作的行为规范，不断总结、积累经验，丰富、发展和更新管理原则，使其更具可操作性。

总之，在幼儿园管理的过程中，存在着多方面的复杂关系，会产生一系列矛盾。要概括总结出幼儿园管理的原则，就要认识和分析各种矛盾、各种关系，研究探索管理的规律。

（二）幼儿园管理的原则

所谓“原则”，就是本质、基础、规则、基本的行动准则、指导思想或基本要求等。

管理原则是指导管理工作的行为准则。幼儿园管理原则是指为实现幼儿园的工作目标，正确处理管理过程中的各种矛盾、各种关系或问题的指导原则，是对幼儿园管理系统提出的基本要求，是幼儿园管理活动必须遵循的原则。在幼儿园的管理实践中，管理原则起着统摄和指导幼儿园整个管理系统和各项管理工作，并协调其间相互关系的作用。

幼儿园管理活动主要有以下四大类。

一是幼教机构与社会的关系。幼儿园不是孤立的组织，而是社会系统的一个有机组成部分，幼儿园教育和管理的各项活动都要同社会发生联系。开办幼教机构、发展学前教育必须先考虑社会的要求——国家对幼儿教育在培养方向上的要求，对幼儿园工作任务的要求，还要考虑当地的经济状况、自然地理条件、民俗与社会风气及家长需要等各种因素。

二是工作与工作之间的关系。幼儿园管理活动需要处理两类工作关系。一类为横向的，即各部门所从事的不同内容的工作的关系，它们之间应是相互联系、相互制约与促进的关系，如保教工作与后勤工作之间的关系；一类为纵向的，即前后阶段的工作，它们之间应为相互联结、运转有序、不断递进的关系。

三是人与人之间的关系。包括组织中的人——个体与个体，个体与群体之间的关系，人际关系与组织机构之间的关系等。其中最突出的是领导者、管理者与作为管理对象同时又是工作主体的广大教职员工之间的关系。

四是资源投入与工作效果的关系。幼儿园要实现工作目标，需有一定的人力、物力和资金的投入，然而资源的投入并不一定与工作效果成正比。有效的管理都会考虑其间的内在关系。

针对以上几方面的关系，我们提出幼儿园管理的五个基本原则。

1. 方向性原则

幼儿园管理的方向性原则指的是坚持党的领导，办人民满意的幼儿园的原则。这个原则也是办教育的政治思想原则。开办幼儿园，要以社会效益为根本，要以满足社会需要作为根本的出发点。在我国，不论哪种层次的教育，办学方向都是一致的，都是为社会主义建设培育新人，都是为了促进教育对象德智体美的全面发展，保证党的教育方针的实现。

幼儿园担负着双重任务。《幼儿园工作规程》（2013 修订版，以下简称《规程》）第二条、第三条明确提出：“幼儿园是对 3 周岁以上学龄前幼儿实施保育和教育的机构。幼儿园教育是基础教育的重要组成部分，是学校教育制度的基础阶段。”“幼儿园的任务是：贯彻国家的教育方针，按照保育与教育相结合的原则，遵循幼儿身心发展特点和规律，实施德、智、体、美等方面全面发展的教育，促进幼儿身心和谐发展。幼儿园同时面向幼儿家长提供科学育儿指导。”《规程》对幼儿园性质任务的规定体现了我们社会主义国家办教育的目的。双重任务就是幼教机构的工作方向。可以说，教育好幼儿是为未来社会主义服务，服务好家长是为有益于当前社会主义建设，二者均服从于社会主义建设的总目标。幼儿园管理者要树立全局观念，使幼儿园管理与教育工作服从并服务于社会主义建设的总目标。目前，幼儿园在完成双重任务方面存在着两种倾向：一种是把幼儿园作为正式教育机构，偏重教育幼儿知识的任务，一种是把自己仅看作单纯的福利性机构，较偏重于服务家长的任务。还有少数幼儿园以营利为目的，向家长收取高额费用，或以办兴趣班为由额外收取费用，这都反映出管理者在办园方向和办园指导思想上的偏差。

坚持方向性原则就要保证双重任务的完成。为此，幼儿园管理工作要注意做到以下几点。

一是坚持正确的办园指导思想。办园应以教育效益和社会效益为根本，不以营利为目的，要从有利于教育目标的实现和人民的需要出发，做好幼儿园工作，服务家长，满足不同的社会需要，为社会培养人才。

二是坚持党的领导。幼儿园中党的基层组织要切实起到保证、监督幼儿园行政工作顺利进行的作用，一方面要贯彻执行党的路线、方针、政策，包括教育方针政策、坚持社会主义办园方向，从而实现政治性的领导。同时，应通过发挥党组织在幼儿园工作中的战斗堡垒作用，以及党员的先锋模范作用，在执行党的路线、方针、政策，完成工作任务等方面做好表率，实现对幼儿园行政工作方向的引导。

三是建设优良园风。幼儿园作为教育机构，是培养人的场所，是建设社会主义精神文明的阵地，要完成双重任务，教育好孩子，服务好家长，这能直接体现出幼儿园的办园思想和其良好的精神风貌。培养好人才，师资队伍素质的提高是关键。幼儿园管理者要加强思想政治工作，调动全员的积极性，注重师德教育，提高教师素质，形成良好的园风、园貌，激励全员同心同德，奋发努力，为实现全面育人的目标而完成双重教育任务。

2. 保教并重，整体安排的原则

这一原则是指在幼儿园管理工作中，坚持保教并重的观念，结合幼儿园的各项工作内容，合理组织各部门、各岗位人员之间协调工作，充分发挥保教人员的整体潜能，以达到幼儿园管理的最佳效果。幼儿园内各岗位人员、各部门都应全面、有序地协调起来，尽量避免出现矛盾，以保证正常的教学秩序，通过协同活动，为实现幼儿园培养人才提供有力的保障。要实现保教结合应做到：（1）幼儿园各项活动均应以保教为中心；（2）开展保教活动要注意保育工作和教育工作两者的结合与渗透；（3）保教任务以各种活动的形式在一天中完成。幼儿园管理者、领导者在保教管理工作中，要注意经常深入保教一线，全面了解各种保教活动的开展情况，并对出现的问题进行认真分析、研究，为保教工作人员提供切实的帮助和指导，推动和改进保教工作，不断提高保教质量。

以保教为主，整体安排各项工作，既是一条依据教育客观规律实施教育的原则，也是一种管理原则，能反映管理的规律。幼儿园工作具有系统性的特点，要发挥管理效用，就要做到以保教为主，全面安排。幼儿园各方面工作均不可忽视，要统筹考虑，园长应学会“弹钢琴”，要能区分事情的轻重缓急，分清“主调”与“和弦”。幼儿园管理者要考虑近期任务与长远目标的关系，并围绕各时期的主要工作或阶段性的重点工作，安排好工作，使各部门的各项工作协调配合，实现幼儿园整体工作的正常运转，并最终较好地完成保教任务。

3. 调动全员，民主管理的原则

这一原则也可称为积极性原则，是指幼儿园管理者应将广大教职工视为幼儿园的主人，尊重他们享有参与各项事务的管理决策的权利的原则，这一原则是全体教职工积极参与幼儿园管理的组织原则。首先，民主性原则强调培养教职工参与管理的意识，激发他们“参政议事”的积极性，促其为办好幼儿园奉献智慧和力量。其次，民主性原则强调幼儿园管理工作必须增强透明度，做到政务公开、财务公开，并且加强有力的监督。再次，民主性原则强调要处理好上级与下属之间的关系。

例如，一些幼儿园在实施优化组合制、教师聘任制和制定岗位责任制的过程中，自下而上地听取群众意见，进而制定出非常有利于幼儿园发展的内部体制改革方案。又如，在管理中设意见箱、开展提合理化建议活动等。管理者在实践中要不断总结经验，积极探索，创造出更多更有效的管理形式。总之，要注意通过多种方式，调动全园教职工积极性，使他们对管理人员有监督权，对幼儿园重大问题有参与讨论和决定的权利，真正实现“当家做主”。

4. 重视办园效益的原则

效益原则是指在管理工作中，合理利用人力、物力、财力和时间等资源，以最低的消耗取得最佳的效益的原则。办幼儿园，必然要考虑效益问题，不仅要有社会效益，也要有经济效益。幼儿园管理者应通过合理组织和运用有限的人力、物力等资源，提高管理的功能效益，提高教育质量。

管理者不能只做忙忙碌碌的“事务主义者”，也不要做只按规则做事，不讲效果的“原则领导者”。要把幼儿园管理工作纳入真正的科学管理轨道，奉行效益性原则，必须注意做好以下几方面的工作。

（1）建立合理机制，使幼儿园工作制度化、规范化、程序化。

幼儿园要不断完善其组织机构，明确幼儿园工作的任务目标，建章立制，形成管理层次清楚、职责分明，既统一领导又分工协作的科学的管理系统，保证管理工作正常有序地运行。幼儿园要根据本园实际情况，合理设置各项机构，并注意对其调整、完善，做到机构简、人员精，各部门人员有职、有权、有责，服从统一指挥，配合分层管理，提高各组织的功能和工作效率。幼儿园要健全以岗位责任制为核心的各项工作制度，包括全员性制度、部门性制度以及考核奖惩制度，并形成规范，从而形成稳定、正常的工作秩序。

实现幼儿园工作的有效管理，还要加强幼儿园工作的计划性，通过计划将各部门和各教职工的工作有效地联系和组织起来，前后连贯，环环相扣，并注意使幼儿园管理工作依照科学、合理的程序展开，从计划的制订到实施，到检查和总结，形成完整的管理活动周期，以推动各项工作不断前进，同时不断提高各部门的工作质量和效率。

（2）坚持勤俭办园，实现经济效益优化。

有效运用现有的条件，最大限度地发挥现有资源的作用，以最小的代价获得最佳的效果，这是管理的意义所在。幼儿园管理要进行教育成本核算，要注意计算经济投入或资源的耗费与培养人才和教育效果的关系，要考虑教育投资获得的经济效益问题。

为此，幼儿园管理者要注意分析所有的教育资源，包括人力、物力、财力与时间等。在管理工作中，一方面要注意充分利用并合理安排人力资源，避免出现人浮于事的现象，发挥所有人的聪明才智和潜在能力，更多、更好地完成工作任务；另一方面还要做到合理利用物质资源和资金，科学经营，节支增收，提高经费和物资利用的效率。同时，幼儿园一定要坚持艰苦奋斗、勤俭办园的原则。如尽量减少非教育性开支，合理定编定员；加强教育设备的保管维修，延长其使用寿命；杜绝浪费和防范不应有的设施损坏。另外，要合理有效地利用时间。管理者要有经营意识，提高教育资源的有效利用率，实现社会效益与经济效益的统一。

5. 社会协调原则

教育系统是整个社会系统的组成部分，与社会联系密切，而幼儿园的管理活动也是在同社会各个方面的交往中进行的。幼儿园管理者应注意通过内外协调，充分利用社会有利条件，排除不利因素，不断提高幼儿园的保教工作质量和管理水平。

幼儿园管理者要搞好管理就要注意分析园内外之间的动态矛盾，主动了解社会环境的变化，有意识地进行自我调节，力争与社会发展保持平衡。要搞好社会协调，除了注重向社会宣传本园教育理念外，还应积极主动地为社会服务，发挥社会作用，从而实现与社会间的双向服务，创造良好的教育环境。

幼儿园管理的以上五个基本原则之间紧密联系，共同作用于幼儿园管理过程，管理者只有在幼儿园实际管理工作中将这几个原则加以综合运用，才能取得较好的管理效果。

三、幼儿园管理的任务

幼儿园管理的任务就是要通过发挥管理者计划、组织、指挥、协调和控制等管理职能，充分利用园内外各种教育资源，全面地理解和把握幼儿园的任务及目标要求，采取适当的管理措施，优质高效地实现幼儿园的教育工作目标。要提高幼儿园的保教工作质量，真正做到教育好幼儿，服务好家长，必须从以下几方面着手。

（一）确定管理目标

作为一名幼儿园管理工作者，必须善于确定本园的管理目标，这种目标的确立不能凭主观臆断，而要经过科学分析。幼儿园管理目标的制订要经历以下几个阶段。

1. 明确自己的期望

任何人都对自己从事的事业有所期待和憧憬，如果不将其明确化、具体化，这些期望就难以变成现实，故管理者应该善于抓住自己的期望。期望是目标的雏形，所以明确期望是确定目标的第一步。

2. 看清形势

了解幼儿教育事业发展的大环境，包括政治、经济、文化以及国家对幼儿教育事业发展所制定的政策和相应的法规条例，同时要了解幼儿教育发展的动态和趋势，这是制订管理目标的重要依据。

3. 分析自身的优势和劣势

泛泛的期望能否成为具体的目标，是受许多因素制约的，其中一个重要的因素是幼儿园的自身条件。若管理者的期望与幼儿园条件相差甚远，则期望就不能成为可实现的目标。幼儿园的条件包括许多方面，如园舍、各种物资设备、经费、保教人员的素质等。制订幼儿园管理目标必须考虑到本园的条件，否则制订出来的管理目标就会成为空中楼阁，难以实现。

4. 确定目标

经过大量的分析调查找出本园的优势，最终才能确定管理目标。管理目标应该明确、具体化，具有可操作性。另外，一个阶段的目标不宜过多，且应有可行性。

目标的制订从一开始就要有全体教职工的参与，使整个决策过程都是民主的。只有这样，所订目标才能得以落实，才能把对实现目标的要求转化为教职工的自觉行为。

（二）建立管理系统

幼儿园的管理系统包括组织机构和规章制度。组织机构可以根据幼儿园的规模和实际情况而建设，要本着精简高效的原则，不虚设机构，每个机构都要充分发挥效用。规章制度制订要符合国家与当地主管部门的有关规定，反映出本园特点，可以借鉴但不可照搬照抄、机械模仿他园规定。

（三）理顺关系

理顺各机构、岗位、人员之间错综复杂的关系，管理工作才能顺利开展。关系的理顺可以从以下几个方面着手。

1. 建立明确的岗位责任制，明确分工

对于那些没有理顺的岗位或人员关系，要在工作实践中不断调整。由于岗位分工并不能达到泾渭分明，在客观现实中，各岗位工作也存在着千丝万缕的联系，在此情况下要人为地加以规定，使各岗位职责尽量明确。

2. 提高各层次管理人员的管理水平

以往，我们更重视对教职工的专业知识和技能技巧的培训，而忽视了对他们管理能力的训练，这导致他们在工作中不知如何相互配合，出现了不协调现象，甚至彼此间产生了矛盾。提高各层次管理人员的管理水平是理顺人员关系的有效措施。

3. 维持良好的工作秩序，养成良好的工作习惯

良好的工作秩序和工作习惯可以转化为无形的管理力量，可以确保组织机构的正常运行和相关规章制度的有效执行。只有在工作过程中严格遵守规章制度，才能形成良好的工作秩序与工作习惯。

4. 形成良好的园风

在全园范围内，培养教职工具有高尚的道德情操，树立正确的价值观念，让他们将个人的需要与组织的需要结合起来，形成团结友爱、爱岗敬业、勇于奉献的良好作风。形成这种工作环境可以有效减少各种矛盾冲突，使教职工的精力和关注点投入到忘我的工作中。

（四）为幼儿健康成长创造良好的条件

保证幼儿身心的全面发展是幼儿园一切工作的出发点和最终归宿。幼儿园的管理任务就是要为幼儿的成长和发展创造良好的条件，使幼儿在幼儿园中有很好的发展空间和机会。幼儿的潜力是非常大的，最大限度地挖掘幼儿的潜力是每个幼儿园的艰巨任务，它的实现有赖于幼儿园管理工作的顺利开展。

四、幼儿园工作目标的确定

某园实施目标管理，根据保教人员对目标实施和完成的情况，一年进行一次绩效评估。幼儿园通过对比工作效果与预定目标实现情况，支付给保教人员相应的奖金。保教质量大幅度提上去了，但却害苦了后勤部门。后勤部门在完成后勤保障工作时手忙脚乱，保教部门抱怨后勤部门服务跟不上。幼儿园领导层决定为所有部门和班级以及核心教职工制订一个目标设定流程。他们请了一家咨询公司来指导幼儿园设计新的绩效评估方案，付给咨询顾问高昂的费用帮助管理者修改基本薪资结构，制订奖金评定规则。领导层期待着很快能见效。然而不幸的是，他们不仅没有见到好的效果，部门之间的矛盾还加剧了，尤其是保教部门和后勤部门。保教部门埋怨后勤部门服务不及时，后勤部门埋怨保教部门工作没有计划性。家长满

意度下降，幼儿园的声誉也受到影响。分析其原因，主要还是管理者设定的目标没有考虑到整体工作的衔接关系，每个部门只专注于本部门的几个目标，而且目标一旦定下来就不再改变，即使发觉与其他部门发生矛盾，也没有及时修正。

由此可见，制订目标很重要，对目标进行调整和管理同样重要。

（一）幼儿园工作目标的构成

幼儿园工作由教育工作和管理工作构成，幼儿园工作目标也相应地由教育目标和管理目标构成。

幼儿园教育工作分为保育和教育两大部分，包括对幼儿产生直接影响，促进幼儿健康发展的一切活动，如一日生活常规活动、与家长的联系、游戏活动，等等。幼儿园教育目标是指对幼儿发展状态或标准的一种预期，是幼儿园工作目标体系的中心，决定了幼儿园工作的基本任务。

幼儿园管理工作包括对人、财、物、事四大部门的管理，是以教育目标的实现为中心而开展的一切管理活动，如保教人员的安排、各种规章制度的制订、园所文化的建设。幼儿园管理目标是指对幼儿园各项管理活动应该达到的要求和标准的一种预期，是实现幼儿园教育目标的保证和前提，决定着幼儿园的办园质量。

教育目标和管理目标相互依存，紧密相连。教育目标是确立管理目标的依据，管理目标是教育目标实现的保证和前提，二者中关键的是教育目标的实现。

（二）确定幼儿园工作目标的依据

幼儿园工作目标应依据国家有关幼儿园教育的政策法规、办园的指导思想、园所的实际情况以及幼儿教育规律等确定。在确定工作目标时，应注意管理目标与教育目标的一致性。具体来说，应先确定教育目标，再确定管理目标。

1. 慎重确定工作目标

幼儿园的教育目标决定着幼儿培养成果，反映着办园的根本方向，因此在确定工作目标时应慎重考虑。一般来说，应该考虑以下几个方面的影响因素：第一，依据国家有关幼儿园教育的政策和方针。我国针对幼儿教育事业，先后颁发过《幼儿园工作规程》（以下简称《规程》），《幼儿园教育指导纲要》（以下简称《纲要》）等文件。《规程》的第一章第五条规定的幼儿园保育和教育的主要目标是各个幼儿园制订本园教育目标的依据。《纲要》也提出了相应的规定，使其具有政策性。第二，要从幼儿园的内外环境、师资条件等实际情况出发来确定目标，使其具有可行性。第三，要考虑幼儿的身心发展特点和教育规律。幼儿的身心处于飞速发展的时期，可塑性极大，一般都具有幼儿阶段的所有特征。同时，幼儿教育也有一定的规律和特点，不同于中小学教育，所以在制订目标时也要考虑这一因素，使目标具有科学性。

2. 幼儿园的管理目标是幼儿园管理工作应达到的标准

管理目标直接影响教育工作是否能按质按量完成，直接影响幼儿园的办园方向、办园规模和社会声誉。因此，确定管理目标要考虑三方面因素：一是教育目标，教育目标是管理目标的服务对象；二是教育行政管理部门颁发的有关幼儿园教育管理的法规、文件；三是幼儿教育管理的相关规律。

（三）幼儿园工作目标的确定

1. 幼儿园工作总目标的确定

幼儿园工作总目标是幼儿园全体成员共同认定的，能体现幼儿园发展方向的奋进目标，包括教育目标和管理目标。

一般来说，确定工作总目标的过程就是一个管理决策的过程。首先，要收集相关信息，包括收集政策层面的、园所本身的以及幼儿教育发展趋势方面的相关信息。其次，召开园所领导和“智囊团”人员会议，进行充分酝酿讨论，形成草案。再次，召开教职工代表大会，上下沟通，园所领导与全体成员共同商讨，大会表决通过最终方案。决策中，应坚持科学性、政策性和可行性的原则，以教育主管部门的方针政策为基准，以幼儿教育规律为保障，以幼儿园的实际情况为前提，形成各方面共同承认和接受的工作总目标。具体来说，应该考虑的因素有政策法令和指示要求、社会与家长的需求、幼儿教育改革与幼儿教育规律、园所师资状况、幼儿素质、经验和传统、经济与物质条件。

幼儿园工作中，一项新举措往往需要三至五年才能见到成效。因而，幼儿园总的工作目标也应从长计议。园长的聘任期一般为三至五年，结合园长任期目标责任制，幼儿园总的工作目标也应该是三至五年的长远规划。

2. 幼儿园工作总目标的分解

幼儿园工作总目标确立之后，就明确了幼儿园管理的基本方向和宗旨。在此基础上，可以将总目标进行层层分解，并进一步具体化，使目标落实到每一个岗位、每一个成员，分别形成部门目标和个体目标，使每一位员工都明确自己在完成总目标的过程中应尽的责任和应担负的具体工作任务，如园长工作目标、副园长工作目标、保教主任工作目标、教师个人工作目标等。分目标操作性强，而且容易进行评价与检验。一般来说，目标分解应经历三个步骤：第一，园领导公布工作总目标；第二，逐级制订部门目标和个体目标；第三，协商调节，建立一个全员共同认可的目标体系。

五、戴明管理思想在幼儿园管理中的运用

（一）管理过程的概念

管理过程是指为实现预定的管理目标，管理者组织全员按计划进行的共同活动的流程。管理过程与管理职能密切联系，但两者又是有区别的，管理过程要有效，必须运用和遵循管理职能的原理，科学地组织管理活动。

管理过程基本上由四个环节或阶段构成，即计划、执行、检查、处理，四者有机联结，按程序运行。各个层次的管理活动虽然有不同的侧重点，但其管理活动都要在不同范围、不同程度上，按管理过程的四个基本环节进行。管理活动的运行过程不仅对幼儿园整个系统的管理是适用的，对于各个部门及班组的子系统的管理也同样适用。

（二）戴明的管理过程理论

戴明是美国质量管理专家、统计学家。戴明首创全面质量管理的思想方法和工作步骤，提出了管理过程理论——“戴明环”（PDCA 循环）理论。戴明认为，一切有过程的活动如生产活动、科学研究，都是由四个环节所构成。这四个基本环节或阶段构成了管理活动的周期。PDCA 由英语

单词 Plan（计划）、Do（实施）、Check（检查）和 Act（处理）的首字母组成，PDCA 循环管理就是按照这四个单词的顺序进行质量管理，并且循环不止地进行下去的科学程序。

第一阶段——计划 P（Plan）：计划是管理活动的起始环节。计划阶段的管理活动包括制订方针、目标，规定工作任务、活动项目，设计方法步骤，制订行动方案。

第二阶段——实施 D（Do）：根据已知的信息设计具体的方法、方案和计划布局，再根据设计和布局进行具体运作，实现计划中的内容。

第三阶段——检查 C（Check）：总结执行计划的结果，明确效果，找出问题。

第四阶段——处理 A（Act）：对检查的结果进行处理，对成功的经验加以肯定，并予以标准化；对失败的教训进行总结，并引起重视。对于没有解决的问题，应提交给下一个 PDCA 循环中去解决。

以上四个环节不是运行一次就结束，而是周而复始地进行，一个循环完了，解决一些问题，未解决的问题进入下一个循环再解决。

PDCA 循环是全面质量管理所应遵循的科学程序。全面质量管理活动的全部过程，就是质量计划的制订和组织实现的过程，这个过程按照 PDCA 循环，不停地、周而复始地运转。PDCA 循环不仅在质量管理体系中广泛应用，也适用于一切循序渐进的管理工作。

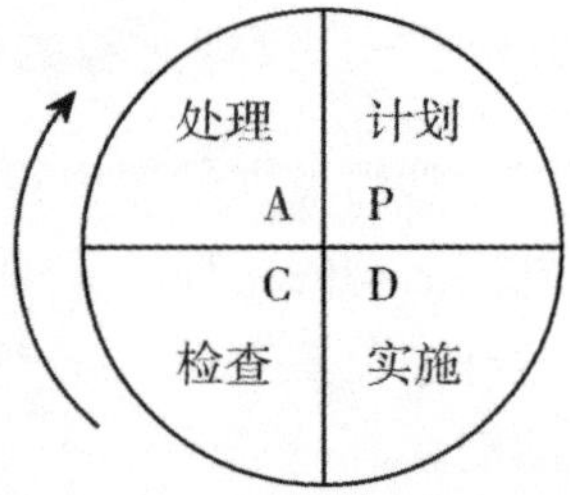

戴明环

（三）戴明管理思想指导下的幼儿园管理过程

戴明管理思想中关于“戴明环”的论述为管理提供了科学的思考方式和工作程序，在运行过程中呈现出如下特点。

1. 递进性

幼儿园管理过程中，管理者在了解管理的这一特点之后，应加强对四个环节的管理，使各个基本环节每一次循环都较上一次有所提高，从而不断提高管理工作水平，促进幼儿园事业的良好发展。

2. 目的性

“戴明环”的运行本身具有很强的目的性，戴明在他的管理过程理论中也强调，“戴明环”的运行必须有一定的目的，否则管理就失去了意义。在幼儿园的管理过程中，对目的的确定一定要准确，目的应该指向工作目标，包括教育目标和管理目标。

3. 系统性

戴明认为，管理活动构成的环形运动总是按照“计划—实施—检查—处理”这个顺序运行一个周期后继续下一个周期的运行，如此循环往复，沿着一定的轨迹做螺旋上升运动。幼儿园的管理也是如此。管理者应根据系统性的要求，综合考虑“戴明环”中的每一环节，着力促进每个环节在运行过程中都能有所提高，这样才能提高管理水平，优质高效地完成幼儿园工作目标。

4. 反馈性

戴明认为，管理工作运行过程中的每一个环节都存在信息反馈的路径。例如，当管理活动进入执行计划阶段时，往往就会对前一阶段的工作进行反馈。管理者应注意，在管理工作中，要保持信息反馈的路径畅通，使管理者能不断获取反馈信息，以便及时对管理工作方案进行调整，及时掌握情况，纠正偏差，从而促进工作良性运转，达到管理目标。如图所示：

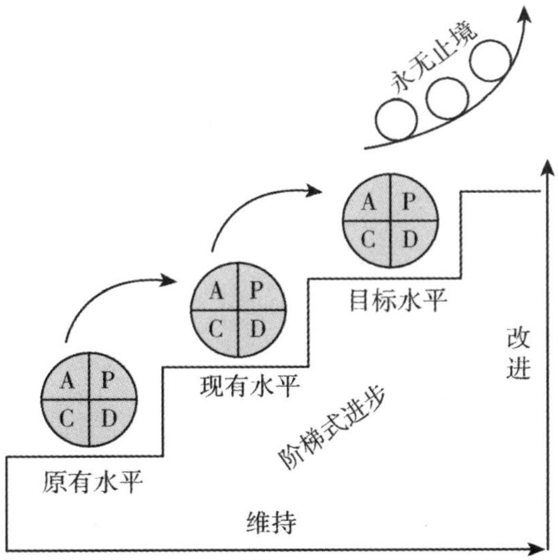

戴明管理过程图示

第二节 幼儿园资源及保教队伍的管理

一、幼儿园资源管理的任务和要求

（一）幼儿园资源管理的任务

幼儿园资源管理的任务就是通过对幼儿园的人、财、物、事、时间、信息资源进行合理的组织、协调、控制和指挥，以完成预期的教育培养目标和服务于家长的双重任务。具体来说，幼儿园资源管理主要包括行政事务管理和财务后勤管理两大任务。

1. 行政事务管理的任务

首先，在上级组织和行政部门的领导下，贯彻党的教育方针和政策，执行上级党委和教育、卫生部门的相关指示性决议，全心全意做好工作。其次，管理者负责制订园所管理目标、质量标准、规章制度和岗位责任，制订全员计划和管理方案，统筹全园工作，做出正确决策；组织全员的政治、业务、文化学习，帮助全园教职工提高思想、文化素质和专业知识技能；关心教职工的工作、生活与健康，合理安排人力，发扬民主，协调全园教职工积极工作，坚守岗位，完成全园工作任务。同时，做好本园内外各种关系的协调工作，处理好各种行政、业务事项。

2. 财务后勤管理的任务

勤俭办园，管理好全园的财力、物力，做好年度预算，统筹全年经费开支，加强经济管理；做好园内基础建设工作、物资采购工作，保证后勤供给；按要求做好幼儿园的膳食工作，做到卫生、安全、营养，保证幼儿身体的健康成长。

（二）幼儿园资源管理的要求

幼儿园资源管理事关幼儿园工作的方方面面，是一项复杂的工作。在对幼儿园资源进行管理时，必须注意以下几点要求：（1）遵照党和国家统一制定的教育方针和基本政策；（2）遵照幼儿保教工作的客观规律；（3）采用科学的工作方式和管理手段。

【知识拓展】

幼儿园资源管理的特点

1. 社会性。一是体现在幼儿园资源管理的内容上。由于目前相关部门提供的资源还不能满足各幼儿园的需要，幼儿园要从广阔的社会环境中收集更多的资源。二是体现在幼儿园资源管理与社会的紧密联系上。各园的人、财、物、信息等资源离不开社会的供给，无论是物资、设备、能源、交通，还是人员、技术、空间、信息，都要由社会来提供，社会是幼儿园资源来源的大后方。三是体现在幼儿园资源管理的发展方向上。幼儿园资源管理正向社会化的方向发展。

2. 服务性。资源管理工作是服务工作，并不直接体现幼儿园的保教职能，而是为幼儿园保教活动提供服务。

3. 时间性。幼儿园的保教活动是一个有严密组织、严格程序的过程。为保教活动服务的资源管理工作也必须按照这些程序的要求开展。每项管理服务工作都应根据保教活动的需要来明确具体的时间，这就决定了资源管理具有很强的时间性的特点。时间性还体现在资源先行方面，任何保教活动都要有一定的资源做保障。另外，时间性还表现在资源管理工作受季节的影响和制约，违背了季节的要求就易出现失误，造成损失。

4. 复杂性。首先，资源管理工作繁重、任务多，诸如人事、财务、物资、设备、基建、伙食、交通、医疗、卫生、环保、计划生育、幼儿教育以及其他各项综合服务工作，都由资源管理部门来做。其次，政策性强。财经纪律、基建法规、车辆配置、工资调整及发放等，资源管理部门都必须按照党和国家的既定方针政策行事，绝不能随意而行。再次，涉及面广，内外关系多。在目前资源管理社会化程度尚不高的情况下，要完成这种全面的主体服务，各单位就不可避免地要形成“大而全”的资源服务体系，把教职工的衣、食、住、行、生、老、病、退、死等事宜几乎全部包管下来，因而显得更为复杂。

5. 群众性。资源管理的大量工作与幼儿园教职工的切身利益有着密切的关系，是为教职工服务的，必须接受大家的监督和检验。为了搞好资源管理，还须坚持发扬民主、坚持群众路线的原则，这是做好资源管理工作的重要原则。

6. 管理知识需多样。资源管理需要有广泛的知识作为基础，需要社会科学领域的管理学、会计学、教育学、心理学、社会学、法学等知识，还需要自然科学的诸多知识。在资源管理工作中需要多学科知识，因为在幼儿园教学中，有多学科的分类，每名教师都有一种或几种专业技能。这就要求资源管理人员必须具备广泛的知识和多种专业常识，才能对教育教学进行科学管理，使各项工作的开展逐步实现标准化、规范化、制度化，用现代化的管理手段和方法不断提高管理水平。

二、形成保教队伍管理与发展建设的科学程序

（一）人员选聘与任用

【案例分析】

某园有一位教师，唱歌跑调，跳舞没有美感，见到钢琴就头疼……虽然自己也很努力，但收效甚微。可这位教师也有长处，如对工作认真负责，把班级管理得井井有条，平时注重与家长交流。更难能可贵的是，她非常爱孩子。一次午睡中，一个孩子由于肚子不舒服，把大便拉在了床上，孩子紧闭双眼不敢讲。她在巡视时闻到异味，又看见这个孩子神色异常，便轻声询问，然后用温水给孩子清洗身体，始终没有说一句责备孩子的话。这件事被园领导知道后，在新学期把这位教师调到了保育岗位上，负责卫生保健工作。园领导还派她参加了保健教师的上岗培训。她对新岗位的工作显示出极大的热情，也在自己的岗位上干得非常出色，取得了一系列成绩。孩子们喜欢她，家长们信任她，教师们也认可她，园里的卫生保健工作受到了大家的一致好评。

人员选聘是指在职位类别和定编定员的基础上，给幼儿园工作岗位中的各项职务选择并配备合适的人员，以保障各项活动的正常进行，进而实现管理目标。何为合理地人员选聘？第一，能够满足园所发展对人员的需求；第二，能够确保保教人员具备较高的素质；第三，能在一定程度上保证幼儿园发展的稳定；第四，人员选聘的过程是鼓励教职工树立良好形象的过程。

保教人员选聘原则的制订直接影响保教质量的高低，特别是在以民办幼儿园为主体的幼教事业发展形势下，科学的选聘原则对保教队伍的优化

显得尤为重要。

1. 保教人员选聘的任务

保教人员选聘的任务是要通过分析人与事的特点，谋最佳组合，以实现幼儿园的不断发展。为幼儿园的每个岗位配备合适人选，不仅要考虑满足园所的需要，也必须关注每个成员的特长、爱好和需要，以便为每个人安排合适的工作。

2. 保教人员选聘的程序

第一，确定园所各岗位人员的需要量。选聘前，人事管理人员根据园所工作的需要确定必需的工作岗位和各岗位所需要的人员数量，并列出相应的岗位数及各岗位职数表，报园务会讨论通过。第二，按照程序选聘各岗位人员。根据园所工作人员制度，组织专门的选聘工作小组，按照程序，遵循公平、公正、公开的原则选聘各岗位工作人员。第三，制订和实施人员培训计划。各岗位的工作人员选定之后，对新上岗的工作人员要进行岗前培训。应在不影响正常工作的情况下，制订新上岗人员的培训计划。

3. 组织内部保教人员选聘的原则

第一，绩效优先原则。指在保教人员的选聘上应以工作绩效作为考核的重要依据。凡是在促进幼儿身心发展方面确有成效，在服务家长、改善办园条件上有贡献，或者在提高幼儿园精神面貌、改进幼儿园形象方面做出成绩的教职工都应当得到领导的肯定和认同，并作为选聘的重要依据。绩效优先原则的运用有利于体现幼儿园建设的公平性，有利于激发全园教职工的进取精神，建设良好的园风，从而促进保教队伍素质的提高。第二，双向选择原则。指在选聘保教人员时，在考虑园所利益的同时，也要尊重被选聘者的意愿和要求。当双方的愿望都能得到满足或通过协商双方意见能达到一致的时候，被选聘者的工作积极性才能得到最大程度的激发。第三，扬长避短原则。指在保教人员的选聘上，注重全面考察，用其所长，避其所短，使选聘的人员能真正有利于幼儿园事业的发展。第四，公平竞争原则。保教人员选聘会受到许多因素的影响，作为管理者一定要排除干扰，以园所工作为重，营造公正公平的选用氛围。具体来说，就是在选聘时要根据园所要求，预先制订人事调整计划，商定选聘标准和选聘程序，由选聘工作小组按规定统一组织选聘工作。

4. 保教人员选聘的途径

保教人员选聘有两种途径：一种是从组织内部选聘，另一种是从组织外部选聘。选聘者应将工作中的成功经验与人员选聘相联系，判定高素质人员来源的途径，从而根据幼儿园发展的需求选择适当的人员，实现预期目标。

（二）创造和谐的用人环境

目前，在幼儿园实际管理工作中存在很多不和谐的因素，导致保教人员的服务意识淡薄等现象时有发生，使保教质量大打折扣，影响幼儿教育事业的持续发展。面对这种现象，园领导应积极创造条件合理用人，创造出和谐的用人环境，激发保教人员的成就动机，以促进幼儿园的良性发展。

1. 知人善任，各得其所

园领导要通过细致观察，深入地了解每一位保教人员的思想状况、文化水平、业务水平、工作态度与能力，以及个人的爱好与特长、健康情况和家庭状况等，在全面掌握保教人员情况的基础上，妥善安排每个人的工作。园领导要特别注意避免以自己的喜好来任用保教人员，而要从工作大局出发，根据保教人员的表现和取得的成绩进行选聘和任用。同时又要根据幼儿园工作与事业发展的需要，考虑定向培养、定向任用，在工作中注意对一些保教人员有针对性的培养，使其在某方面有所提高，将培养与任用结合起来。

2. 优势互补，结构合理

集体的力量是强大的，这不是因为集体的人数多，而是因为科学的组织结构可以使集体发挥巨大的影响力。在幼儿园管理中，园领导要统筹安排全园的保教人员，组成互补型的工作队伍，使组织结构科学合理，更利于发挥幼儿园教职工的作用。例如，年龄段的老少搭配，可以使经验和活力得到更好的结合；学科门类的搭配，可以使孩子们得到更全面的知识；能力结构上的搭配，可以使管理者和被管理者更和谐，产生更好的工作效益。

园领导要在了解保教人员情况的基础上，合理安排他们的岗位，综合考虑保教人员的身体素质、能力和性格特点等各个方面的因素，对其合理搭配，发挥他们的互补作用，从而减少矛盾冲突，使工作能顺利高效地开展。

3. 提供舞台，委以重任

保教人员选聘之后，在管理过程中，园领导要善于为他们搭建各种平台，让他们有充分展示自己才能的场所和机会，并在适当的时候对他们委以重任，以激发他们的工作积极性。作为有一定文化素养的保教人员，他们对个人成就、自尊和知识的需求特别强烈，渴望有机会展示自己的特长和才能，并得到他人和社会的认可。作为管理者，要理解保教人员的这种需求，创造条件让他们表现，从而激发其积极性和创造性，为园所的发展发挥他们最大的潜能。首先，根据幼儿园的实际情况和各阶段中心工作，安排保教人员在力所能及的范围内承担多样化的工作。其次，在保教活动中，向保教人员提出进行创造性活动的要求，鼓励其探索创新，例如，设计具有独创性的游戏活动方案。第三，通过向保教人员提出具有挑战性的任务，举办相应的比赛活动，营造园所内部的竞争氛围。在竞争中，年轻的保教人员会焕发出极大的工作热情，从而促进园所保教工作不断改进，质量不断提升。

（三）保教队伍的管理

当代管理决策理论的创始人西蒙认为，管理工作关键在于领导者，领导者的艺术核心在于激励下属积极主动地工作。在幼儿园管理中，对人的管理是核心因素，保教队伍素质的高低直接影响保教任务完成的质量。如何对保教队伍进行管理，提高保教人员的素质，是幼儿园管理中的一个核心问题。

1. 保教队伍基本情况分析

要管理好保教队伍，必须先了解保教队伍的组成情况。第一步是对保教队伍的基本情况进行调查，并对调查的结果进行分析。

（1）分析保教人员的个体状况。

幼儿园通过建立档案对保教人员的基本情况进行记录，同时通过常规检查和抽查，了解保教人员的业务能力和取得的业务成就，并在业务档案中做好记录。园领导可以通过翻阅这些档案，对保教人员的情况进行了解，为科学合理地用人打好基础。具体来说，平时的调查或检查可以从保教人员的文化水平、业务能力、思想状况、兴趣爱好和家庭生活状况等方面进行了解。有些管理者会将调查或检查项目制作成表格，根据所掌握的情况，对保教人员的基本素质做出定性的评价。

对每个保教人员的素质状况做出客观的分析与评价，也可以引导管理者从以上几方面做出自我分析与评价，认识自我，激励自己不断地调整与改进。根据以上的鉴别分析，园领导还可以对每位保教人员提出进一步发展和改进的具体意见，在肯定个人成绩上，园领导可填写建议，并存入保教人员个人业务档案。

园领导在对保教人员个体情况做出分析评价时，应注重一些基本要求，充分调动员工的积极性。第一，以发展性的视角来看待保教人员的素质。任何一个保教人员，不管他现实状况如何，其专业知识和技能都能在学习和实践的过程中不断提高。第二，注重有计划地开发人力资源。保教人员的专业知识和技能得到提高，不仅其本人受益，幼儿园也会受益。因此，保教队伍的建设稳定下来之后，应对保教人员有计划、有组织地进行培训，促进其自我提升，从而提高工作质量和水平，保证幼儿园的长远发展。第三，注重学习并提高人事管理的方法。第四，注重每一位保教人员的发展。科学管理理论认为，上级管理者都有责任为下一级职工的发展创造平台。任何一位保教人员也有责任通过各种学习及培训促使自己不断成长和发展。

（2）分析保教队伍的整体状况。

作为一个幼儿园的管理者，还应该对园所保教队伍的情况有整体的了解。具体来说，就是要求管理者对整个保教队伍的状况进行汇总分析，了解全园保教人员的年龄结构、学历状况和任职年限以及工作能力等，以便整合园所的人力资源，充分发挥集体的力量。

首先，对保教队伍结构进行分析。园所的配置是否符合上级主管部门的规定，师生比例是否恰当，年龄结构是否合理，这些方面都需要管理者在整体上有所把握，才能做出科学合理的结构安排，才能达到事半功倍的工作效果。

其次，对保教队伍的学历水平进行分析评价。园所的保教人员达到国家规定的学历和任职标准的人数有多少，不符合条件的保教人员中曾有多少受过专业训练，管理者都应了然于心。对保教队伍中业务能力较高的骨干教师，管理者应该建立骨干教师评选制度，充分发挥他们的工作积极性，以让他们起到模范带头作用。

再次，对保教队伍的流动性进行合理调控。就当前幼儿教师管理来说，幼儿教师流动性强是一个较为普遍的问题，也是让幼儿园管理者很伤脑筋的问题。在大的机制没有改变的情况下，作为幼儿园管理者，应尽最大力量稳定保教队伍。管理者的任务不是杜绝流动，而是把流动变得合理起来，让不适合幼儿园教学的人员流走，进而补充新的合适的人员，稳定保教队伍。

总之，幼儿园管理者应在充分了解保教人员个人情况的基础上，对幼儿园保教队伍的结构特点做出分析，再结合幼儿园的发展目标和规划，预测近期较长远的一个阶段内保教人员的需求情况，制订保教队伍建设的远景规划和近期计划，并逐步实施。

2. 保教人员继续教育及发展计划的制订

新入职的教师大多接受过正规的专业学习，具备幼儿教师的基本职业素养，能够承担幼儿的日常教育教学工作。但随着时间的推移以及幼儿教育理念和教学内容的不断更新，幼儿教师也应不断更新知识结构和保教理念，否则将难以胜任新时期的保教任务。因此，对在职的保教人员进行继续教育是幼儿园保教质量得以不断提高的重要保证。近年来，幼儿园的教职工流动性日益增强，保教队伍的年龄结构日益年轻化，因此幼儿园对年轻的幼儿教师进行培训和继续教育显得更加重要。例如，幼儿园应以“一年入轨，两年提高，三年骨干”为目标，制订出比较详细的保教人员继续教育及发展计划。如下表。

新入职教师继续教育安排表

时间安排		学习目标	学习内容和方法	资料准备	实施人
第一周	星期二下午	了解并熟悉幼儿园的概况、特色、制度、园貌园风，熟悉幼儿园工作方式与步骤	学习幼儿园历史、传统与相关管理制度；业务院长介绍保教工作和一日常规工作程序及工作要求	园史、幼儿园的各种规章制度；一日常规工作程序和工作要求	业务园长和保教主任
	星期四下午	熟悉保教人员的岗位职责和相关规定	保教主任与新教师一起学习保教人员职责规定，了解相关岗位的工作任务与职责范围	保教人员的工作职责；员工职责规定	保教主任
	星期六下午	了解幼儿园的岗位设置、组织构架与运行方式	以阅读材料、座谈讨论等方式了解幼儿园的岗位设置、部门人员配置以及相互关系和职责范围	幼儿园组织机构系统表；其他有关资料等	园长

（续表）

时间安排		学习目标	学习内容和方法	资料准备	实施人
第二周	星期二下午	入班熟悉幼儿及班级环境	学习工作常规与程序，熟悉环境	日常保教工作	教师和保育员
	星期四下午	见习保教人员的工作方式，学习制订保教计划	通过听课和随班观摩，进行探讨反思，确保保教工作计划和方法科学合理	游戏活动、班级保教计划	教师和保育员
	星期六下午	了解本园的教育理念，具备在该理念的指导下进行园本课程设计的能力	听报告，观摩游戏活动，了解幼儿园的教育理念及其实施措施，并根据该理念进行日常游戏活动设计	游戏活动；有关园本教育理念的报告	业务园长和保教主任

3. 形式多样的在岗培训

在岗培训是幼儿教师成长的最好途径，各级各类幼儿园在这方面都积累了丰富的成功经验。但此活动不宜机械模仿，应根据各自幼儿园保教工作实际情况和师资状况，采取合适的培训形式开展在岗培训。一般来说，培训方式有教学教研、观摩学习、专题研讨、互助与竞争、自学与进修这五种。

4. 形成队伍管理的科学程序

对保教队伍进行管理应遵循人力资源管理与开发的一般规律，形成具有本园特色的科学程序，构建合理的师资结构，使保教队伍高效工作，为本园的发展奠定基础。

建立幼儿园的人力资源管理系统，并形成科学合理的运行程序。一般的运行程序由四个环节构成，即规划、任用、培养和评价。一些幼儿园对保教人员的实际操作能力以及常规活动情况进行经常性的检查，并形成了一些比较实用的、具有可操作性的表册。如下表。

北京市幼儿园保育员实际操作能力考核成绩表（试行）

被考核人姓名			考核时间		教研组	
评价标准		评价内容			权重分数	得分
工作程序（6分）	程序（3分）	保教工作程序科学合理，并按程序操作			3	
	原则（3分）	坚持保育与教育相结合的原则，做好随机教育			3	
生活管理（34分）	进餐（12分）	小班做好饭前准备工作，中大班指导值日生工作			3	
		保证幼儿进食			3	
		教育幼儿正确使用餐具，养成文明卫生的用餐习惯			3	
		对体弱幼儿、肥胖幼儿进行照顾			3	
	如厕（6分）	照顾小班幼儿如厕，培养中大班幼儿的自理能力			3	
		指导幼儿便后洗手			3	
	饮水（6分）	备足开水，水温适宜			3	
		保证幼儿按量、按需饮水			3	
	卫生习惯（10分）	幼儿个人卫生行为习惯良好			10	
清洁卫生（30分）	活动室（10分）	空气新鲜，温度适宜，窗明几净，光线充足			5	
		床面、设备用具、玩教具整洁，布置得体、衣物摆放整齐			5	
	盥洗室、厕所（6分）	清洁通风，地面无积水，便池及时冲洗、无尿碱，无异味，无蚊蝇			6	
	室外环境（4分）	整洁、安全			4	
	消毒（10分）	毛巾、水杯、碗筷、梳子每日消毒，被褥、枕巾定期消毒			5	
		桌椅定期消毒，便池每日消毒			2	
		玩教具定期消毒，图书每周消毒			3	

（续表）

<table>
<tr><td colspan="2">被考核人姓名</td><td colspan="2">考核时间</td><td colspan="2">教研组</td><td></td></tr>
<tr><td colspan="2">评价标准</td><td colspan="3">评价内容</td><td>权重分数</td><td>得分</td></tr>
<tr><td rowspan="9">配班
工作
（30分）</td><td rowspan="3">游戏活动
（10分）</td><td colspan="3">能在教师组织下指导幼儿游戏</td><td>4</td><td></td></tr>
<tr><td colspan="3">能解决幼儿游戏中的问题</td><td>3</td><td></td></tr>
<tr><td colspan="3">能指导幼儿取放并整理玩具</td><td>3</td><td></td></tr>
<tr><td rowspan="3">教育活动
（10分）</td><td colspan="3">活动前准备工作</td><td>3</td><td></td></tr>
<tr><td colspan="3">活动过程中会配合指导</td><td>4</td><td></td></tr>
<tr><td colspan="3">活动结束时总结整理</td><td>3</td><td></td></tr>
<tr><td rowspan="3">体育活动
（10分）</td><td colspan="3">活动前准备工作场地、器材、玩具，保证材料安全卫生，活动结束时及时整理</td><td>3</td><td></td></tr>
<tr><td colspan="3">活动过程中会配合指导</td><td>4</td><td></td></tr>
<tr><td colspan="3">对全体幼儿尤其是体弱儿照顾周到</td><td>3</td><td></td></tr>
<tr><td>总分</td><td></td><td colspan="5">考核人签字：　　　　　　　　审核人签字：</td></tr>
</table>

5. 构建科学合理的保教队伍结构

根据幼儿园实际情况，管理者应通过补充新的保教人员，对在职的保教人员进行在职培训等方式构建科学合理的师资结构。具体来说，可以从思想建设、业务培训、优化结构三方面开展工作。

以优化保教队伍结构为中心开展名师建设活动，形成合理的队伍结构。第一，开展对骨干教师的培养工作。成立由园长领衔的园骨干保教人员培养工作小组，制订培养计划、措施，形成奖励方法，使在实践中有工作成效的教师能脱颖而出。第二，加强对青年教师的培训工作。园领导应关心青年教师的成长，通过分层带教、分层培训、强化训练等形式，促进青年教师成熟发展。第三，提高学历层次。幼儿园鼓励中青年教师参加高一层次的学历进修，力求幼儿园师资学历水平尽快提高。第四，建立师资结构系统。根据师生比例和师资的配备，管理者应通过各种途径，形成师资队伍在年龄结构、学历结构、职称结构等方面的科学比例。

【知识拓展】

园长的首要任务——带出一支高素质的保教队伍

首先，将先进的教育理念渗透到教师的教育行为中。

园长要将教改的着力点放在如何将先进的教育观念渗透到教师的教育行为中，最终有效地落实在幼儿的成长教育上。吸收、渗透先进的教育观念并产生相应的教育行为，是当前保教队伍建设中的一个薄弱点。具体做法一：深入第一线，捕捉典型事例，拍摄成录像，组织教师观看、讨论、辨析。采用情境性的案例分析，用旁观者的身份冷静地观察自己或他人的行为，以及相应的幼儿的感受和反应，以正确的教育观念为指导，对自己或他人的行为做出客观评价，这时的辨析就体现了教师评价的科学性。具体做法二：组织教师研究幼儿动态的学习过程，把幼儿学习的过程看成一个动态的师生互动过程。研究幼儿动态的学习过程和身心特点，教师要从关心幼儿入手，从幼儿的各种表现（包括语言、行为、情绪、神态等）中得到反馈信息，了解幼儿的所思所想和心理需求，分析自身教育行为的适宜程度，及时调整教育措施。

其次，采用多样化的策略培养教师的综合能力。

具体做法一：大胆启用骨干教师，并设岗培养有潜力的教师。幼儿园在设行政助理、保教主任、年级组组长、学科带头人、实习教研组长等职时，可以对思想素质高、业务水平较好的教师委以重任。具体做法二：实施双向聘任制，发挥个人优势，提供施展才华、锻炼、成长的机会。要求每位教师根据自己的兴趣、特长主动承担相应工作。青年教师在英语、电脑、组织活动等方面比老教师更有优势，可让其去上特色课，以此发掘教师潜能，锻炼他们的综合能力。具体做法三：开展分层次的“观课”，组织教师进行评析，并进行再设计交流。具体做法四：教研活动采取当场命题、当场设计活动的方式，然后说课评课，培养教师设计活动的能力。具体做法五：为每位教师建立个人教育活动影像资料。将每位教师的公开课、研究课、业务评比课录制下来，可以在教研活动时进行自我反思研究，达到让教师自我调整、自我完善的目的。具体做法六：搭建专题交流讨论的舞台，为教师提供一个试胆量、练口才、积极思辨的平台。

总之，要想全面地提高教师素质，幼儿园管理者需要有敏锐的眼光及时发现问题并对其分析判断，找到激励教师不断学习、实践、改革的突破口，创造出更多科学、有效而便于操作的师资培养方法。

第三节　幼儿园管理工作评价

一、幼儿园管理工作评价及其意义

各行各业都要对自身的工作效果进行评价，作为教育机构的幼儿园也不例外。幼儿园管理工作评价是幼儿园管理工作中必不可少的内容和环节，对于推动幼儿园各方面工作，提高幼儿教育质量的管理水平是非常重要的。

（一）幼儿园管理工作评价的概念及特点

1. 什么是幼儿园管理工作评价

幼儿园管理工作评价是教育评价的组成部分。它是依据一定的标准和程序，有目的、有计划、有组织地对幼儿园各个方面的工作进行深入调查，并做出价值判断的过程。

幼儿园管理工作评价的目的在于获得改进教育与各方面工作的依据。

2. 幼儿园管理工作评价的特点

（1）幼儿园管理工作评价是一个活动过程，它是一种特殊的、连续性的活动，包含着一系列的步骤，如确定目标、制订标准、搜集资料、分析资料、形成判断、指导行动等。

（2）幼儿园管理工作评价这个活动过程是有目的、有计划地进行的，是有意识的行为过程。

（3）评价的关键在于对教育者的劳动做出价值判断，即用一定的标准评价事实的价值。评价＝行为方式的描述＋行为方式的价值判定。

（4）在评价活动中，评价者与被评价者是统一于评价中的，而不是相互分离、相互对立的，二者应该协调统一行动。在很多情况下，被评价者就是评价者自身。

(二) 幼儿园管理工作评价的意义和作用

1. 评价具有导向作用，有利于保证教育目标的实现

幼儿园是对入学前儿童实施保育和教育的机构。根据保育和教育相结合的原则，对幼儿进行德、智、体、美全面发展的教育，促进其身心健康和谐发展。幼儿园担负着为幼儿服务和为家长服务的双重任务，这也是我国幼儿园的办园方向。

保教结合，全面发展，为幼儿身心发展奠定良好基础，并为其进入小学做好准备，是我国幼儿园教育目标的基本精神。

可以认为，幼儿园的全部工作都是为实现教育目标、提高教育质量服务的。幼儿园存在的价值就在于为社会培养所需要的人才。幼儿园应当以教育目标为依据，确立管理目标，并以此作为幼儿园各项管理工作及各环节的出发点，确立教育质量的评价标准。

目前，在幼儿园工作中仍然比较普遍地存在着重教轻保、重智轻德、重教学轻游戏等片面倾向。部分幼儿园还存在着只为少数幼儿及其家庭服务的倾向。这些倾向严重地影响着幼儿的全面发展，妨碍了教育目标的实现。造成这些倾向的一个重要原因就在于管理者对教育质量和办园质量没有全面、客观、正确的评价标准。因此，有必要运用教育基本原理和教育评价的理论与方法，依据教育目标的要求，确立正确的评价标准。通过评价标准的引导，使幼儿园领导和全园教职工遵循办园方向和指导思想，树立起正确的教育观，纠正错误观念和实践中的思想偏差。

评价，可以使教育目标转化为教育质量标准和幼儿园各方面工作的具体要求，从而有利于幼儿园各项工作的实施和逐步落实，促进保教质量的不断提高，保证教育目标的最终实现。

2. 评价具有激励作用，有利于调动全园职工的积极性

管理工作涉及幼儿园工作的方方面面。不仅要对教育过程、教育内容、教育方式方法做出评价，而且要对管理过程及幼儿园的保健、保育、教育、总务等工作给予客观判断、评价。同时，评价又是对全园教职工工作成绩、业务水平、能力素质等进行的判断，因而就需要动员全园教职工积极参与，采用领导评价、群众相互评价及自我评价的方式，既要看到成绩与进步，又要找到差距和不足，进而寻找到不断改进工作的途

径。通过评价，可以总结出前段工作中的经验和教训，探索出规律，提高全园教职工工作的主动性、自觉性。评价还可以促进个人、班组及部门之间的相互交流与学习，使大家进一步明确奋斗目标和努力方向，激励他们奋发向上、创新进取，以更饱满的热情努力工作，促进保教质量的不断提高。

3. 评价具有反馈功能，可以促进幼儿园管理水平的提高

幼儿园管理工作评价可以判断幼儿园组织职能水平发挥的程度，即对幼儿园人力、物力、财力等的分配、使用是否合理有效，管理过程是否能正常有序运转，管理工作质量是否达到要求进行全面分析判断。幼儿园管理过程是依据“计划—实施—检查—处理”的程序不断向前推进的，其中的“处理”环节实质上就是对工作进行总结性评价的活动。因此，幼儿园管理工作评价是幼儿园管理过程的基本环节。通过评价获取管理工作的反馈信息，及时发现工作中的问题，并予以适当的调整和改进，使管理不断趋于规范化、科学化。

正确运用评价手段，对幼儿园各方面工作进行分析判断，可以把握工作进程和方向，使领导者获得科学决策的依据，提高管理水平。幼儿园管理工作评价还有利于国家及教育行政部门加强对幼儿教育的宏观管理和指导，使相关部门在制定幼儿园机构设置、经费来源与使用、课程设计与人才培养等方面的政策法规时，有一定的依据。

4. 评价具有改革功能，有利于推动幼儿教育改革的不断深入

评价幼儿园管理工作的意义不仅在于能提高管理效益，事实上，当前幼儿园管理工作评价本身就是幼儿教育改革的一项重要内容，评价制度的确立是幼教改革的一项重要措施。同时，评价也是衡量幼教改革成果的重要尺度。通过对有关评价的研究，探索教育的发展方向，依据正确的价值取向，进一步明确教育目标和工作目标，不断调整和改进管理工作。科学地评价幼儿园管理工作还可以使幼儿园领导和教职工在学习和掌握评价标准及方法的过程中，进一步端正教育观、儿童观，提高教育理论及素养，从而对全员素质的提高和教职工队伍的建设以及深入幼儿教育改革有着积极的意义。通过对评价的调节与控制，推动保教质量和幼儿园其他方面工作质量的不断提高。

二、幼儿园管理工作评价的内容与范围

幼儿园管理工作的评价涉及范围很广，包括幼儿园工作的各个方面。无论是行政管理工作、保教工作、总务后勤工作，还是教师队伍建设工作，均有必要对其质量与状态效果做出检验评价，进而对其加以调整和改进，使幼儿园能更好地完成所担负的教育幼儿、服务家长的任务。归纳起来，幼儿园管理工作评价的内容与范围主要有四个方面，可以用下面的图来表示。

- 幼儿园管理工作评价的内容与范围
  - 1. 管理状态评价
    - ① 组织制度运行
    - ② 工作目标与管理过程
    - ③ 所依据的管理原则
  - 2. 工作人员评价
    - ① 园长素质及其领导工作
    - ② 保教队伍的建设
  - 3. 幼儿园工作评价
    - ① 保教业务工作
    - ② 总务后勤工作
  - 4. 幼儿园公共关系评价
    - ① 家长工作
    - ② 幼儿园与上级行政和业务指导部门的关系以及与社区的双向服务

幼儿园管理工作评价内容与范围图示

（一）对幼儿园管理状态评价

幼儿园管理状态评价包括对工作目标、组织机构的设置及其活动准则、制度规章的评价，对管理过程的运行状态及目标管理与民主管理实施的评价。通过评价，能了解和掌握幼儿园职能作用的发挥情况。

（二）对幼儿园工作人员评价

管理的各个要素中最重要的是人，人是管理工作的核心。要全面了解幼儿园的工作质量，就应注重考察组织中的人的素质及其工作状况，包括管理者，如园长的素质及其管理工作状况，作为管理对象，同时又是工作主体的教职工的工作状况。如考察保教人员的素质、人员任用情况、培训规划与方式、思想政治工作、园风园貌的形成等，从而对教职工队伍建设

与发展进行分析判断。

（三）对幼儿园保教工作与总务工作评价

幼儿园的工作主要包括保教工作与总务后勤工作两大内容。

保教工作是幼儿园工作的中心，可以对保教管理过程、教养工作秩序的建立进行分析评价。教师对幼儿一日生活和活动的组织、对活动室环境的创设、教学方式与游戏的设计方案等保教工作均是评价的对象。对保教质量的评价实际上也是对保教人员工作状况的考察与检验，同时也反映出幼儿园保教工作管理的成效。

幼儿园总务后勤工作的任务是为保教前勤提供保证与服务。总务后勤工作涉及面广，事杂，包括办园物质条件的改善、卫生保健、营养膳食、财务财产管理、设备维护保养、招生编班及档案资料建设，等等，而这些都可以作为评价的对象。另外，还可以对改进教职工福利待遇的情况等做出评价。

（四）对幼儿园的公共关系评价

幼儿教育并非孤立的社会行为，幼儿园也不可能关起门来建设和发展，家庭教育与社区环境等各方面因素均会对幼儿园工作产生影响。幼儿园能否不断提高保教质量和取得管理效益，取决于是否与环境积极地相互作用，是否有意识地进行自我调节以与环境保持平衡。

幼儿园的公共关系评价包括对家长工作状况、家长委员会的建立与作用发挥进行的评价，对幼儿园是否注重社会协调、满足社会不断变化的新需要，能否同所在社区实现双向服务，以及幼儿园如何发挥教育机构的文明影响功能等做出的评价。

以上是从幼儿园工作的四个大的方面来谈评价的内容与对象的。事实上，在对幼儿园管理工作进行检查评价时，既可以评价园所工作中的某一个方面，又可以对幼儿园办园水平与效果做出整体性评价——即评价园所培养幼儿的质量与效益是否达到国家教育方针所提出的全面发展的质量要求及园所教育效益状况。

有人提出，教育从根本上说是对一种环境的创造。从这个意义上说，我们也可以把学前教育看作是一个环境创造的过程。那么，评价学前教育环境的创造时就可以从中观环境、微观环境和宏观环境三大方面做出分析判断。中观学前教育环境，可以指幼儿园的教育环境，包括办园物质条件、设备材料、保教管理、卫生保健、总务服务、教师素质及园所管理状态、领导方式等，对这些方面可以逐一地、综合地做出评价。微观教育环境评价，可以指对幼儿园班级保教活动的评价。

宏观学前教育评价是将幼儿园置于社会大系统大背景中做出评价：不仅是对幼儿园内部教育环境的评价，还包括对家庭环境、所在社区的公共教育环境、社区内幼儿园的相互联系、幼儿园与所在社区的相互关系是否为相互服务，以及教育行政部门的管理与指导状况等进行分析判断。这种评价需考虑作为教育机构的幼儿园与家庭、社会或社区的相互影响，考虑是否创设或形成了全方位的大教育环境，是否以实现培养更多全面发展的人才为教育目标，是否为社会主义建设发挥了最终教育职能。

三、幼儿园管理工作评价的方法与步骤

（一）评价标准的确立

1. 评价标准、评价目标与工作目标

幼儿园管理工作评价是一项重要的管理手段，通过评价的导向和调控，促进教育目标与工作目标的实现。幼儿园管理工作的评价标准是运用教育基本原理和教育评价的理论与方法，依据教育目标和工作目标的要求加以确立的。评价的实质在于得出价值判断。教育是有价值的，这就是教育活动应达到的目标；管理也是有价值的，这是管理活动的主体依据价值观念确定管理活动和幼儿园各项工作的目标和质量标准，并通过幼儿园管理活动使教育活动更有成效，发挥更大的教育功能，这就是幼儿园管理工作的价值与目标。因此，在确立评价标准时，必须使评价目标或标准与幼儿园的总目标保持一致，通过评价促进教育目标的实施与逐步落实。

应当明确，评价目标或评价标准绝不是脱离或超出教育目标、工作目标之外的什么概念，而是与教育目标和工作目标统一的、一致的。教育目标是评价目标的根本依据。

2. 确立评价标准应遵循的原则

为了使评价标准的制订科学合理，避免主观性、随意性，确立评价标

准应遵循以下几点基本原则。

（1）方向性原则。

幼儿园管理工作评价活动必须在一定的评价目标或标准指导下进行，目标正确与否，是以其所体现的方向正确与否作为衡量标准的。也就是说，评价必须坚持正确的方向，必须以正确的教育观、教育价值观和质量观为指导，以教育目标为依据确立评价目标和标准。

（2）科学性原则。

评价要符合教育规律和管理规律，要考虑评价的具体目的、内容或对象，以确立评价标准。应当注意以相关科学研究成果为基础，使评价标准符合评价对象的总体状况，能够对评价对象的特征给予准确的描述和说明。如此，才能保证收集到能够反映出评价对象实际的客观真实的材料，进而做出正确的评价。

（3）可行性原则。

确立评价标准还要遵循可行性原则，要因园、因地、因人、因事制宜，选择恰当的评价标准和模式。幼儿园要针对本园实际，考虑各方面的状况，确立评价标准并按评价标准实施评价。

幼儿园评价工作是在一定理论的指导下开展的实践活动。因此，应把确立评价标准和实施评价过程作为不断探索规律的过程。

（二）评价方案的设计

设计评价方案，通常要解决以下四个方面的问题。

1. 明确评价的目的与指导思想

在进行幼儿园管理工作评价时，首先要明确评价的目的与指导思想，这是确定评价标准的依据，也就是要解决一个“为什么要评”的问题。评价的目的与指导思想不能与幼儿园办园方向、国家教育方针的要求相违背，不能脱离幼儿教育的规律和幼儿园实际情况，应依据方向性、科学性与可行性原则，确定适宜的评价标准。

2. 选择和确定评价的内容与对象

解决“评什么”的问题，也就是要确定评价的内容与对象。幼儿园管理工作评价的内容很多，范围很广。如有关保教工作质量的评价就包括教育活动和游戏的开展、幼儿常规习惯的培养、教师组织一日生活的状况、教育环境的创设与利用、教师对幼儿的观察了解等。也就是说，保教工作涉及的各方面内容都可以作为评价对象。一般来说，管理者可以依据本园实际需要，或是依各阶段的工作重点，选择并确定所要评价的内容。例如，某园结合本学期青年教师上岗培训情况，对教师组织的教育活动进行评价。评价应具有导向性，特别要在评什么和为什么评的问题上做到思路清晰、目的明确。如有的幼儿园或上级行政部门只重视评价“公开课”，如此，则易引导各园及教师把主要精力放在组织某几节教学活动上去，而对平时的教学活动不够重视。

3. 设计评价方案

这一环节包括两方面内容：一是建立评价的指标体系，二是选择适宜的评价方法。

（1）建立评价的指标体系。

首先，要将评价对象分解为几大部分。可以先来考虑评价时涉及哪些方面的内容，例如，我们要评价教学活动中的游戏。一般幼儿园开展游戏包括游戏计划的制订、游戏环境的创设与材料的提供、游戏时间的保证、游戏形式、教师的指导方式和通过游戏进行的教育以及幼儿在游戏中的行为表现等。又如，评价教育教学活动，通常会涉及教育活动目标、材料的准备、内容与方法、活动过程及活动效果等方面。对教师的工作进行评价，可以考虑将它分解为以下几个主要方面：工作态度、工作能力、工作内容与工作量、工作效果，即从德、能、勤、绩几方面分析判断。

其次，将大的项目逐级分解形成小的评价指标。初步确定了评价内容，再将大的评价项目或主要的评价内容分解为中等项目，在此基础上，还可再细分更具体的次级项目。例如，在评价教育教学活动中，对“采用教学方法”这一大项目，可以进一步从“是否注重以游戏为主要的教育手段”“形式方法的选择是否符合教育的需要和幼儿实际特点”“是否具有针对性，注意考虑学生个别差异性并能因材施教”等方面分为三个次级项目。又如，评价幼儿的发展水平，对其中“身体发展”这一大项目内容又可以具体分为“生长发育状况”“动作技能”“是否协调发展”“适应环境变化的能力”等小指标。进而再将“动作技能”等二级项目细分为更具体的评价项目。

在建立评价的指标体系时，要注意这样三点要求：第一，项目体系应能全面、完整地反映所评内容或对象的实质，而不要有所疏漏；第二，各要素或类别应是可以相互区分的，要尽可能避免指标的相互交叉或包含；第三，逐层分解，项目应尽可能具体化，以便观测和操作。

（2）选择适宜的评价方法。

进行园所工作评价可以有多种方法，比较简便而且较适于幼儿园使用的大致有以下几种。

一是数量表示法。如可以按 1～5 分的量表评价，称 5 点量表评分法。还有 7 点量表评分法，或是建立百分制量表对评定项目打分，也可以标出百分比。

二是程度表示法。采用优、良、中、差或优秀、合格与不合格，或好、较好、一般、较差、差等表示程度的词语做出评定。也可以采用表示频度的词语做评定，如对一些频度做出“总是、常常、一般、较少”等评价。

三是加权求和法。根据各项目要素的重要程度的不同，赋予各指标不同的权重或系数，评价其占总体的百分比。例如，有的园所评价班级教育工作状况，将班级教育分为三大项目，并确定其各占总体项目的百分比：教育 50%，卫生保健 40%，班务工作 10%。评定时，将各项具体指标的评定结果乘以权重系数，再相加求和，即为这一大项的实际得分。

园所在设计评价方案和选择评价方法时，应注意结合本园实际，以简便适用为原则。要根据具体评价目的、内容的不同，选择适宜的评价方法和设计适用的评价方案，还应考虑方法和方案要适用于工作主体的自我评价。

可以说，适用于一切情况的、通用的评价标准、评价方法和评价表格是不存在的。对于一些现成的评价方案，通常也需依本园实际情况加以适当调整，不宜完全照搬照用。

评价工作还需综合运用不同的评价方法，结合对所评对象其他方面情况的了解，才能做出比较客观、公正的分析判断。

4. 确定评价的类型

一般地，应根据评价的目的和内容，决定评价的类型。评价的主要类型分为自我评价和外部评价两种。

（1）自我评价，即由教师或园长等对自己的工作做出评价，这里的工作主体即为评价主体。对照目标和标准，工作主体进行自我评价有利于检查自己已做的工作，有利于自我调整与改进，在此过程中也实现了自我教育。

（2）外部评价，这是由他人对工作主体进行的评价，可以是由个人，也可以是集体做出的评价，包括群众相互评价、管理者（保教主任或园长及上级教育行政部门管理者）的评价，以及园所的服务对象家长的评价，还包括社区评价、社会一般成员的评价。

目前，一些园所对上级部门的检查评价极为重视，会积极做好各方面的准备，认真分析上级验收要求和评价标准，希望最终获得好评。然而，一些园所却忽视了对日常工作的自我检查评价，造成“验收期间掉层皮，验收过后喘口气”的现象。重视上级评价自然无可厚非，但它往往是定期的、阶段性的，通过突击准备可以获得好评，但幼儿园工作质量的提高最关键的部分还是日常扎实、认真、细致的工作，因此，管理者应把更多的精力放在经常性地开展自我检查评价与群众互评工作上，依据工作目标和评价标准对照检查，及时发现工作中的不足和问题，获取管理状态的反馈信息，探索规律并寻找不断改进工作的途径，增强做好工作的主动性和自觉性，使评价切实起到调动教职工积极性、促进幼儿教育改革与管理水平提高的作用，从而更好地实现教育目标，提高教育质量和效益。

幼儿园管理者和上级领导部门对这个问题一定要加以重视，避免工作评价走向单纯迎合上级口味甚至弄虚作假的误区。

在当前社会发展状况下，幼儿园管理者应重视家长及社会、社区成员的评价。应当认识到，服务对象对园所工作好坏最有发言权，并能做出较公正的评价。应将园所工作置于广大服务对象的监督下，这对于园所不断改进工作，提高保教质量，更好地满足社会需要，具有重要意义。

（三）评价的步骤

（1）建立评价工作领导小组，负责评价组织工作。

（2）在进行理论武装和文件资料学习的基础上，草拟评价方案，包括确立评价的指标体系和选择适当的评价方法。在拟订方案时，要明确评什么和为什么评、谁来评、怎样评的问题。

（3）广泛征求意见，试行评价方案并对其加以修订。园所评价工作要求全员参与，将工作主体作为评价主体，而不仅仅是作为被评价者，要注重引导他们依据标准开展自我评价，进行自我调整和改进。因此，应将评价标准预先交给被评价者，征求他们的意见，使得评价标准和方案切合实际并具有可行性，同时也可以使他们认同评价目的和内容，了解和掌握评价标准即工作的质量要求，根据要求调整自身行为，更加积极地工作。

（4）实施评价方案，正式开展评价工作，收集与评价相关的资料和信息。

（5）解释并分析评价结果。收集评价用的事实材料之后，要做相应处理，对所得结果做出正确的解释和分析，说明被评者工作的成绩和存在的问题，并根据分析提出改进的意见和建议。最后组织有关人员写出评价总结，将评价结果与建议反馈给被评价者。

例如，幼儿园可以针对最近一个阶段的保教质量状况的评价分析绘出如下的鱼刺图，对影响保教质量的因素进行分析，进而指导相关人员有针对性地予以改进。

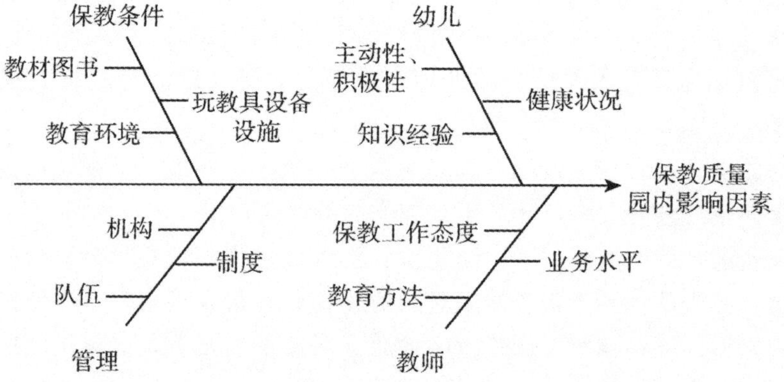

（6）把评价过程中的有关资料分类整理，并归入档案。

四、幼儿园管理工作评价时应注意的问题

要搞好幼儿园管理工作评价，需要注意以下几个问题或处理好以下几个方面的关系。

（一）注重将工作现状与原有状态做对比，评价被评者主观努力程度及其所产生的效益

评价是将被评者目前工作情况与预期目标进行对比的过程，目的是通过评价，找出差距，调整改进，促进工作目标的实现。因此，幼儿园管理工作评价应当以工作目标为依据。从这个意义上说，评价标准应是绝对的、一致的，才能保证评价结果的客观性。

然而，在评价实践活动中，还要从被评者的实际状况出发，注意问题有相对性的一面，应考虑到个体差异。在评价时，还需将被评者工作现状与原有状态——包括工作表现和工作条件进行对比，使评价发挥激励和鞭策的作用。注重从基础看发展，从起点看变化，通过被评者现在与过去的对比，判断其通过努力而提高的幅度；通过考察其工作条件与工作效果之间的关系，评价其主观努力的程度，并对其如何最大限度地发挥作用做出分析判断。比如，近年来北京市幼儿园分级分类评价标准中将设备条件定为“级”，保教质量定为“类”，一些幼儿园在分级分类验收中被评为二级一类，这说明这些园所的教职工在工作条件并不理想的情况下，创出了较高的教育质量，而且通过科学管理提高了教育效益。那些被评为一级二类的则表明，尽管该园所有较好的办园条件，但其教育质量与教育效益均不够理想，这种状况是应当尽快加以改变的。

依据评价的客观尺度进行评价可以表现为静态评价，即各班级之间的横向比较，这种评价有利于树立一些榜样，促进相互交流；依据相对标准开展的评价为动态评价，即各个班级自身前后对比，这种评价有利于看到其自身的变化发展。应注重将这两个方面结合起来，为提高幼儿园管理工作水平和保教质量提供有价值的资料。

（二）定性与定量结合，综合运用多种方法手段，全面客观地掌握真实情况

定性分析是对被评价对象的性质特点做出分析，定量分析是对被评价对象的数量特征进行分析。定性与定量是辩证统一的，任何事物都有量的表现，量是说明事物性质特征的一个方面，但是也不存在没有质的量。幼儿园管理工作评价中，要注意将这两方面有机结合起来，缺少任何一方面都不足以全面把握被评者的实际状况。

开展幼儿园管理工作评价还应结合实际情况，采取多种方法，收集多方面的信息和事实材料，从而客观全面地做出分析判断。例如，要评价保教工作质量，可以对园所工作中各阶段重点项目进行检查评价，实地观察并记录教育计划的实施情况，同时结合听取介绍、汇报和查阅计划、笔记等文字材料；又须注重教师自我评价和各班级教师之间的相互评价。另外，还须对平日工作的具体事实材料与典型事例加以收集整理，以便找出问题，并有针对性地提出改进措施。

（三）将评价与指导结合，注重评价主客体的协调统一

评价本身并不是目的，而是一种管理手段。也就是说，评价并不在于要定出优劣高下，而是为了改进工作，更好地实现教育目标与工作目标。要发挥评价对工作的促进作用，就需要对评价结果进行认真分析，并提出改进的意见与建议，使被评者通过评价受到启发教育，认识到自身工作的不足和与他人的差距，同时明确努力的方向，并采取有效措施改进工作方法。

实施评价活动，还应注重评价的主客体结合。评价主体即评价者，评价客体即被评价者。评价的目的是为了改进工作，因此不仅应注重自上而下的外部评价，即领导评价，还应注重工作主体的自我评价，使被评者积极参与评价过程，发挥主观能动性，通过评价达到自我调整改进的目的。幼儿园管理工作评价应将主客体结合，即评价者与评价对象结合，通过对评价标准的讨论与确立，达成共识，协调统一评价行动，从而客观公正地对被评者做出分析判断，获得不断提高教育和管理工作效率的依据。

（四）将评价工作常态化、制度化

幼儿园教育工作质量不是一朝一夕就能提高的，一时心血来潮的检查评价也不可能发挥评价应有的作用。要使评价切实起到促进工作开展，推动幼儿教育改革和教育质量不断提高的作用，避免形式主义的空泛无用，就必须将园所工作评价常态化、制度化，并将其纳入幼儿园管理体系和管理运行过程，作为其中一个必不可少的组成部分。同时，还要将评价与指导结合，通过评价，有效调整和控制工作过程，指导实践，改进教职工的错误行为，确保工作目标和教育目标得到实现。如下表。

教师组织幼儿一日活动评价表

__________地区____________________园__________班

带班教师__________班额__________人　在场教师人数__________人

场地面积：室内__________ m^2　室外__________ m^2

一、空间：场地、材料、环境条件的设置与利用（1～8）
1. 环境布置：a. 无布置、单调；b. 有布置，注意整洁、美化；c. 布置富有儿童情趣；d. 能结合本班幼儿特点及当前教育活动 2. 幼儿参与情况：a. 未参与，对周围环境无反应、无兴趣；b. 环境中有幼儿美工作品；c. 幼儿参与环境创设，并表示出对环境的兴趣 3. 玩教具、图书等材料：a. 种类单调、数量少；b. 较丰富、数量较多；c. 能依幼儿年龄特点及活动内容提供适宜材料；d. 注意定期更换材料或变换玩法 4. 废旧材料的利用：a. 未提供废旧材料、半成品；b. 能提供；c. 能提供，并因地制宜自制玩教具；d. 能提供废旧材料，自制玩教具，并能引导幼儿创造性地利用或自制玩教具材料 5. 材料的开放性：a. 不便幼儿取放，大多封闭；b. 便于取放，幼儿有机会自选；c. 幼儿取放方便，可按意愿自选，材料使用充分 6. 场地的安排利用：a. 适于正规教育，便于组织集体活动；b. 场地较宽敞，或是在场地安排上对幼儿分散自由活动有所考虑；c. 尽可能创造条件，方便幼儿各类活动（组织活动与分散自由活动）；d. 场地利用充分，活动类型搭配适当，不会相互干扰 7. 生活用具的摆放：a. 凌乱，不够整洁；b. 摆放整齐；c. 整洁卫生，便于幼儿取放 8. 安全卫生：a. 未意识到安全卫生问题或事故隐患；b. 能察觉安全卫生问题并注重消除隐患；c. 及时消除安全卫生隐患，并注意培养幼儿自我保护意识
二、时间：活动的安排与程序设计（9～12）
9. 执行生活作息制度：a. 未能执行；b. 基本执行，有个别环节例外；c. 认真严格执行，保证各项活动时间 10. 活动的组织安排是否科学合理： （1）户内外结合：a. 较差；b. 一般；c. 较好 （2）动静交替：a. 较差；b. 一般；c. 较好 （3）掌握活动量：a. 较差；b. 一般；c. 较好 （4）各环节衔接紧凑、转换自然、无拖延等待现象：a. 较差；b. 一般；c. 较好 11. 全面开展各类活动： （1）生活、游戏、教育活动均注意开展（计算了三类活动各占总活动时间的比例）：a. 较差；b. 一般；c. 较好 （2）集体小组、个人自由活动时间：a. 无安排分组、个人自由活动时间；b. 有安排、无保证；c. 注意运用三种组织形式且比例适当（记录了时间） 12. 一日活动安排适合幼儿年龄，内容丰富，形式多样：a. 较差；b. 一般；c. 较好

（续表）

三、活动中教师的指导、教师与幼儿之间的关系（13～26）
13. 指导的计划性、目的性：a. 随意指导；b. 有一定计划性，但仅限于教学活动或有组织的活动；c. 教学、生活、自由游戏均有明确目的要求 14. 对整个教育过程的控制：a. 不善于吸引幼儿注意力，无法使教学活动顺利进行；b. 在多数情况下能吸引幼儿注意力，一般能控制教育过程；c. 善于控制教育过程，各环节要求明确，活动组织有条理 15. 教育方式是否机智、灵活：a. 较呆板，方法单调，模式化；b. 一般能考虑运用多种方法，但缺乏应变性；c. 较灵活，能随时抓住教育契机，因势利导 16. 在照顾大多数幼儿活动的同时，能注意个性化教育，使每个幼儿均有表现机会并因材施教：a. 较差；b. 一般；c. 较好 17. 常规、行为习惯及自理能力的培养：a. 未注意培养，幼儿有较多不良习惯，未形成常规；b. 有一定要求，但未坚持督促；c. 坚持要求，指导行为方法，幼儿基本形成良好习惯；d. 幼儿能自觉遵守常规，无不良习惯 18. 教师榜样作用，注意检点自己的言行举止：a. 较差；b. 一般；c. 较好 19. 坚持正面教育，积极鼓励幼儿，无斥责、体罚、不公正待遇：a. 较差；b. 一般；c. 较好 20. 教师之间配合协调，做到保教配合：a. 较差；b. 一般；c. 较好 21. 教师态度：a. 生硬、淡漠；b. 较自然；c. 自然、亲切，有情感交流，能理解、尊重幼儿 22. 为幼儿自主活动提供机会、条件，幼儿能按意愿自选活动、材料、伙伴：a. 较差；b. 一般；c. 较好 23. 注意引导幼儿主动探求，允许而非限制幼儿提问、发表意见、建议，幼儿之间可相互交谈、讨论：a. 较差；b. 一般；c. 较好 24. 幼儿有较多交往机会，关系较友好，幼儿之间能相互给予积极的影响教育：a. 较差；b. 一般；c. 较好 25. 一日活动中，幼儿能积极动手、动脑，实践机会较充分：a. 较差；b. 一般；c. 较好 26. 幼儿情绪：a. 压抑、紧张；b. 浮躁；c. 自然、轻松、稳定；d. 积极愉快
四、总评（27）
27. 有整体教育意识，注意根据教育目的、要求，将各教育内容、手段有机联系起来，使各因素都能发挥积极作用，一日活动整体效益好；而非各活动分割孤立进行，其间无相互联系，仅注意局部效益：a. 较差；b. 一般；c. 较好
评定日期________ 评定者__________

从这个表格出发，可将各项评定中“较差”“一般”“较好”等评定标准依实际情况再加以具体化。例如，第11项“全面开展各类活动”：

（1）“生活、游戏、教育活动均注意开展”中的“a. 较差”——判断标准应为：教师较长时间未全面开展教育活动或生活活动；“b. 一般”——判断标准应为：教学中三类活动均开展，但比例分配不恰当或安排不妥；“c. 较好”——判断标准应为：教学中全面开展三类活动，比例分配恰当并能结合幼儿年龄妥善安排，充分发挥教育作用。

时间比例安排方面，如以上午自入园至午餐的4小时活动为例：游戏时间（室内、外/集体、自由等）占总活动时间的50%～65%，时长就是约2小时；生活时间（洗手、喝水、如厕、午餐及简单自我服务等）占20%～25%，时长就是约1小时；学习或正规教育时间占10%～30%，时长就是约25～50分钟。三类活动的时间安排应依幼儿年龄有所差异。

（2）集体、小组、个人自由活动时间与比例安排方面，仍以上午4小时活动为例：集体活动时间（包括生活活动、正规教育、集体游戏等）约占50%，时长就是约2小时；小组活动时间约占15%，时长就是约30分钟；个人分散自由活动时间约占35%，时长就是约1.5小时。

教育篇

幼儿期是一个人形成良好习惯的关键期，所以幼儿园教育活动的开展就显得尤为重要。本章从幼儿园教育活动的各个方面展开内容，既有教育活动的设计方法，又有对教育活动评价方法的介绍，同时也提供了教师教学技能提升方法的指导。

第一节　幼儿园教育活动设计与实践

【案例分析】

对幼儿园教育的思考

曾经有一位家长说过这样的话：“幼儿园教育弄得那么复杂真没必要，我们没有上过幼儿园，现在不是照样成才吗?”

另外有一个真实的故事：1978 年，75 位诺贝尔奖获得者在巴黎聚会，人们对于诺贝尔奖获得者非常崇敬，有个记者问其中一位诺贝尔奖获得者：“在您的一生里，您认为最重要的东西是在哪所大学、哪所实验室里学到的呢?”这位白发苍苍的诺贝尔奖获得者平静地回答：“是在幼儿园。”记者感到非常惊奇，又问道：“为什么是在幼儿园呢？您认为您在幼儿园里学到了什么呢?”老人笑着回答：“在幼儿园里，我学会了很多很多。比如，把自己的东西分一半给小伙伴们；不是自己的东西不要拿；东西要放整齐；饭前要洗手；午饭后要休息；做了错事要表示歉意；学习要多思考；要仔细观察大自然。我认为，我学到的全部东西就是这些。”

在场所有的人对这位诺贝尔奖获得者的回答报以热烈的掌声。事实上，大多数人都认为，他们终生所学到的最重要的东西，就是幼儿园老师教给他们的良好习惯。

读过这个故事的人大部分都会重新来认识幼儿教育的重要性。

幼儿时期是一个人良好行为习惯养成的关键期，幼儿园的养成教育会使每个幼儿终身受益。老师和家长今天怎样教育孩子，孩子明天就会成为怎样的人。今天多培养孩子一些好习惯，孩子就会在日后的成长成才中受益无穷。

一、幼儿园教育目标与教育活动设计

（一）制订幼儿园教育目标的意义

1. 幼儿园教育目标的概念

目的性是人类实践活动的重要特征。教育目的是构成教育实践活动的第一要素和前提，没有目的的教育活动是不存在的。我国各级各类教育活动的教育目的是由国家教育管理的最高决策层规定的，是对全国各级各类教育活动提出的统一的人才培养的规格和要求。由于各级各类教育情况不同，要实现教育目的，就必须根据各级各类教育的特殊性提出具体化目标。教育目标是教育目的的下位概念，是表达教育目的的主要形式。

幼儿园教育目标是教育目的在幼儿园阶段的具体化要求，是幼儿园人才培养的规格。幼儿园教育目标既要体现出幼儿园对社会的教育承诺，也要反映幼儿园的教育理念。

2. 制订幼儿园教育目标的意义

(1) 幼儿园教育目标指明了幼儿健全发展的方向。

幼儿园教育是一种有计划、有目的的社会实践活动。它的目的性反映在幼儿园是根据社会的期望和要求来培养人和塑造人的。这种期望和要求用概括性语言加以表达，就是幼儿园教育目标。须知，由遗传带来的潜能给人的发展提供了可能性，但是要把这种可能性变为现实，就离不开后天的教育。不同的环境和教育决定着人向不同的方向发展，幼儿园的教育目标必须有助于幼儿形成社会所需要的人格特征。

(2) 幼儿园教育目标指导着幼儿园教育的全过程。

幼儿园教育目标是幼儿园教育工作的出发点和归宿。只有明确了教育目标，教育者才能有目的、有计划地创设适宜的环境，选择特定的内容，安排恰当的活动，来保证幼儿按照既定的方向发展。同时，幼儿园教育目标指导着幼儿园各方面的工作，诸如幼儿园的设置、规模、设备、管理、卫生保健等相关制度的建立，教育的培养目标以及幼儿园教育所要遵循的原则等，使得幼儿园教育中的各个要素和各个环节能围绕一个共同的目标发挥其作用，促使幼儿园教育工作能更有目的、有计划地遵循着科学轨道高效展开。

（3）幼儿园教育目标是评价幼儿园教育工作的重要依据

如何评价幼儿园的教育工作质量是广大幼儿教育工作者关心的一个问题。幼儿园的教育目标能在多大程度上得以实现，应该是评价的一个重要的衡量标准。也就是说，评价一所幼儿园的教育工作，应以具体目标是否实现、目标的实现是否体现在每一个幼儿身上为标准。

教育目标评价是上级行政部门对幼儿园工作的检查评价，对幼儿园的教育工作起着重要的指导作用，其评价标准及其指导思想只有与教育目标一致，才能真正对教育实践起到积极的推动和导向作用。教师在实际工作中，也要以教育目标的完成情况来检查教育活动中各个环节的效果，使得教育活动成果能更加接近预期目标。

（二）幼儿园教育目标的内容及制订依据

1. 幼儿园教育目标的内容

在《规程》中的第一章第三条中有明确规定："幼儿园实行保育与教育相结合的原则，对幼儿实施体、智、德、美诸方面全面发展的教育，促进其身心和谐发展。"幼儿园的教育任务是根据统一的教育目的，结合幼儿身心发展水平而提出的具体教育目标，它是教育目的在幼儿教育活动中的具体体现。幼儿园的基本教育任务是培养形成人的"合理素质"。这里所说的人的"合理素质"，包括体、智、德、美几方面，与之相应的教育任务，就含有体育、智育、德育、美育几方面的内容。尽管不同历史时代，体、智、德、美的具体教育内容不同、侧重点也不同，但体、智、德、美的发展反映了人类教育发展的客观进程，而体、智、德、美几方面的教育也是人类教育的共同范畴。

当今形势下，由于社会经济文化的发展和科学技术的不断进步，加之幼儿教育学科研究新成果的涌现，幼儿园教育目标的内容也有所调整，要求教学中进一步丰富体育活动内容并增加活动量；加强幼儿智力的开发，特别是重视发展幼儿的创造力，同时强调非智力因素在培养人才中的作用；加强对幼儿主动性、独立性的培养，激发幼儿对周围事物主动探索的兴趣；重视培养幼儿与人交往的能力，以及自我控制、自我指导的能力；进一步增强情感教育，重视幼儿的心理健康问题；增加对特殊幼儿（超常的、有缺陷的幼儿）的特殊教育。

《规程》第一章第五条规定幼儿园保育和教育的主要目标：（1）促进幼儿身体正常发育和机能的协调发展，增强体质，培养良好的生活习惯、卫生习惯和参加体育活动的兴趣。（2）发展幼儿智力，培养正确运用感官和运用语言交往的基本能力，增进对环境的认识，培养有益的兴趣和求知欲望，培养初步的动手能力。（3）萌发幼儿爱家乡、爱祖国、爱集体、爱劳动、爱科学的情感，培养诚实、自信、好问、友爱、勇敢、爱护公物、克服困难、讲礼貌、守纪律等良好的品德行为和习惯，以及活泼开朗的性格。（4）培养幼儿初步感受美和表现美的情趣和能力。

以上体、智、德、美四方面的内容，对幼儿的全面发展起着促进的作用。发育身体，增强体质，是幼儿成长的基础；发展智力，提高技能，是幼儿成长的基本前提；良好的品德教育是幼儿学会做人的根本条件；培养美感和审美的情趣是陶冶幼儿心灵的重要因素。

2. 幼儿园教育目标制订的依据

（1）反映社会的要求。

教育方针或教育目标是社会政治、经济、生产力发展水平、文化等因素对教育提出的要求。幼儿园教育目标（包括体、智、德、美四方面的内容）是根据上述要求以及幼儿的身心发展规律来确定的。

我国的教育目标分为五个层次。第一个层次为我国教育的总目标，即教育的基本教育方针。它是指导其他层级目标的总纲和依据。第二个层次为各个教育阶段的目标，由幼儿、小学、中学、大学等阶段的教育目标所构成。第三个层次是以不同年龄段来确定的教育目标。第四个层次为各类教育单位中所确立的近期或短期的教育目标，如某个学校一周、一个月、一学期、一学年的教育目标。第五个层次为具体目标，要落实到每一节课或每一次活动的教学目标。

这五个层次目标都是围绕着总目标制订的，用总目标来检查评定的幼儿园的教育目标也是根据我国的教育总目标确定的。

（2）符合幼儿生理、心理发展的需要。

幼儿园的教育目标必须符合幼儿生理、心理发展的需要。一般来说，幼儿的生理需要容易被满足，但他们的心理需要往往被忽视。幼儿希望自己在集体活动中有一定的地位，希望自己成为一个独立的个体，并以适合自己的方式、速度来发展，其规律、特点见幼儿身心和谐发展模式图。由此图可知幼儿身心和谐发展包括三方面的关系。

第一，身体各器官系统机能的协调发展。如肌肉、骨骼的正常发育和机能动作的协调发展。

第二，各种心理机能，如认知能力、情绪、性格等方面的协调发展。

第三，身体各器官系统的机能、心理发展等方面的相互作用。这个相互作用，就是图中双箭头的含义，即两者在发展中相互渗透、相互影响的和谐关系。

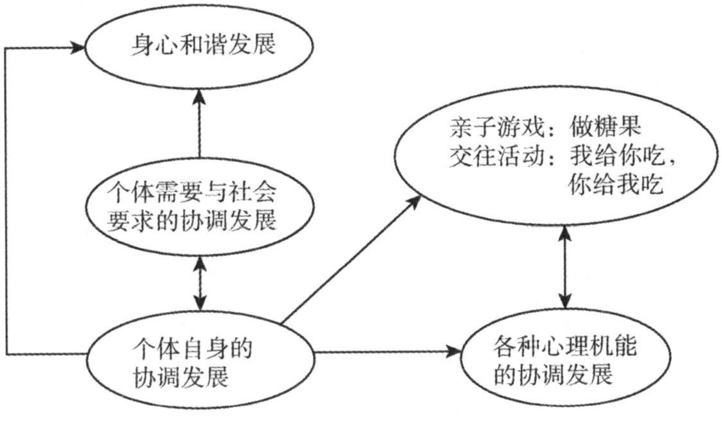

幼儿身心和谐发展模式图

【知识拓展】

幼儿园双语教学的体会

幼儿语言发展研究表明，3～6 岁是幼儿语言学习的最佳时期。幼儿从出生起便开始主动积极地学习语言，并且可以同时接受几种语言信号。结合在幼儿园进行的双语教学活动，我发现幼儿在能够熟练运用母语表达的同时，也可以学会自如地运用第二门语言（以英语为例）。

1. 听是学习一种语言的基础

让孩子倾听优美的英文儿歌、民歌，感受其美妙，区分其与中文的差别。在教学活动中，我发现小朋友在聆听一些英国原版的歌曲、律诗、韵文时，能在最原始的模仿状态下得到纯正的“发音储存”。

2. 不急于说，听准确后再慢慢模仿

幼儿学习语言的过程中，一个很重要的环节是重复。我播放《狮子王》录音磁带（全英文磁带）的片段（约五分钟）给中班小朋友听，听过3遍后，小朋友已经可以对每句话的后面几个字进行模仿（期间我并未作过中文解释）。第二天又播放同一段录音给他们听，他们可以在情节中的紧急情况来临之前发出“警报”。第三天，再一次播放同一段录音时，小朋友感觉就像是在听中文故事一样，能够自然地从口中蹦出几个“关键词”。

3. 反复听，强化印象

幼儿的记忆有瞬间记忆力较强的特点，经反复强化，就可以使瞬间的印象很长久地刻在幼儿的记忆中。这也是我们小时候背诵的古诗成年后也不会忘记的原因。每次上课时，需要把前面学过的内容再让孩子听一遍，达到“温故而知新”的效果。

4. 了解不同的事物可以用同一方式表达

幼儿经过一两年的幼儿园生活和语言学习，在欣赏和模仿的同时，还能够初步地自由运用外语。比如，中班课程中有一首歌曲《At the farm》（《在农场》，出自南京师范大学《幼儿英语》教材）：“Pigs at the farm go Onik、Onik……”是说小猪在农场走路时还发出“哼哼”的叫声，小朋友便会自由发挥，把歌曲中的“pigs”的叫声“onik”改成了“ducks→Quack”“dogs→wow”“cats→meow”“cows→moo”等。

（三）幼儿园教育活动的一般分析

【活动案例】

新年礼物（小班活动）

设计意图：

“过新年”这个主题蕴含了许多特定的节日认知元素，如新年的祝福、新年的礼物、新年时人们的年龄变化等。

我通过与家长交流，发现新年礼物是小班幼儿感兴趣的一个内容，蕴含许多有价值的教育元素。比如，收到礼物时的感受与礼仪表现（交往中的礼仪表现），打开礼物前的猜测与判断（合理想象与判断的方法），打开礼物后的验证过程与心情（验证并获取判断经验）。

在设计活动方案时，我认为以不打开礼物为前提，让幼儿用各种方法来判断包装盒（袋）中“有”或“没有”礼物，是让幼儿在活动中积累认知经验的重点。由此，我形成了设计思路：以礼物为线索，将寻找礼物、猜测礼物、分享礼物的过程自然衔接并层层递进，激发幼儿从寻找中体验情感，发展语言；在探索中寻找方法，发展思维；从分享中体验快乐，学习交往。

活动目标：

1. 在猜测礼物、打开礼物的过程中，体会节日的快乐。

2. 尝试用各种方法（如摇、捏、闻、掂）来判断礼物的“有”或“没有”，体验探索的乐趣。

活动准备：

1. 包装精美的礼物（事先藏在活动室内的各处，数量略多于幼儿人数）。礼物既有盒装的，也有袋装的，其中极少数盒（袋）内没有礼物。准备礼物时从幼儿的生活经验与兴趣需要来考虑，力求所备礼物能引起幼儿猜测或判断的兴趣，如有声响、很重。其中有一两样要能够引发争议，如分量很轻，无法一下子判断出来。

2. 桌面上有笑脸和哭脸两个大圆圈，可表示“有礼物区”和“没有礼物区”。

3. 保证幼儿有收到或打开礼物的经验。

4. 歌曲《新年好》。

活动过程：

一、寻找礼物

1. 新年快到了，你想不想收到礼物呀？别急，老师已经为你们准备了好多新年礼物，就藏在我们的活动室里，一起去找找吧！

2. 你在哪里找到了礼物？（可以随机用“哇！你找到一大盒礼物”“瞧！他找到的是一袋礼物”等进行评价）

3. 你是怎么一下子就找到礼物的？（发现礼物的精美包装）

4. 礼物盒、礼物袋里究竟有没有礼物呢？老师请你们现在不要打开，先来猜猜看。

二、猜测礼物

1. 你找到的礼物盒（袋）里有没有礼物？你是怎么知道的？（引导幼儿运用摇、捏、闻、掂等各种方法来判断礼物的有与无，并注意表达时动词的使用）

2. 如果你觉得你找到的包装盒（袋）中有礼物，就把它放在笑脸娃娃的圆圈里；觉得没有，就放在哭脸娃娃的圆圈里。

3. 共同验证猜测的结果。

(1) 验证笑脸娃娃圆圈里的礼物盒（袋）。

这些都是小朋友认为里面有礼物的。究竟大家的猜测对不对呢？我们打开礼物盒（袋）看一看。

(2) 验证哭脸娃娃圆圈里的礼物盒（袋）。

① 这些盒（袋）子里有礼物吗？（请几个幼儿再次上来辨别或判断）

其中有一件礼物因为没有声音、没有重量、没有味道引起了幼儿的争论。

② 这里面究竟有没有礼物呢？我们也打开看看。（请个别幼儿打开盒子，一只大大的氢气球慢慢升起，孩子们非常惊喜，大声喊道："有礼物的，是氢气球，气球飞起来了……"）

③ 原来这里面是有礼物的！是氢气球！气球你好！祝你新年快乐！

④ 小结：刚才大家想了许多办法，终于发现了礼物盒里的秘密。

三、享受礼物

1. 新年里，大家一定还能收到很多礼物。收到礼物时应该跟送你礼物的人说些什么呢？（谢谢！祝你新年快乐！）

2.《新年好》音乐响起，幼儿和教师、同伴一起分享礼物。

以上案例相当成功，其一，教师给活动选择了一个有价值的切入点。这个活动源于幼儿的生活经验，深受小班幼儿的喜爱。该活动以礼物为载体，引导幼儿积累相关的经验，提高了各种能力，而不是以单纯的知识传授为主。其二，活动使用了一些富有童趣的玩教具。为了达成目标，教师为幼儿选择的礼物既富有童趣，又蕴含探索价值。礼物的包装盒、包装袋上会有小锁、拉链、胶带、绳子等，可以从多方面发展幼儿手的动作技能。其三，教师设计了一个富有挑战性的活动过程。小班幼儿各种感官的感知能力还较弱，活动中要求幼儿在不打开礼物包装的情况下猜测礼物的有与无，对小班幼儿来说是一种挑战。教师在活动中充分调动了幼儿的各种感官进行探索、判断，有效促进了幼儿感知能力的发展。

以上这个案例，还体现了幼儿园教育活动设计的意义，它能引发教师的思考，优化活动过程，提高活动效果。那么，在幼儿园教育活动设计时又有哪些基本原则？教师又应掌握哪些理论基础呢？这就需要我们学习以下知识内容。

幼儿园教育活动过程是教师有目的、有计划地利用幼儿园所提供的环境和材料，通过教师和幼儿双向的交流和互动来促进幼儿身心发展的过程，它也是实现幼儿园教育目标、教授规定的教育内容、落实幼儿园教育任务的手段。

幼儿园教育活动设计是为了促使幼儿更有效地学习而预先对活动进行的规划，能开展一次有效的活动是其根本目的。因此，对维持和促进幼儿学习的所有行为的关注和研究，也是幼儿园教育活动设计的基本内容和任务之一。

1. 幼儿园的教育活动的含义

《纲要（试行）》第三部分教育的“组织与实施”的第二条指出：“幼儿园的教育活动，是教师以多种形式有目的、有计划地引导幼儿生动、活泼、主动活动的教育过程。”作为幼儿园教育的基本形式以及幼儿园课程的实施载体，幼儿园的教育活动以幼儿为主体。在教师创设的以适合幼儿身心发展需要和特点的多种形式的活动中，在与有意创设的环境的互动过程中，引发幼儿积极参与、主动探索并大胆表现的教育活动，旨在促进幼儿全面、健康、和谐的发展。

幼儿园的教育活动是一种体现“自主与主体特征”的活动。对于学龄前幼儿来说，活动是其学习的存在状态，即使是幼儿接受间接经验的过程也是以活动状态存在的。因此，所谓幼儿园的教育活动，就是一种由教师的“教”和幼儿的“学”所构成的师幼双边互动活动，是由教师和幼儿共同参与、相互配合的活动。幼儿作为教育活动中学习和发展的主体，既是活动的执行者、承担着、探索者，也是活动结果的体验者。在活动中，幼儿享有选择和决定的自主权，研究与探索的自主权。幼儿活动的过程是一个充满变化、充满新意和自发性的学习过程，幼儿正是通过自主性活动获得经验，并在发现和解决问题的过程中获得初步的实践能力以及创造能力的。教师作为教育活动中直接或间接影响活动进程、引导活动方向及幼儿探索的主体，既是活动的设计者、组织者、调控者，也是活动目标的引领者。虽然教师的主体意识和主导地位在不同性质和形式的教育活动过程中可能呈现出不同的状态（在教师直接控制、直接传递教育意图、教学结构化程度相对较高的教育活动中可能是显性的；在教师间接控制、借助中介影响、教学结构化程度相对较低的教育活动中则可能是隐性的），但教师主体性的发挥正是活动过程中幼儿主体性实现的有力保证，因为教师所面对的是未成熟的幼儿，良好的主体性意识可以促使教师最大限度地满足幼儿发展的需要，并在幼儿发展与社会发展需求之间构建一种平衡。而幼儿园的教育活动从根本上说是一种师生交往的过程，教师和幼儿是教育活动最基本的主体，也是教育活动最直接的参与者，因此，幼儿园的教育活动首先是以教师和幼儿为主体的活动。在教师与幼儿的合作、交往、沟通和协调的过程中，教师主体性的发挥和幼儿主体性的实现应是一种动态的、良性互动的关系。

2. 幼儿园教育活动的特点

（1）整合性特点。

所谓整合，是指把不同类型、不同性质的事物组合在一起，使它们成为一个整体。幼儿园教育活动，是在充分协调多种教育资源，利用多种教育途径与形式，结合多个领域内容，发挥多种因素影响的基础上而实施的。因此，无论是学习活动还是游戏活动，无论是教师预设的教育活动还是幼儿自主生成的教育活动，无论是集体的活动还是小组、个人的活动，整合性和整体统一性可以说是其最明显的特点之一。这种整合和统一，在活动的目标、内容、资源以及活动的方法、形式、手段等各个方面都有所体现。

第一，幼儿园教育活动的目标本身就是一个完整的体系，是由多个领域、多种层级内容整合而成的目标结构系统。虽然我们在表述目标时会人为地将它们分为不同的方面，如将目标分为认知、情感与态度、操作技能三方面或健康、社会、科学、语言、艺术五方面。但这种划分只是在整体、全面发展目标下的细化划分，是为了帮助我们在一种比较清晰、有序的框架中使学习内容更清晰，使教育活动开展得更深入、具体化。而每一个教育活动的目标从根本上来说是多领域的、有机的、整体的，不是单一领域的、细化的、分解的。教育活动目标是对活动所要达成的最终结果的预期，作为整个教育活动的核心，它制约着活动的内容，决定着活动的进程，影响着活动的方式，因此，教育活动目标的整合性是教育活动整合的基础，它将直接影响到对教育活动内容的整合以及教育活动方法、形式的整合。

第二，幼儿园教育活动的内容也体现出整合性的特点：首先，同一活动领域内的整合，即在一个相对独立的领域中的内容体现出前后的纵向整合或不同内容间的横向整合。比如，数学方面的内容有关于数的、空间形体的、计算的、时间和空间方位的，它们之间有一定的层级性、递进性和关联性，在具体的教育活动中我们经常会将数学方面的知识与感知认识、形体知识联系在一起，或是在学习数数的时候把已经掌握的数字和认数技能加以联系、对比等，这种不同内容间的横向整合和前后内容上的纵向整合就是在同一活动领域内的整合。其次，不同活动领域间的整合，即指突破领域划分的界限，实现跨领域的内容整合。在幼儿园教育活动的进程中，相对于分领域（学科）的教育活动而言，综合主题（单元）式的教育活动无疑是一种更能体现整合统一性特点的活动形式，它也成为当今幼儿园课程和活动的主要方式。综合主题（单元）式的教育活动通过不同领域间的固有联系，将某个教育活动内容还原成整体的、相互联系的状态，以构建起多科合一的主题网络式的活动内容结构，并在为幼儿呈现一个具有丰富、多元刺激材料内容的活动场景的同时，尽可能地发现和挖掘领域间新的、更多的联系，从而使整合的活动内容与幼儿的生活紧密联系，更符合幼儿的发展需求。

第三，整合性也体现在幼儿园教育活动的资源利用和方法、形式、手段利用方面。在《纲要》的总则中已经明确指出幼儿园应与家庭、社区密切合作，综合利用各种教育资源，共同为幼儿的发展创造良好条件。事实上，在幼儿园教育活动的实施中可供活动利用和开发的资源是多方面的，既有来自于幼儿园（教师或幼儿）的，也有来自于家庭和社区的，这些资源的综合利用和有机协调对幼儿园教育活动的效果以及幼儿的发展将产生积极影响。此外，幼儿园教育活动的形式与方法、手段也是丰富多样的，有机整合的，这种整合既表现在教育活动设计的过程中，也同样体现在教育活动实施的过程中。教师根据幼儿园和幼儿的实际状况，可以有选择地整合出多种不同形式的教育活动。例如，幼儿对数概念的学习中，教师可以将有目的预设的活动与幼儿自主选择的区角活动形式加以整合，从而更好地帮助幼儿理解和习得数的概念。教师也可以在教育活动中有选择地整合操作、实验、讨论、合作探究等多种方法和手段，进行有效教学。

（2）生活性特点。

《纲要》为幼儿园教育提出了，各领域的内容要有机联系，相互渗透，注重整体性、综合性、自然性、趣味性，寓教育于生活、游戏中的实施原则。《指南》说明部分要求，要珍视游戏与生活的独特价值，创设丰富的教育环境，合理安排一日生活，最大限度地支持和满足幼儿通过直接感知实际操作和亲身体验获取经验的需要。幼儿园教育活动作为反映幼儿园教育的一种基本的和主要的活动，在体现出其整合性特点的同时，也体现出它努力营造与幼儿生活相一致的环境，密切贴近幼儿生活世界的趋向，这即是幼儿园教育活动生活性的体现。

生活性首先体现在幼儿园教育活动的内容方面。为了促进幼儿健康生活，幼儿教育首先应当立足于幼儿的现有生活，而幼儿园教育活动作为幼儿教育的实施途径，必须关注幼儿的现实生活，在教育活动的内容上注重让欲授知识与幼儿的现实生活相沟通，与幼儿的经验、需要相联系，而不单是从知识或学科本身的结构或重点、难点出发开展教学活动。比如，数学教育活动，“生活中的数字”“生活中的序数”已经成为《纲要》颁布以来被幼教界广泛认同的教学理念，它要求教师以及活动设计者不仅重视帮助幼儿从生活中寻找、捕捉数学的内容，同时也引导幼儿关注生活中的数学问题并学习用数学思维解决生活中的问题。

生活性特点还体现在幼儿园教育活动的途径与创设的环境、场所方面。幼儿园教育活动的实施是渗透于幼儿一日生活之中的，幼儿园生活的各个环节都是贯彻和实施教育活动的有效途径，即一日生活皆课程。在开展教育活动的过程中，用贴近幼儿生活、结合实际生活情境的方式可以使幼儿在回归真实生活的背景中体验和积累经验，主动、积极地进行探索和学习。同时，在教育活动场所和环境利用方面，能突破有限的“活动室”空间，走进无限的“大社会”空间，也是幼儿教育活动生活性特点的一种体现。这种“大社会”空间，既可以是大自然的活课堂——树林、草地、山坡、花园等自然类教育活动场所，也可以是博物馆、展览会、建筑群、新型社会公共设施等人文德育类的教育活动场所。

（3）趣味性特点。

活动新奇、有趣，是幼儿有意愿加入活动的最直接原因。幼儿园教育活动的主要活动对象是幼儿，这活动特性正符合幼儿的心理特点。因此，生动有趣和丰富多样自然就成为幼儿教育活动的显著特点。

幼儿园教育活动的趣味性首先体现在活动内容和活动形式上。虽然教育活动是教师或活动设计者按照一定的社会规范、教育要求，同时选择一定的教育内容、创设相应的教育环境而设计的带有目标性（显性或隐性）

的活动，并且它或多或少带有认知方面的要求，在某种程度上具有一定的知识含量，但即便是活动对知识和经验的追求也是以贴近幼儿所熟悉的生活实际、选择生动有趣的方式为前提的，只有这样，幼儿园教育活动才是尊重儿童的天性的，才能唤起幼儿的热情，引发幼儿探究的欲望，同时促进幼儿的发展。

幼儿园教育活动的趣味性还体现在活动环境和活动材料的丰富多样上。幼儿总是在特定的环境中，在使用特别的材料的过程中获得启迪并取得发展的。幼儿园教育活动为幼儿提供或创设新奇、多变的环境与材料，能满足幼儿的好奇心，激发他们的探究欲；实验的环境与材料，能满足幼儿的好动天性，引发幼儿的思考；自然、真实的环境与材料，能满足幼儿回归自然的愿望，促进幼儿大胆体验以及积极创造。

（4）动态性特点。

幼儿园教育活动的动态性首先反映在活动过程中。这种强调活动动态性特征的过程，使得幼儿园的教育活动能够随时随地根据儿童的最近发展区调整活动目标，引导他们深入活动中，进而促其发展。而教师和幼儿作为幼儿园教育活动中相互作用的统一体，他们在教育活动过程中的行为并不是一成不变的，而是一个不断变化的动态过程，因为“教育活动作为人的一种基本活动，从内容到形式，都体现了一定的社会关系，它在本质上也是一种社会活动，其最基本的形式是一种互动”。幼儿园教育活动中的互动既包括教师与幼儿之间相互影响的行为和过程，也包括与幼儿之间的彼此互动。这种动态性和互动性特征不仅是作为活动主体的幼儿和教师最基本的社会活动形式，也是帮助幼儿实现知识建构，保证教育活动有效开展，促进幼儿发展的重要条件。

当然，幼儿园教育活动的动态性也体现在幼儿园教育活动环境上。教育活动环境的动态性是指根据幼儿兴趣、与环境互动的实际情况，以及教育活动的流程，不断地调整环境、重新构成环境。具体表现在三个方面：首先，动态的环境是随着幼儿活动的进程随时进行调整的环境。由于幼儿活动的展开是向着多个方向发展的，教师要营造能使幼儿主动与之互动、获得丰富体验的环境，就有必要顺应幼儿活动的实际情况来调整环境。为此，教师必须随时了解、把握幼儿的内心活动。其次，动态性的环境是不完备但能使幼儿充分发挥想象力和创造性的环境。教师应尽量让幼儿自己去重组、改造环境，让幼儿不断地发现问题并解决问题。再次，动态性的环境是在教育活动的引导下、幼儿活动的自主性发挥下形成的有利于幼儿发展的环境。为了使幼儿向着教育目标所指的方向发展，使幼儿积累必要的经验，教师必须有计划地为幼儿创设具有教育价值的环境，同时为了使幼儿能不断地自主地展开活动，教师也必须随着幼儿活动的发展不断地对环境进行调整，以满足幼儿发展需要。

3. 幼儿园教育活动的基本类型

幼儿园教育活动的主体是幼儿，但活动的对象多种多样，构成因素也各不相同，这就形成了不同类型的教育活动。一般可以将幼儿园教育活动分为以下几种基本类型。

（1）从幼儿园教育活动的结构出发，分为分科、主题单元教育活动。

根据幼儿园教育活动的不同结构，可以把幼儿园教育活动分为分科教育活动（它通常包括语言活动、数学活动、科学活动、音乐活动、美术活动和体育活动六种类型）和主题单元教育活动两大类。前者比较强调各学科的内在逻辑结构，注重幼儿的关键经验、生活生存知识和技能，具有较强的可操作性；而后者更强调多种教育因素与幼儿发展需要的全面整合，能有机地将不同学科领域的教育内容在不同程度上以不同方式整合在一个（或若干个）教育活动中，体现了教育活动的综合性、整体性特点。主题单元教育活动已逐渐成了幼儿园教育活动的主要类型，它可以整合各领域内容，调动幼儿多种感官参与，给幼儿留下深刻体验。

（2）从幼儿园教育活动的特征出发，分为生活、游戏、学习活动。

根据幼儿园教育活动的不同内容，可以把幼儿园教育活动分为生活活动、游戏活动和学习活动。幼儿园教育活动具有三方面的特征：① 计划性、目的性；② 幼儿的主体性、教师的主导性；③ 形式的丰富性、多样性。因此，从广义的角度来说，在幼儿园的一日活动中，凡是符合以上三个基本特征的活动都可以视为幼儿教育活动，而不是狭隘地将其界定为知识讲授、学习类的教育活动。因此，幼儿园教育活动应当包括生活活动、游戏活动和学习活动。

（3）从幼儿园教育活动的内容领域出发，分为健康、语言、科学、社会、艺术活动。

根据幼儿园教育活动的不同内容，可以将其分为健康领域教育活动、语言领域教育活动、科学领域教育活动、社会领域教育活动和艺术领域教育活动五大类。当然，幼儿园的教育内容应当是全面的、启蒙性的和相互渗透的，这种划分只是相对划分。

(4) 从幼儿园教育活动的性质出发，分为幼儿自主、教师预设活动。

根据幼儿园教育活动的不同性质，可以将其分为由幼儿自主生成的教育活动和由教师预先设置的教育活动两类。前者更符合幼儿的兴趣以及学习需要，而后者更强调教师的计划组织和直接指导，是在教师设定教育活动目标、提供活动环境和材料的前提下有计划地实施指导的活动。

(5) 从幼儿园教育活动的组织形式出发，分为集体、区角（小组）、个别活动。

根据幼儿园教育活动的不同组织形式，可以将其分为：

① 集体活动，是由教师有目的、有计划地组织全班幼儿在同一时间、同一空间下所进行的统一的活动。此类活动一般计划性较强，组织比较严密，时间比较固定。

② 区角（小组）活动，是由教师创设一定的环境，提供相应的材料并给予一定的间接影响的教育活动类型。如在多功能活动室、活动区、活动角进行的活动。幼儿可以在同一时间里选择不同的活动内容，一般组织得比较宽松，时间相对自由，幼儿可以相互合作也可以个别操作，这种活动形式能更充分地满足幼儿自主选择、自主探索的需求。

③ 个别活动，是根据个别幼儿的特殊需要安排和进行的教育活动，一般是具有特殊才能或发展有障碍的幼儿需要这种可自由选择活动方式、内容的活动。

(四) 幼儿园教育活动设计的含义与原则

幼儿园教育活动设计作为一门研究儿童学习和促进儿童学习的应用性学科种类，是以对教师引起、维持和促进幼儿学习的所有行为的关注为出发点，并以研究幼儿的发展作为落脚点的。

幼儿园教育活动设计作为一门学科，具有自身独特的结构化的理论和实践系统，这一系统包括了对促进儿童学习的方法、条件、经验、情境、资源等的开发与研究。在对这一结构体系展开具体、深入的论述之前，我们有必要先来讨论和明确一些相关的概念。

1. 幼儿园教育活动设计的含义与基本特征

“设计”一词的原意是指在正式做某项工作之前，根据一定的目的和要求，预先制订计划、方法等。虽然它已被广泛地运用于众多领域之中，但在特定领域内，人们对其含义有不同解释。一般来说，“设计”是指在创造某种具有实际效用的新事物或者解决新问题之前所进行的探究式的系统的规划过程，是一个运用了分析与综合方法的深思熟虑的精心规划过程。因而，它并不等同于那些精确、细致、有针对性的专门计划，而是以问题的沟通为起点，以解决问题的实施为终点的，它注重的是对过程的规划和组织。也就是说，设计的过程独立于实施的过程，它的重点在于对整个过程进行安排和规划，找出实施过程中可能出现的问题和可能对过程产生积极影响的条件，并给出解决办法和最佳的资源利用方式。

幼儿园教育活动设计可以被看成教师教学组织行为的一种预先筹划，它是对一系列活动事件进行精心设计和安排的过程，其目的是为了支持和促进幼儿的学习。它是由创设的一定的学习经历所组成的，通过特殊的活动和体验，确保幼儿学习卓有成效并能够达到特定的学习目标。事实上，它是为促进儿童学习而对学习过程和资源所做的系统安排，是在分析儿童的学习需要的基础上所形成的能满足学习需要的全部活动过程。它包括对学习活动目标的设定；对学习对象学习需要的分析；对学习情境的创设；对活动资源的开发和利用；对学习过程的安排和调整；对学习对象行为的预测和评估等。

教育活动设计是以关于教和学的科学理论为基础的，而教与学的科学理论与其他的科学理论一样是对现实世界的指导性说明。从某种意义上说，教育活动的设计者就好像工程设计师，两者都是根据实践证明过的成功的科学原理来计划将要开展的工作的。不同的是，工程师是按照物理学原理进行设计，而教育活动设计者则按照教与学的基本原理和规律进行设计；相同的是，两者都试图使设计的结果更具可操作性，更具合理性。

在幼儿园教育活动设计过程中，设计者通过一系列有目的、有计划的系统设计，对即将开展的活动做出构想和规划，而这种构想和规划的基本依据涉及幼儿发展和教育教学的有关理论。可以毫不夸张地说，相关理论为幼儿园教育活动设计中如何为幼儿提供学习前的准备、如何引发幼儿的探索性学习兴趣、如何为幼儿提供合理的学习环境和材料、如何合理而科学地介入和调整幼儿的学习过程等一系列环节找到了切实可行的理论依据。这种活动设计的基本特征有如下三种。

（1）技术性特征。

一般来说，教育活动过程是为了便于学习者（学生）达到预定的教育目标所进行的传递、转换和共享信息的一系列行为活动。幼儿园教育活动设计是一种以激起幼儿的学习兴趣，帮助幼儿更好地获得特定的知识技能和提高学习效率的活动规则过程。在这个过程中，设计者所承担的工作是极富创造性和技术性的。它不仅需要设计者全身心地投入，也要求设计者具备一定的设计技术，其中既包括对教育活动目标的设计技术、教育活动指导策略的设计技术，还包括对教育活动评价的设计技术以及教育活动资源开发的设计技术等。而这种技术性特征，既体现在幼儿园教育活动的设计过程之中，也体现在教育活动的实施过程中。由此可见，技术性特征是贯穿在幼儿园教育活动设计中的一个最明显的特征。

（2）创造性特征。

对于幼儿园教育活动的设计者来说，教育活动设计是其有意识、有目的地为优化教育活动过程、达成最优教学效果而主动构思、设想和规划的一种方案。这种方案和计划本身会带有明显的设计者的主观性，能反映出设计者对幼儿发展、幼儿教育价值、幼儿教育理念、幼儿学习规律及方式特点和教学规律的理解。从这个意义上来说，幼儿园教育活动设计实际上是设计者的一种兼有创造性、学科性、决策性的研究活动，它是设计者在个人的背景范畴、经验范畴、知识范畴内综合各种因素得出的创造成果。同时，这一特性也从一个侧面反映了这一综合、复杂的活动设计过程并不存在一个标准的、统一化的、可参照的、可选择的模式和流程，它应该是设计者富有创造性的“个人产品”。

（3）广泛性特征。

从幼儿园教育活动设计的定义中可以看出，其设计过程应涉及大量的活动，从最初的活动计划步骤、活动内容安排到整个过程中新的创造性活动的出现，都应在设计中有所体现，以保证活动能顺利、有效地开展。可见，幼儿园教育活动设计中包含了一系列广泛的活动。如果在某种学习环境中活动设计不能提供适当的活动以支持幼儿的学习，促进幼儿在活动中获得发展，那么，这个设计就是失败的。或者说，设计者缺乏对活动中一系列影响因素的综合、全面、整体的把握，也就不可能体现活动设计的合理性和多元性。但对于一个教育活动设计究竟应该包括哪些活动，即使是教育研究专家们也没有一个完全统一的看法。有些人认为，教育活动设计首先必须包含对学习和教学活动的监测和维持环节；另一些人则认为，教育活动设计还应该考虑对教育方法的选择、理解、改进和运用教育规律、幼儿发展规律对教育活动环境、材料进行设计等。由此可见，教育活动设计过程事实上与多方面的发展性活动是密不可分的，它是一个彼此联系的系统过程，具有广泛性的特点。

2. 幼儿园教育活动设计的意义

幼儿园教育活动的设计与实施是在教育科学研究发展的大背景下产生的一个新课题。加强幼儿园教育活动设计的意义体现在以下几点。

(1) 幼儿园教育活动设计可以帮助幼儿学习，促进幼儿发展。

尽管在幼教机构中幼儿的学习更多的是以一种群体学习的方式存在的，但在教育活动设计中应强调幼儿的个体特点和差异性，以促进不同发展水平幼儿个体成长的宗旨是不容置疑的。教育活动设计所关注的并不是学习群体在社会中的能力和观念的变化，也不过多考虑社会信息和态度对学习群体的影响，而着重关注和考虑对个体学习行为的支持和引导。因此，幼儿园教育活动的事先规划和设计，可以更多地从学习个体的角度出发，通过设计者的工作，帮助不同幼儿个体有效地学习。

有目的、有计划的活动设计还能够影响和促进幼儿的发展。尽管我们随意为幼儿提供一种环境，幼儿也能够以他们自己的方式成长起来，然而没有经过系统设计和规划的活动，即使可以使幼儿获得某些发展，却不能保证幼儿获得现在和未来社会中所必需的经验与能力。因此，进行教育活动设计的最基本意义就在于确保幼儿能最大限度地接受教育，并能享受活动的乐趣，确保每个幼儿都有相同的机会发掘他们的潜能。幼儿教育活动设计既着眼于幼儿的当前发展，也关注于幼儿的长远发展。

(2) 幼儿园教育活动设计可以引发教育思考，引导活动组织者选择行为策略。

教师作为教育活动的设计者，除了要对活动内容以及承载不同形式内容要求的材料做出选择外，还应当考虑的是在活动中选择什么样的行为策略才是适当的、合理的、有效的。有的教师习惯于把注意力放在自己的体验及自己想要教给幼儿的知识或技能内容上，如此一来往往会倾向于采用演示式的、传授式的教育方法组织幼儿的学习活动；而另一些教师则可能会把教育的重心放在幼儿身上，而不是教材上。他们优先考虑和关注的是了解幼儿的需要，了解幼儿的学习特点，着眼于创设适当的问题情境，着眼于师生之间的对话，着眼于如何激发幼儿自主学习，以促进幼儿的发展和成长。事实上，在选择不同行为策略的背后都体现着教师的教育观念。在当今社会经济和文化的发展与变革中，注重幼儿自发性、自主性学习的新教育观逐渐得到认可，对于幼儿的自主学习需要教师采取什么样的教育行为策略的问题，正越来越受到幼儿园教师们的关注。

（3）幼儿园教育活动设计可以优化活动过程，提高活动效果。

教育活动设计是在全面了解幼儿是如何学习的基本前提下，在掌握了幼儿学习理论、幼儿发展理论及其他相关科学理论的基础上，在充分考虑学习发生的各种可能性的条件下而展开的一种活动构想。它包括一系列相关的“操作”过程——分析学习者的需要、特性；确定教育活动的目的、顺序；选择活动的主题、内容以及希望达到的一般目标；设计安排达成目标的教学方法；选择配合学习活动的各种资源；准备针对学习结果评价的评估指标；确定如何为学习者提供学习前的准备工作、学习中的调整方法等。而其中学习者、活动目标、学习（教学）方法及评估标准是四个最关键的因素，它们之间具有不可分割的密切联系，它们共同构成了教育活动设计的主要部分。

由于幼儿园教育活动设计的一系列工作都是围绕着活动过程展开的，即设计者从可能影响幼儿活动过程的诸多因素出发，努力把教育活动设计成为一个优质的、科学的、系统的、合理的活动过程，为实现活动过程的优化并最终获得卓有成效的活动效果提供保证。

3. 幼儿园教育活动设计的基本原则

幼儿园教育活动设计是教师为促进幼儿发展而有计划、有目的地展开的一项创造性工作，它是建立在教师把握和分析活动对象的特点、制定适宜的教育活动目标、合理选择教育活动的内容与形式，并充分创设教育活动的环境和调动其他活动要素的基础之上的。因此，对于这样一种与教育目标、教育观念、教材教法、教师与幼儿、环境与时空等各项因素相关的设计工作，为了使其科学、合理而有效，有必要在设计中提出一些要遵循的基本的原则和要求。

（1）发展性原则。

所谓发展性原则是指在教育活动设计中必须准确地了解幼儿的原有基础，并以此为依据着眼于促进幼儿在身体、认知、情感、个性以及社会性等方面的全面发展。它有两层含义：一是指教育活动的设计应以促进幼儿的发展为出发点，应当适应幼儿的现有发展水平，考虑幼儿的原有基础。教育活动的目标和内容应以幼儿的身心发展成熟程度及其可接受水平为基础，既不任意拔高，也不盲目滞后。在教育活动的设计中，教师必须遵循从幼儿身心发展的实际认知水平和已有的“内部知识结构”出发，既照顾到幼儿的现实需要、兴趣和能力水平，也考虑到幼儿长远发展的需要，以促进幼儿在现有水平上的进一步发展和提升。正如著名心理学家维果斯基所认为的，教师应在儿童的两种发展水平，即较低层次上的已有发展水平和较高层次上的发展需求之间确立其“最近发展区”，使教学建立在儿童“最近发展区”的基础上，从而使教育活动能更好地促进儿童的发展。二是指教育活动的设计也应以促进幼儿的发展为落脚点，应当始终贯彻以发展作为教育活动设计的核心，无论是教育活动目标的制定、内容和材料的选择以及方法和组织形式的运用等各个层面，都要以如何有利于促进幼儿的发展作为依据和准则。当然，这种发展也应当是全面而综合的，既包括幼儿在身体方面的发展，也包括幼儿在智能、情感和社会性等方面的发展，它们应当是以一个合理而有机结合的整体出现在幼儿园教育活动设计之中的。

（2）主体性原则。

所谓“主体”，是相对于客体而言的，一般说来，它是指有目的、有意识地从事实践活动和认识活动的个体。教育活动既可被视为一种认识活动，也可被视为一种实践活动。从幼儿园教育活动本身的特点来看，教师和幼儿在教育活动中是共同参与、相互配合的，他们理所当然都是教育活动的主体。但是，在幼儿园教育活动设计中的主体性原则是针对教师的角色和工作性质而言的，应当重视如下两点：①教育活动设计中的主体性原则是指教师必须坚持遵循以幼儿作为活动的主体的理念，在活动内容的选择以及活动形式的安排方面注重激发幼儿的能动性、自主性、创造性，通过为幼儿创设具有趣味性、探索性、可供自由交流和操作的环境与材料，引发幼儿积极主动与环境相互作用，从而获得相应的经验，并在幼儿自己发现和解决问题的过程中发展他们的能力。虽然教师根据社会的要求和教育的目标可以对幼儿施加一定的教育影响，但教师决不能代替幼儿实践、代替幼儿体验。只有当教师的教育影响能够促使幼儿真正成为自己学习和发展的主体时，教育的既定目标才有可能得以最好的实现，教育理想才有可能达成。因此，教育活动设计中的主体性原则首先要求教师在教育观念上转变认识，如此才有可能达到教育活动设计的目的。② 教育活动设计中的主体性原则也要求教师应当在重视幼儿主体性的同时，适时、适地、适宜地发挥教师的主体性作用，即在活动设计中正确地认识和把握好教师的角色特点，对幼儿学习和活动进行科学指导。教师的主体性作用发挥首先体现在活动设计中教师对自身参与活动的认识上，应当以饱满的热情和积极的态度融入幼儿的活动之中，努力营造一种民主、平等、宽松、自由的活动氛围，在满足幼儿需要和意愿的同时潜移默化地发展幼儿的自主性。此外，教师主体性作用的发挥还应体现在活动设计中教师对介入程度的把握上，教育活动作为一种师生双边互动的活动，其中教师与幼儿的互动方式可以是“指导性的互动”，也可以是“引导性的互动”和“中介性的互动”，在与幼儿的交流和互动过程中，教师不应当是一个高高在上的权威和领导者，而应该是幼儿活动和学习的参与者、合作者以及支持者。而且，教师的主体性作用并不仅仅体现在其对幼儿活动的直接指导方面，也体现在其对幼儿活动的“隐性支持”方面，这种认识能够使得教师在活动设计中对其“主导”作用有更正确而全面的把握，进而能更好地推进幼儿的学习和发展。

（3）渗透性原则。

所谓渗透性原则是指在教育活动设计中将不同领域的内容、不同的学习形式与方法加以有机地融合，将其作为一个互相联系而不可分割的完整体系来对待。虽然幼儿园教育活动可以从不同层面进行人为的分类，但它在发展目标上所要求的是使幼儿在不同领域、不同层面得到整体性的发展，在《规程》中早就提出幼儿园教育的任务之一是使“体、智、德、美诸方面的教育相互渗透，有机结合”，且提出要“充分发挥各种教育手段的交互作用”等要求，因而在教育活动的设计和实施中必然要求各个领域之间的相互渗透和有机整合。教育活动设计中遵循渗透性原则主要体现在两个方面：① 教育活动内容的相互渗透和整合。幼儿园教育活动是以幼儿的生活经验为基础的综合性、主题性活动，它是以幼儿的生活经验为起点开展的活动，活动的内容涉及科学、艺术、语言、社会、生活等各个方面，将这些不同领域的内容以一定的主题活动的方式加以整合，使其在一个或若干个教育活动中相互渗透、补充，既符合幼儿的年龄特点和认知特点，也有利于幼儿对活动的介入和参与。② 教育活动形式的相互渗透和整合。一方面是指将集体进行的、正式的教育活动形式与个别选择的、非正式的教育活动形式相互渗透和结合；另一方面是指在一个教育活动的设计中将不同的学习形式与方法加以相互渗透和整合，让幼儿在操作、实验、游戏、体验、表现、创造等不同的学习形式下加深对活动内容的把握，更好地获得活动经验和学习经验。

（4）开放性原则。

所谓开放性原则是指在教育活动设计中，教师要根据一定的教育目标和教育内容，在预测、分析幼儿的学习需要以及年龄特点的基础上积极主动地为幼儿创设和提供促进其学习的环境和资源，即对教育活动进行必要的预设。同时，更应当遵循充分地调动幼儿的兴趣、幼儿的探究欲和幼儿的需要的原则，在设计中给教育活动留有足够的空间，这种空间是随时随地为幼儿偶发的、自然生成的、即时体验的活动而准备的。因此，从这个角度来说，教育活动设计也应当关注能生成一个更开放的活动过程，而不是生成一个一经设计好就一成不变的过程。开放性原则在活动设计中可以具体体现在以下三个方面。

① 目标的开放、灵活和适时调整性。教师在对活动目标的设计和表述上不应纯粹从行为目标的取向着手，而应当从活动的类型、幼儿的年龄，活动的空间、时间、环境等多方面的因素综合地加以考虑，比如对区角活动目标和学科活动目标加以区别，对集体活动和个别、小组活动目标加以区别。

② 内容的开放、丰富和多元性。对教育活动内容的设计，教师预设的是其认为的对幼儿发展和获得知识经验有价值的那些内容，但如果这些内容不是幼儿真正需要和感兴趣的呢？显然，要在这两者之间达到一种和谐、平衡，就需要教师允许幼儿在活动内容上有自己的要求、主张和选择。因此，教师在活动内容的把握上要注意尺度，给幼儿留有足够的自由选择的空间。

③ 形式的开放、多向和灵活性。在教育活动设计中，教师对活动基本形式的把握应当结合活动的内容、幼儿的特点等各方面因素加以考虑。对于不同活动类型应设计和考虑变化、多样的不同活动组织形式；对于不同发展水平的幼儿应当允许其用不同的活动形式；应当能够为幼儿随时可能生成的新的活动内容和探索兴趣创设支持性的活动形式，以真正满足幼儿的学习需要。

二、幼儿园教育活动内容与模式

（一）幼儿园教育活动内容概况

《纲要》中指出："幼儿园的教育活动是教师以多种形式有目的、有计划地引导幼儿生动、活泼、主动活动的教育过程。"因此，教育过程中，教师的一项重要任务就是选择适当的教育活动内容，以保证教育活动能够科学有序地进行，达到预期的教育目的。

教育活动内容是实现教育活动目标的载体和对象，与教育活动目标紧密相连，所以，教师在明确教育活动目标设计的基础上，还需要对教育活动内容的含义、类别等加以详尽分析，并合理编排教育活动内容，以保证教育活动目标的落实。

1. 幼儿园教育活动内容的含义

教育活动内容是指一整套以教学计划的具体形式（课表和课程）存在的知识、技能、价值观念和行为。它们是根据各种社会需要和学校规定的目的和目标而设计的。按照不同教育层次、类型、年级和学科安排的这些内容是按某种教育目的制定的，构成学习过程中的学习对象。

幼儿园教育活动内容是指为实现幼儿教育目标，要求幼儿学习、获得的知识、技能和行为经验的总和。对于幼儿园教育活动内容的理解，我们可以从两方面把握。首先，内容是为目标服务的，教育目标是选择教育活动内容的依据，内容的选择和编排设计应以实现目标为原则，保持与目标的一致性。其次，幼儿园教育活动内容不仅仅包括各学科的知识和技能，还包括幼儿在学习过程中所形成的态度、价值观以及相应的行为方式。

对幼儿园教育活动内容的分析应以教育活动目标为基础，旨在规定幼儿学习内容的范围、深度并揭示学习内容中各组成部分的联系，以保证达到教学效果最优的内容效度。具体来说，幼儿学习内容的范围是指幼儿必须达到的知识和能力的高度。《纲要》总则指出，幼儿教育是基础教育的重要组成部分，是我国学校教育和终身教育的奠基阶段。幼儿教育应为幼儿的近期和终身发展奠定良好的素质基础，这就决定了幼儿期孩子的学习内容是广泛而综合的，能为他们进一步的学习奠定良好的基础。而学习内容决定了幼儿能否达到应有的知识程度和能力水平。从幼儿期孩子认知水平发展来看，他们的思维具有具体、形象性的特点，这就决定了他们的学习内容应具有浅显性、趣味性，决定了他们的学习旨在激发求知欲，培养正确的学习态度和良好的学习习惯，而不在于掌握系统、抽象的知识概念。《规程》也明确提出：“教育活动的内容应根据教育目的、幼儿的实际水平和兴趣确定，以循序渐进为原则，有计划地选择和组织。”因此，明确学习内容各组成部分之间的联系为教学顺序的安排奠定了基础，教学顺序就是把这些规定了广度和深度的知识与技能，用幼儿所理解和能接受的展开形式加以排列的顺序。

2. 幼儿园教育活动内容的类别与分析

根据布卢姆教育目标分类系统，把教育目标分为“认知学习领域”目标、“动作技能领域”目标和“情感态度领域”目标，相应地，教育活动内容也可分为认知的学习、动作技能的学习和情感态度的学习。其中，认知的学习是基础，我们将对其进行重点分析。

（1）认知类教育活动内容的分析。

美国当代教育心理学家加涅在《学习的条件》一书中，从学习的结果着眼，把认知学习分为言语信息学习、智力技能学习和认知策略学习。

① 言语信息学习。言语信息学习是指幼儿通过学习，能记忆名称、符号、地点、时间、定义，以及对事物的描述等具体事实，并能够用语言将这些事实表述出来。言语信息的学习是幼儿获得知识、进行进一步学习的条件，也是幼儿智力技能学习的基础。

在进行言语信息的教学时，教师能对各种信息知识加以分类、组织，有顺序、有条理地传授，将有助于幼儿的记忆和学习。

② 智力技能学习。智力技能学习是指幼儿通过学习，获得使用符号来利用环境资源的能力。这种能力又可以细分为较简单的辨别技能、形成概念的技能、使用规则的技能等。智力技能学习的最高形式是高级规则的学习，这与解决问题的能力有关。

智力技能学习和言语信息学习不同，言语信息学习与知道“什么”有关，而智力技能学习与“怎样”知道有关。言语信息的学习过程是从“不知”到“知”，由知之甚少到知之甚多的过程；学习过程、发展智力技能则是智力发展由简单到复杂，从低级到高级的过程。

各种智力技能的复杂程度是不同的，但它们是相互依存、层层递进的，所以，学习较简单的智力技能是学习复杂智力技能的先决条件。教学中，教师应循序渐进，帮助幼儿从最简单的辨别技能开始，逐步获得其他智力技能。

③ 认知策略学习。认知策略学习是指幼儿通过学习，获得调节自己的注意力、学习、记忆和思维等内部过程的技能。通过对认知策略的学习，幼儿可以调控自己学习的过程和解决问题的方式，可以对自己已掌握的言语信息和智力技能加以综合思考和运用，从而提出解决问题的更高级方法。

认知策略和智力技能不同，智力技能指于外，是人们运用符号解决问题，处理外部世界问题的能力；而认知策略则指于内，是人们实现自我控制和调节，处理内部世界问题的能力。

认知策略并不是通过某一方面内容的学习或通过某一活动的学习，在一天、一个星期之内就能完全学会的。认知策略的培养应在言语信息、智力技能获得的基础上进行，并且要与具体的学习内容相结合，与解决问题的技能相结合。教师在教学中，应注重创设问题情境，使幼儿在具体的解决问题的过程中，学会反思，学会调控自己解决问题的方式，逐步获得认知策略。

【知识拓展】

幼儿园的科学、语言、健康、社会、艺术五个领域的教育活动，基本涵盖了认知类的教学内容。以科学领域的教育活动为例，教师可根据幼儿园教育活动目标选择并确定相应教育内容，并设计一系列科学教育活动，如科学教育活动“认识笔”中，要求幼儿掌握各种常见的笔的名称、功能，并能够用语言描述出来，这属于言语信息的教学内容；科学教育活动“有趣的镜子”中，要求幼儿观察辨别凹面镜、凸面镜、二面镜、三面镜等，初步了解镜子成像的原理，这属于智力技能的教学内容；科学教育活动“球的滚动”中，创设问题情境“怎样不用力而让球滚动?”“如何让球滚动的速度更快?”等，要求幼儿主动探索，提出解决问题的方式，这属于认知策略的教学内容。由此我们可以看出，对某一教育活动内容的分类是根据教育活动的目标进行的，即教育目标是选择教学内容的依据，所以，我们所列举的“笔”“有趣的镜子”“球的滚动”等教育活动内容并不是分别固定在言语信息、智力技能、认知策略三个类别上，而是根据教育活动目标的确立，教师可以对这些教育活动内容从不同角度、在不同层面上加以挖掘和处理。

(2) 动作技能和情感态度类教育活动内容的分析。

动作技能和情感态度的学习往往与认知学习交织在一起。从动作技能学习看，不仅仅是使幼儿获得一些简单的外显反应，还要求幼儿掌握关于某一动作技能的相关知识，如其功用、动作要领、注意事项，在此基础上，不断由简单到复杂加以训练、协调，才能使幼儿较好地掌握动作技能。而从情感态度的学习看，为激发幼儿形成某种情感态度，也需要他们了解其意义和作用，并表现出与之相适应的行为。所以，情感态度的学习是以认知学习和动作技能的学习为基础的。

动作技能类的教育活动内容在幼儿园的体育活动和韵律（或舞蹈）活动中表现得最为充分。比如，为发展幼儿的平衡能力，需要幼儿学习两臂侧平举闭目自转和单脚站立，教师设计“小小飞行员”活动，让幼儿在“学做小小飞行员”“驾驶飞机”的过程中练习这些基本的动作技能。另外，教师还可选择“乌龟赛跑”的活动内容，让幼儿练习手脚着地屈膝爬行；设计舞蹈“葡萄丰收”，让幼儿在学跳舞蹈的过程中，进一步巩固动作，并用从“臂测”过渡到“目测”的方法让幼儿学会“S”形队形的穿插变换方法。教师根据一定的教育活动目标和幼儿的年龄特点，设计编排这些活动内容，使幼儿能逐步掌握动作要领，学会各种动作技能。

情感态度类的学习内容与认知学习和动作技能的学习密不可分，渗透在幼儿园的各种教育活动之中。比如，幼儿园社会活动“我是中国人”，其中不仅包括让幼儿知道中国人的外貌特征、中国在地图上的位置，中国的人口、民族、汉字等认知类的学习内容，还加入了激发幼儿作为中国人的自豪感，初步培养幼儿的爱国主义情感等情感态度类的学习内容。再如，幼儿园美术欣赏活动“贺年卡”，教师根据教育活动目标，一方面使幼儿了解贺年卡的来历、作用，欣赏各种贺年卡的样式；另一方面，让幼儿自己设计制作贺年卡，写上祝福的话。这个活动涵盖了认知类、动作技能类、情感态度类三类教育活动内容，三者有机联系，促进了幼儿的全面发展。

总之，认知学习、动作技能的学习和情感态度的学习并不是孤立的，而是相互联系、相辅相成的。教育活动中，教师一方面要学会分析不同学习内容的特点，一方面还要明确它们之间的关系，以全面完成各项教学任务，使幼儿在知识、技能、情感、态度等各方面都能获得发展。

3. 幼儿园教育活动内容的编排

幼儿园教育活动内容的编排是对已选定的学习内容进行组织安排，使它具有一定的系统性或整体性。近几十年来，关于教育活动内容的组织编排有各种不同的观点和主张，产生较大影响的有以下三种。

（1）布鲁纳提出的螺旋式编排教育活动内容的主张。

布鲁纳提出应根据学生的智力发展水平，让学生尽早有机会在不同程度上去接触和掌握某门学科的基本结构，以后，随着学生在智力上的成熟，围绕基本结构不断增加学习内容，使学生对该学科有更深刻的理解。

幼儿园教育活动内容非常丰富，包含动物、植物、常见自然现象、社会生活等方方面面，并渗透在各年龄段儿童的教育活动之中，教师可以采取螺旋式的方法来编排这些活动内容。比如，幼儿园的科学教育中，各年段都有“认识四季”这样的活动内容，以帮助幼儿形成初步的有关四季特征及季节更替的概念。按照螺旋式编排教学活动的思路，小班幼儿“认识四季”的活动内容可以安排为“宝宝不拍冷”“大风和秋叶”等，使小班幼儿初步感受四季的明显特征；中班幼儿的活动内容则可以安排为“云彩和风儿”“美丽的菊花”等，使幼儿对不同季节的特征、不同季节的动植物的生长等有更进一步的认识；而大班，其活动内容则可进一步深化，可以安排“四季妈妈的四个娃娃”“动物怎样过冬”等活动内容。由此我们看到，围绕“认识四季”这一活动内容，各年段具体的活动内容和要求呈现螺旋式上升的态势，从而使幼儿对四季的认识和有关概念的掌握能逐步加深。

（2）加涅提出的直线编排教育活动内容的主张。

加涅从学习层级论的观点出发，把教育活动内容转化为一系列的能力目标，然后按这些目标之间的心理学关系，即从较简单的辨别技能的学习到复杂的问题解决技能的学习，把全部教育活动内容按等级排列。

比如，幼儿园数学教育的活动内容基本是以直线编排的形式组织的，一般分为数、量、形、时空、集合与分类等，在编排“认识几何形体”的教育活动内容时，针对不同年段有着不同的教学内容和要求。小班的活动内容和要求有以下两点：① 认识并区分圆形、三角形和正方形；② 能用圆形、三角形和正方形进行图形组合。中班的活动内容和要求有以下四点：① 认识长方形、椭圆形和梯形；② 能按平面图形角和边的数量正确区分、辨认不同的图形；③ 初步理解平面图形之间的简单关系；④ 能用六种平面图形进行组合拼搭。大班的活动内容和要求有以下三点：① 认识区分球体、正方体、长方体和圆柱体；② 寻找、区分、理解平面图形和立体图形间的关系；③ 学习几何图形的二等分和四等分，知道整体和部分间的分合关系。从小班、中班到大班的教育活动内容和要求中，我们可以非常清晰地看出活动内容编排由简入繁、直线上升、逐步提高的趋势。

（3）奥苏贝尔提出的渐进分化和综合贯通教育内容的主张。

渐进分化指某一学科的最基本的概念应首先被呈现，然后按细节性和具体性逐渐分化基本概念。综合贯通则是强调学科学习的整体性原则。奥苏贝尔认为渐进分化和综合贯通两种编排方式是相互联系、辩证统一的。

目前，一些幼儿园对传统的分科教学进行改革，提出了“幼儿园综合主题课程”“幼儿园活动整合课程”等概念，在这些课程模式中，许多教育活动内容的编排就体现了奥苏贝尔的主张。比如，在“幼儿园活动整合课程”中，小班下学期安排了“扮家家”的课程单元，具体包括“最喜欢和家人在一起”“亲密家人大集合”“我家有几口”“我家的房间”“假如我是爸爸妈妈”“小客人”“家庭剧场”“爱的礼物”等 24 个主题教育活动。到了中班下学期，安排了“我家和我家附近的”这一主题单元活动，具体包括“我家在这里”“上幼儿园途中”“发现公园”“照片拼图”“好邻居”“兔子先生去散步”“公园写生记”等 24 个教育活动。从纵向看，它体现了渐进分化的教学内容编排理念，使幼儿对家及周围环境的认识逐步分化和扩展；而从横向看，它体现了综合贯通的教学内容编排理念，围绕每一个课程单元，设计了 24 个教育活动，通过语言、科学、艺术、数学等不同活动，帮助幼儿掌握有关家和周围环境的人、物品、标志、设施等方面的知识，培养幼儿热爱家人、与社区其他人员友好相处等良好的情感态度。各个方面纵横相连，形成一个整体，全面完成了幼儿园的教育任务。

（二）幼儿园教育活动内容的选择与设计

幼儿园教育活动的目标是促进幼儿在身体、认知、情感、个性和社会性等方面获得全面发展。为达成教育目标，教育活动所涉及的内容是纷繁多样的，为此，教师就应兼顾幼儿、社会和知识逻辑等各方面的要求，对教育活动内容加以选择，并恰当设计，使幼儿获得丰富的知识经验，促进幼儿身心的和谐发展。

1. 幼儿园教育活动内容选择的原则和特点

幼儿园教育活动内容的选择是一项复杂的工作。选择的依据要考虑多重因素，兼顾社会发展、幼儿园工作、幼儿与家长各方面的需要等，以保证活动内容的科学性和适用性。

（1）幼儿园教育活动内容选择的原则。

① 能反映时代发展特征，有利于幼儿的后续学习和长远发展。幼儿教育是面向未来的奠基教育，从幼儿终身学习和后继发展的角度而言，幼儿园教育与以后的学校教育之间需要衔接。因此，从幼儿园教育活动内容的选取来看，首先，教育活动内容必须能反映当代社会文化的发展进步，反映最新的科学技术成果，体现时代性，如此才能符合教育目标的要求，为培养未来社会所需要的人才奠定基础；其次，教育活动内容本身也要能够从反映事物发展的内在规律性和幼儿身心发展的阶段性、连续性出发，体现出教育内容在知识和经验之间的衔接关系，按照由浅入深、由易到难、由具体到抽象、由较简单的技能到复杂技能的顺序，排成一个有层次或有关联的系统，使当前的学习为后续的学习提供基础，成为后续学习的“认知固定点”，以循序渐进为原则，为幼儿今后的学习和成长发展奠定良好的基础。

② 能符合幼儿的年龄特征、幼儿的生活经验和认知水平。《纲要》中提出，教育内容的选择应该既符合幼儿的兴趣和现有经验，又有助于形成符合教育目标的新经验；既贴近幼儿的生活，又有助于拓展幼儿的经验；既体现内容的丰富性、时代性，又注重幼儿学习的必要性、妥当性以及与小学教育的衔接。这些原则都是围绕幼儿的生活经验而提出的。幼儿园教育活动内容的选择必须以幼儿的生活经验为基准，遵循各年龄段幼儿在认知、情感态度、能力、个性和社会性发展方面的一般规律，确定既与幼儿原有经验相适宜又有利于幼儿主动建构活动内容的难易程度。同时，要协调好社会生活经验与幼儿个体生活经验之间的矛盾，以及学科逻辑与幼儿心理发展逻辑之间的矛盾。比如，教育活动中安排“我是中国人”的主题内容，就是考虑到在幼儿的生活经验中有中秋、重阳、元宵等许多富有民族文化特色的节日概念，他们能够在创设的节日情境的影响下进一步获得大量的直接经验，能够体验到节日的热闹气氛，可以在相关的主题活动中获得有关国家、地域、民族等比较抽象的概念。

③ 能对应和实现教育活动的目标要求。教育内容是教育目标实现的有效载体，教育活动目标是教育活动内容选择的一项重要依据，因此，内容的选择与编排必须与教育活动目标相对应。具体来说，能对应和有效实现教育目标的内容应当是“有助于儿童获得基础知识和基本技能的内容”“有助于发展儿童认知能力和积极情感态度的内容”“有助于儿童掌握有效学习方式和社会性交往的内容”。如大班“认识十二生肖”的教育活动，有三项教育目标：a. 让幼儿了解十二生肖，培养对生肖的兴趣，激发民族自豪感；b. 培养幼儿绘画、制作手工艺品的技能技巧；c. 训练幼儿思维的敏捷性。为了使教育内容针对教育目标，需要根据大班幼儿的水平选择如下一些内容开展活动：a. 讲述关于十二生肖的故事并进行启发提问；b. 组织幼儿集体谈话，加深他们对生肖、属相的认识；c. 布置“生肖角”——准备生肖挂历、生肖邮票、生肖糖纸、生肖工艺品等，并组织观赏，认识同类事物的不同形态；d. 制作“生肖游戏卡”；e. 绘制“生肖邮票”；f. 举行“生肖知识竞赛”。从上述几方面的活动内容和材料安排来看，不仅能与目标相对应，完成目标，且体现出活动内容的丰富性和活动形式的活泼性特点。

④ 能引发和满足幼儿的兴趣和需要。幼儿的年龄特征决定了其兴趣是直接支配他们学习的最大内在动力，兴趣能使幼儿产生主动参与活动的愿望和积极的态度。因此，幼儿的兴趣和需要是选择教育内容时不可忽视的因素。《纲要》中提出，教师要善于发现幼儿感兴趣的事物、游戏和偶发事件中所隐含的教育价值，把握时机，积极引导。首先，教师可通过观察幼儿，及时捕捉幼儿的兴趣点所在，从幼儿感兴趣的事物中生成教育活动的内容和材料。其次，教师也可以预设一些既有利于幼儿发展需要又是幼儿感兴趣的活动内容。比如，给小班幼儿选择能够体现各种颜色特点的活动内容，既能让幼儿感受色彩美，萌发幼儿对美的体验，同时其活动形式又是深受幼儿喜爱的。再次，对一些促进幼儿发展确实有价值但难以直接引发幼儿兴趣的活动内容，教师应考虑采用幼儿感兴趣的活动方式，引导他们主动积极地参与活动。

⑤ 能考虑季节、节日以及周边环境资源等因素。在幼儿园教育活动内容的选择和安排中，还必须考虑到季节、节日、资源等其他一些因素。这样就可以将幼儿的教育活动、幼儿的生活与身边事物联系起来。比如，四月时春季季节特征明显，可适时创造机会，开展春游等活动；而到了10月

1 日国庆节，则可举行升旗仪式、学习制作国旗等活动。同时，在教育内容的选定上还要按照本地区、本园、本班的具体情况灵活安排，重视教育活动内容与周围社会生活的联系，善于从所在地区的自然环境、历史背景、社会设施及资源中挖掘与选择教育活动内容和材料，体现教育的地方性、乡土性特色。比如，每年的 9 月是新生入园之际，6 月是大班儿童毕业升入小学的时期，那么，在这些日子开展“我爱幼儿园”“我升班了”“我是小学生”等主题活动，将是适宜的；再如有的幼儿园地处市中心城区，幼儿有许多机会接触各种艺术节、旅游节等活动，教师就可以利用周边的环境资源开展“幼儿园的旅游节”“逛逛城隍庙”等主题内容的活动，这样的活动安排既贴近幼儿生活，又有利于取得活动实效。

⑥ 能体现科学精神与人文精神的融合。幼儿园教育活动内容的选定，应当提倡科学精神和人文精神的融合。所谓科学精神，是指对活动内容的认知因素的关注，应思考怎样的内容是幼儿的认知发展所需要的。所谓人文精神是指对活动内容的人文因素的关注，即思考活动的内容是否根植于幼儿的日常生活和兴趣中，能不能激发幼儿自主自发的参与热情等。因此，教育活动内容的选择既要为培养幼儿具有丰富的知识、多样的体验而服务，又要为培养幼儿具有对世界对他人的理性认识和对生活的热情服务，使幼儿能关心活动内容中所蕴含的主观、个体、非逻辑、想象的成分，并与客观、社会、逻辑、思辨因素相结合，同时获得科学精神和人文精神。

（2）幼儿园教育活动的内容及特点。

《纲要》提出按照幼儿学习活动的范畴把幼儿园教育内容相对划分为健康、社会、科学、语言、艺术等五个方面，并强调各方面的内容都应从不同角度促进幼儿的知识、技能、能力、情感态度等方面的发展。

① 健康领域教育内容范围。

基本动作发展，包括走、跑、跳、钻、爬、攀登等，要发展幼儿动作的协调性、灵活性。

生活卫生习惯的养成，包括养成良好的饮食、睡眠、盥洗、排泄等个人生活卫生习惯和爱护公共卫生的习惯。

自我保护能力和自理能力，包括学习安全、保健等方面的知识，学习自我服务技能。

良好情绪和参加体育活动的兴趣，包括体验幼儿园生活的愉快，形成良好的师生、同伴关系，有安全感、信赖感；喜欢参加户外体育锻炼，有对环境的适应能力。

② 语言领域教育内容范围。

学习说普通话，能听懂普通话；能正确发音，自觉用普通话交流；少数民族地区幼儿应学习本民族语言。

语言交往能力，包括学会倾听，敢于与人交谈、在集体中回答问题；讲话的语气、语调、面部表情、体态语适当，有良好的语言表达习惯；逐步掌握讲述、谈话、讨论、辩论等多种语言交流形式。

学习文学作品，包括学习故事、儿歌、散文等儿童文学作品，参与作品表演活动，学习续编、改编、创编、仿编故事与儿歌等。

早期阅读，包括有正确的看书姿势和翻阅图书的技能；能讲述图书的主要内容；认读常见的文字、标记；培养前阅读和前书写技能；爱护图书。

日常生活中渗透语言教育，包括按成人要求完成任务，运用礼貌语与人交谈；清楚表达自己的愿望、要求，能问答问题，处理问题；主动学习语言，能恰当运用新学到的词语。

③ 社会领域教育内容范围。

爱父母、爱老师、爱同伴，包括掌握必要的交往技能，学会与人和睦相处；体验和同伴共处的乐趣。

爱集体，遵守幼儿园各种学习、生活、游戏规则。

爱幼儿园、爱家庭、爱家乡、爱祖国，包括认识幼儿园环境；了解家乡的特产、名胜古迹等；认识国旗、国徽、国歌，知道台湾、香港、澳门是祖国的领土等。

爱人民，包括接触和认识与生活关系密切的不同职业的成人，能尊重不同职业人们的劳动；认识少数民族，知道我国是个多民族的国家。

良好个性的培养，包括形成良好的自我意识，培养自尊心、自信心、勇敢、克服困难、讲文明、有礼貌等良好品格和自主、自理的能力。

④ 科学领域教育内容范围。

认识自然环境，包括认识四季特征，如沙、石、风、云、雨、冰、空气等自然现象；季节气候的变化与人类、动植物生长的关系；动物的特征、繁殖方式、生活习性及与环境的关系；植物的特征、结构、生长条件和规律及与环境的依存关系。

认识常见的科学现象，包括声、光、电、磁、力、弹性、天文、颜色的变化等科学现象及其在人们生活中的作用。

认识常见物品和材料及身体器官，包括常见物品和材料的特性、功能；认识常见的交通工具；认识身体器官的功能等。

形成初步的数学概念，包括认识数、量、形、时间、空间关系，发现生活中的数学；理解基本的数学概念，发展教学思维能力等。

探索发现，包括有观察、操作、试验的机会，能在老师支持、鼓励下动手动脑大胆探索，有好奇心和认识兴趣。

⑤ 艺术领域教育内容范围。

艺术领域教育内容包括美术和音乐两方面。

a. 美术方面具体为以下三种：

绘画，包括学会使用各种绘画工具，掌握作画姿势；认识和使用各种颜色；学习用点、线等各种基本图形和涂染等方法，及用涂色、添画、手指画、棉签画、命题画、意愿画等形式表现物体；学习纹样装饰；学习中国画。

手工，包括纸工方面，学习撕纸、折纸、剪纸、染纸、粘贴等基本方法；泥工方面，学习团圆、压扁、搓、捏、伸拉、粘接等泥工技法；手工制作方面，学习用废旧材料、自然物品等自制玩具、装饰环境；养成爱清洁、讲卫生、有条理、按顺序的活动习惯。

美术欣赏，包括欣赏自己、同伴的作品；欣赏著名画家的美术作品；欣赏民间工艺品、建筑物等。

b. 音乐方面具体为以下五种：

唱歌，包括学唱不同性质、不同节拍的歌曲，体会歌曲的强、弱、快、慢及情绪变化；学习有表情地轮唱、领唱、对唱、独唱、表演唱等。

韵律、舞蹈、音乐游戏，包括学习简单的韵律动作；可随音乐伴奏玩音乐游戏；掌握简单的舞蹈动作，学习组合舞蹈。

音乐欣赏，包括欣赏中外名曲、舞蹈表演，感受速度、节奏、强弱的变化，用面部表情和动作表现出自己感受到的音乐形象。

打击乐器，包括认识常见的打击乐器，掌握正确的敲击方法；学习齐奏、轮奏及给乐曲伴奏；初步学会看谱表、演奏。

识谱，初步了解五线谱的基础知识。

通过对幼儿园各领域的教育内容的陈述，我们可总结出幼儿园教育活动内容具有如下特点。

第一，幼儿园教育活动内容具有广泛性和启蒙性特点。

幼儿园教育的内容是广泛的，涉及幼儿所接触的自然环境、社会环境、文学艺术等方方面面，具有广泛性、丰富性特点；但从幼儿的认识水平和幼儿阶段的教育任务看，这些教育内容又是粗浅的，具有启蒙性的。教育过程中，并不强调教育内容的系统性和抽象逻辑性。

比如，在幼儿园阶段，幼儿所学习的故事、儿歌、散文等文学作品，应是体裁丰富，浅显易懂，富有童趣的，学习过程中只是让幼儿初步感知文学作品的语言和结构。再如，幼儿园的数学活动虽然包含数、量、形各方面内容，但各方面都是粗浅的，幼儿只需要学习10以内数的加减运算，初步掌握最基本的平面图形和立体图形等的特征即可。因而，教师要根据幼儿园教育任务和幼儿的年龄特点，选择适合于幼儿身心发展特点的教育活动内容，创设丰富的环境，提供条件和机会，帮助幼儿初步认识周围的环境，从而激发他们的探求欲望，使之形成良好的学习态度和习惯，为进一步学习打下坚实的基础。

第二，幼儿园教育活动内容具有综合性和整体性特点。

虽然幼儿园教育内容相对分为五个领域，不同领域又包含不同的内容，但这些内容是相互联系的，构成了一个完整的统一体。同时，幼儿的学习也是综合的，幼儿在进行某一领域——如语言领域的学习时，并不只是学会了讲故事、说儿歌，也获得了其他领域，如艺术、社会、科学领域的知识经验。另外，即使是在某一领域内，也包含着认知类、动作技能类和情感态度类的学习内容，可以促进儿童在知识、技能、情感、社会性等各方面得到发展。以科学领域的教育活动内容为例，它包括认识常见的自然形象及其与人类、动植物的关系；认识周围的物质世界及其相互关系，以及关心、爱护周围环境的态度、行为和方法；认识日常生活中常见的科技产品及其对人类的影响；认识人体的奥秘及其保护知识，所以，活动内容具有较强的整体性特点。鉴于此，《纲要》中特别强调，在教育过程中应依据幼儿已有经验和学习的兴趣与特点，灵活、综合地组织和安排各方面的教育内容，使幼儿获得相对完整的经验。

第三，幼儿园教育活动内容具有生活性和生成性特点。

《纲要》指出，教育活动内容的组织应充分考虑幼儿的学习方式和特点，注重整体性、综合性、自然性、趣味性，寓教育于生活、游戏之中。与中小学教育不同，幼儿的学习侧重感性经验、直接经验的积累，他们是通过游戏、观察、操作，在一日生活的活动之中获得各方面发展的，具有突出的生活性的特点。同时，在丰富的社会生活之中，幼儿在亲身接触认识各种事物、形成已有知识经验的基础上，也在不断拓展其认识范围，生成新的、超出原有教育内容的知识经验。所以幼儿园教育内容不是静止的、一成不变的，而是灵活、动态、可生成的。幼儿园教育活动内容来源于日常生活，与幼儿的生活经验紧密相关。例如，“秋天的图画”“生活中的数值”“社区地图”“乌龟一家”等活动内容，就尊重了幼儿已有的生活经验，易于激发幼儿的学习兴趣。同时，社会生活不断发生变化，幼儿关于生活的知识经验也在随之丰富和更新，所以，幼儿园教育活动内容是不断变化和生成的。例如，“克隆专家”“滑稽奥林匹克”“‘神十一’上天”“网络高手”等反映社会日新月异变化的事件和现象就应成为幼儿感兴趣的新的教育活动内容。即使在已有的教育活动内容中，根据幼儿的学习兴趣和认知特点，也可以把这些新内容渗透其中，以满足幼儿不断生成的、新的学习需要。

2. 幼儿园教育活动内容的设计与编排

作为以促进幼儿发展为主要目的的幼儿园教育活动，活动内容的选定和设计是影响教育活动效果和幼儿发展的重要因素之一，因此，关于幼儿园教育活动内容的设计和编排也就成为教育实践者和教师工作的核心任务之一。由于当前的幼儿园课程和教育活动已经打破了原有的学科逻辑结构，呈现出以学科及领域整合为特色的主题框架结构，因此，对于幼儿园教育活动内容的设计和编排，我们总结了如下几种方式。

（1）从兴趣入手。

后现代主义课程专家多尔指出：“课程成为一种过程——不是传递所（绝对）知道的，而是探索不知道的知识的过程；而且通过探索师生共同‘清扫疆界’，从而既转变疆界也转变自己。”可见，幼儿园教育活动由于幼儿、情境以及师幼互动交往的动态使得活动过程充满了变化的元素，充满了无法预知的衍生性和创造性特点。因此，教育活动从本质上说是动态发展变化的，它是根据幼儿的兴趣需要而设置的，生成性是教育活动的根本特性，而幼儿的兴趣正是活动生成的前提和基础。

如果说从教材入手设计和编选教育活动内容更多体现的是教育活动的预设性特点的话，那么，从幼儿的兴趣入手设计和编选教育活动内容则更多体现的是教育活动的生成性特点。从生成的理念出发，教师在教育活动内容的设定中应当以幼儿的兴趣为活动生成的出发点，以幼儿感兴趣的活动主题带动和引导幼儿的发展。如幼儿园请来了皮影剧团，表演过后，孩子们对皮影戏产生了浓厚的兴趣，纷纷围着老师问这问那，表现了想自己尝试演一演皮影戏的强烈愿望。教师发现后，根据孩子们的兴趣点及时地生成了一次以“做皮影，演皮影”为内容的教育活动。孩子们和老师一起查找相关资料，准备相应材料，他们分成若干个小组（灯光组、道具组、舞台组、配音组等），在共同的分工和协作中，孩子们的好奇心得到了满足，体会到了合作的乐趣，也发展了协作、交往和动手等方面的能力。

值得一提的是，在幼儿园教育活动设计中，兴趣既是活动的驱动力也是出发点，从幼儿的兴趣入手设计活动已经成为教师们熟记于心的一条原则，但是，实际实施情况却并不完全乐观。在幼儿园所见到的教育活动中，不乏“虚构兴趣”现象的存在，即幼儿兴趣或成为活动开始时的一种点缀，或沦为教师暂时利用的教学手段和幼儿即时娱乐的工具。所以，活动设计者和实施者需要谨记，幼儿兴趣应当是在活动设计之初就由设计者深思熟虑的，要在活动内容中、活动过程中维持幼儿的兴趣，设计的出发点和立足点都应当是有利于幼儿身心发展的。

【活动案例】

可爱的小乌龟（托班活动）

设计意图：

春天到了，孩子们从家里带来了各种各样可爱的小动物，有的带来了小兔子，有的带来了小金鱼，还有的带来了小乌龟。孩子们在随意观察中渐渐对小动物产生了观察、交流的兴趣，他们会不时地指指点点。于是，教师根据孩子们的兴趣点预设了这一适合托班年龄段孩子参加的集体活动“可爱的小乌龟”。让2～3岁幼儿在看看、动动、说说、唱唱中获得对小乌龟粗浅的认识经验，并满足他们好动、好模仿的心理需求。

活动目标：

1. 让幼儿愿意在看看、说说、玩玩中用口语和动作表现小乌龟的主要特征。

2. 激发幼儿热爱小动物的情感。

活动准备：

1. 小乌龟一只。

2. 一个有水的鱼缸。

3. 场景布置（小池塘、小山坡），幼儿人手一个乌龟壳饰物。

4. 音乐。

活动过程：

1. 引导观察

教师把小乌龟握在手心里告诉孩子："今天我请来一位小客人，它长得可小啦，小得可以藏在我的手心里。"教师出示小乌龟后问幼儿："咦？小乌龟的头和脚怎么不见了？"

2. 情境游戏

（1）动作模仿

模仿游戏：乌龟变变变。随着幼儿说出的"变"，教师带领幼儿做出小乌龟"缩手、缩脚、缩尾巴"的动作。

（2）情境游戏

教师问幼儿："小乌龟的本领那么大，又会爬又会游泳，还会翻跟头，你们喜欢吗？"然后提议："那我们也来做一只小乌龟好吗？"

教师背上乌龟壳饰物，带领幼儿进入场地中。教师问："你们想学乌龟的什么本领？"幼儿说什么本领，就让他们学这个动作。

游戏中，教师可以播放音乐，把幼儿学的本领编到歌词里，并鼓励幼儿模仿相应动作。

3. 经验交流

教师："哎呀，小乌龟学了那么多本领有一点儿累了，肚子也饿了，想吃点儿东西了，小朋友们知道小乌龟喜欢吃什么吗？"引导幼儿自由地发言，并分享经验。教师："小乌龟到底喜欢吃什么呢？让我们一起来看看吧。"教师带着幼儿一起观看小乌龟进食。

（2）从经验入手。

作为一个主动的学习者，幼儿是在与周围环境相互作用的过程中获得经验的，幼儿的学习也离不开他们的经验基础。因此，教育活动内容的设计和编选也必须考虑到以幼儿的经验为基点，所设定的活动内容应贴近他们的生活经验范围，只有来自幼儿生活经验的内容才能引发他们的探究兴趣，符合他们的认知水平，唤起他们的表达、表现欲望，进而获得发展。

下面以幼儿园"神奇的动物（中班）"教育活动内容的编排为例，对这一点加以具体分析说明。

【活动案例】

神奇的动物（中班活动）

设计意图：

4～5岁是幼儿想象力发展比较迅速的时期，他们好奇、好问、好幻想，所以，对幼儿进行想象力的训练是很有必要的。想象力是创造力的基础，具有创造精神的人才是未来社会需要的人。由此，我们产生了让中班幼儿通过想象，创造出一种新的动物的想法，此活动是通过引导幼儿观察分析世界上并不存在的动物"龙"，发现它与真实动物的区别，让幼儿进行简单的想象。通过这种途径，激发幼儿的想象力，鼓励他们敢于打破常规性模式进行创造性思考。

活动目标：

1. 体验想象创造的快乐。

2. 初步尝试将某些动物的部分特征进行组合，做出一种新的奇特的动物。

活动准备：

1. 龙的图片、十二生肖的头饰。

2. 给幼儿讲解动物的外形特征、生存环境、习性等粗浅的知识。

3. 活动区中投放动物吃的"食物"，动物身体局部的小图片，各种手工制作的材料，有关龙和动物的图书及资料。

活动过程：

1. 游戏导入

（1）游戏"十二生肖找食吃"。幼儿任意选择十二生肖之一，寻找它爱吃的食物。

（2）讨论：龙找到吃的东西了吗？它为什么找不着呢？由此引出龙的话题。

2. 发现龙的小秘密

（1）谈话：你喜欢龙吗？你在梦里见到过龙吗？龙是一种真实的动物还是人们想象出来的？

（2）观察龙的图片，引导幼儿发现龙身上的小秘密：从它的身体、头、尾巴、爪子等上面，你发现了什么小秘密？

(3) 了解龙的传说，进一步了解龙是中华民族的图腾，具有神奇的力量。

(4) 师幼共同小结：龙是由一些动物的某些部位组合而成的，其组成部分包括蛇、鱼、鹿、马、鹰等多种动物身体上的部位。

3. 幼儿尝试想象神奇的动物

(1) 想一想：教师出示动物的局部，如一个老虎头，请幼儿讨论，看看谁能通过想象将其变成一个与老虎不同，但又有超凡能力的神奇动物。

(2) 做一做：教师提供美工用品和不同动物的局部身体部位图片，如动物的头部、躯干、四肢、耳朵、翅膀、尾巴等，幼儿可以用拼图、绘画、剪贴、泥工等方式，创造出现实生活中没有的、自己想象出来的神奇动物。

(3) 讲一讲：教师与幼儿之间、幼儿与幼儿之间相互欣赏作品，讲一讲自创的动物有什么神奇的功能，生活在哪里，喜欢吃什么等，并给自己的动物起一个有趣的名字，与同伴和教师分享成功的快乐。

延伸活动：

1. 在活动区装饰和美化所制作的神奇的动物。

2. 鼓励幼儿为自己创作的动物编故事。

3. 创办一个神奇的“动物园”，请其他班级的小朋友来参观园里神奇的动物。

以上这一教育活动设计案例从目标的定位来看，着重于鼓励幼儿大胆想象和创造，并体验其中的快乐。教育目标的达成需要有与之相契合的教育内容材料。这次活动中，教师设计的是一个由龙引出的“神奇的动物”的教育活动内容，从内容的设定上能够很好地看出教师是以幼儿的经验为活动起点的。这种经验起点既包括幼儿在认知水平和学习动机水平上的已有经验，也包括幼儿在社会文化背景和日常生活中的已有经验。正是教师准确把握到了这一年龄阶段幼儿的经验基础，才能够借助于一定的游戏活动情境和组织形式，来保证和实现活动的目标，进而有效促进幼儿的发展。

(3) 从材料入手。

教材是课程转化为教学活动的中介。一般说来，教材也是教师选定教育活动内容的主要依据之一。幼儿园教材虽然种类不同，但无论何种教材，一般都能够显示出其为教师设计和选定教育活动内容的指导和服务功能。教材能够提供给教师内容范围或具体教育活动内容，提供给教师不同的主题素材和活动提示，但要把它真正变为适合幼儿需要、促进幼儿发展的活动内容，还需要教师的再次筛选、加工和设计。因此，教师还是需要通过自己的设计将教材内容蕴含的意义、背景和内在关系转变为适合幼儿学习需要的内容。

教师从教材入手进行教育活动内容的选择和设定应注意以下两点：一是对一个活动内容或作品素材应尽量从不同的层面进行挖掘和设计。如在小班的“娃娃家”主题活动中，教材提供了一个儿歌作品的素材教师设计活动内容时，不仅应当只利用儿歌作品本身在语言方面的价值，而且应当从作品所蕴含的积极情感体验和人际交往方面的价值出发，综合设计相应的教育活动内容。二是从幼儿的视角出发，分析教材内容蕴含的核心观点，从而设计出幼儿所需要的活动内容。教师在设计和选定教育活动内容时，不能仅仅从学科领域发展的要求和知识点出发，而应当从幼儿的已有经验以及幼儿与周围环境中的人、事、物交流的特点出发，以幼儿的视角来选定教育活动内容。如教育活动“有营养的水果”，若从成人的角度出发，活动的内容设计重点就会安排在认识各种水果以及它们各自的营养价值上；如果从幼儿的角度出发，教师就可能把重点内容安排在“买水果”或“制作水果拼盘”等方面，因为这样的内容更符合幼儿的兴趣。

综上所述，教材为教育活动内容的设计编排提供了多种可能性选择，但是教材是一个“死”的文本，而教育活动是一个“活”的过程，是由不同的对象在不同的时空条件和不同的情境下生成的动态的活动，有很多差异性和不确定性。因此，教师从教材入手来编排教育活动内容就需要根据特定的情况、特定的背景、特定的资源、特定的幼儿做特定的设计和编排。

【活动案例】

去豆豆家做客（中班活动）

设计意图：

在“好吃的食物”主题活动中，教材提出的内容与要求为：让幼儿喜欢参加各种制作活动，通过观察、品尝分辨食品的色香味，知道各种食物都有营养；观察人们购买、烹饪食品的过程，学习有礼貌地与人交往，并体验交往乐趣。我发现我班孩子对吃豆制品不太感兴趣，并且对豆制品的了解甚少，而豆制品营养丰富，能促进身体健康。于是我营造了一个有生活气息的拟人化的活动场景，通过带孩子去豆豆家做客，看了、尝了一些豆制品，让孩子在宽松、自由的氛围中自然而然地接受豆制品，并引发他们吃豆制品的愿望。

活动目标：

1. 让幼儿知道很多食品是用豆类做成的，豆制品是有营养的。

2. 激发幼儿吃豆制品的兴趣。

活动准备：

1. 每个幼儿都收到一封豆豆妈妈的邀请信。

2. 豆豆家的环境布置（各种常见豆类的照片、各种豆制品）。

3. 各种豆类食品。

活动过程：

1. 激发兴趣

（1）教师（扮豆豆妈妈）：我是豆豆妈妈，欢迎来我们豆豆家做客。

（2）提问：你看到豆豆家有什么？这些东西你都认识吗？

（3）小结：这些用豆类食材做成的食品，叫豆制品。

（4）拓展：你还知道有哪些豆制品？

2. 自助餐形式品尝豆制品

教师：今天就请你们尝尝用我们豆豆做成的好吃的食物。

（1）教师介绍食物名称。

（2）幼儿自由品尝，教师可个别询问（豆制品的味道、颜色，以前是否吃过）。

（3）提问：这些豆制品好吃吗？你们喜欢吃豆制品吗？为什么大家都喜欢吃豆制品呢？（豆制品很有营养，吃了会让我们长得高，身体变得壮）你还吃过其他用豆制品做的菜或者食物吗？

延伸活动：

教师：告诉你们一个好消息，今天中午还要吃一种用豆制品做的菜，你们可要大口大口吃哦！

（4）从各种联系入手。

在设计和安排教育活动内容时，从联系入手包括两层含义：一方面，是指须关注活动内容中所涉及的概念之间纵向发展的联系，确保由已知到未知，由整体到部分，由一般到个别，不断分化。一般来说，从已知的、较一般的整体中分化出细节知识概念，要比从已知的细节中概括出整体知识概念容易些，学习内容的编排如果从那些最一般、最具有包容性的概念入手，往往能在多样的学习情境中为幼儿的认知结构提供支撑点，帮助幼儿进行类属学习，即把新知识归属于认知结构的某一适当部分，并使之相互联系；另一方面，是指应注意教育活动内容之间的横向联系，从横向方面加强活动内容所涉及的相关概念之间的联系，以及知识、技能、情感各部分内容之间的衔接，以促进幼儿融会贯通地学习，并保证幼儿的全面发展。

下面以幼儿园“交通工具”教育活动内容的编排为例进行具体分析说明。

幼儿园关于“交通工具”的活动内容一般包括三个方面的内容：认识陆地交通工具，认识水上交通工具，认识空中交通工具。

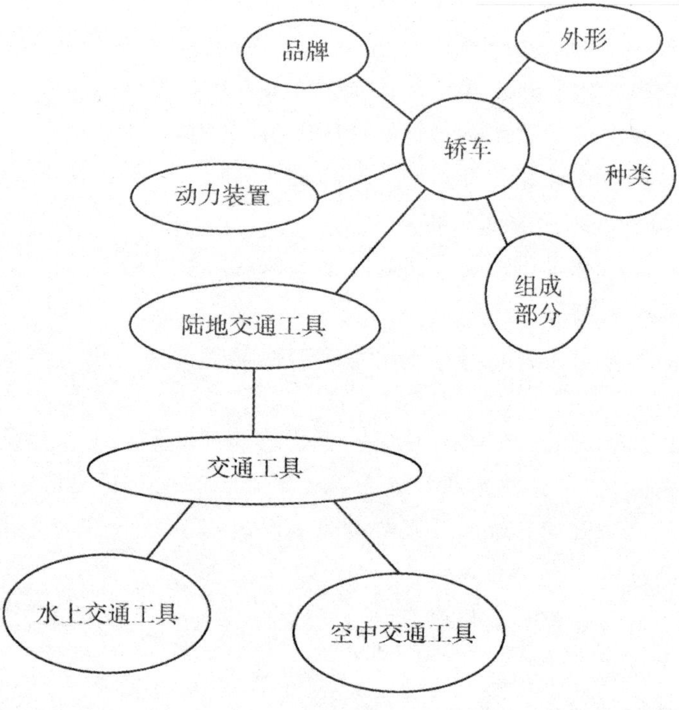

交通工具

由于幼儿的思维处于从具体形象思维向逻辑思维过渡的发展阶段，他们对事物的认识往往比较粗浅、表面，所以，教师在编排“交通工具”的活动内容时是从整体到部分、从一般到个别，使主体知识逐步分化，使幼儿首先初步了解交通工具，知道交通工具包括陆地的、水上的、空中的交通工具，在此基础上，进一步细化幼儿所熟知的陆地交通工具——轿车，从而建立起有关交通工具的知识网络。同时，在幼儿学习的过程中，教师安排活动内容还要遵循由易到难、由浅入深的原则，在认识某一交通工具时，一般是按照名称、外形、结构、动力、功能的顺序，使幼儿所掌握的知识循序渐进、层层递进。在此，教师为幼儿提供的是一个有层次、有关联的知识系统，使前一部分的学习为后一部分的学习奠定基础。在学习交通工具的过程中，教师可以启发引导幼儿比较不同的交通工具，加强知识间的区别与联系，还可以通过观察、谈话、设计、参观轿车展览会等多种形式，发挥各种教育活动的优势，加强活动间的横向联系。同时，通过认识“交通工具”的教育活动内容，不仅使幼儿获得有关交通工具的基础知识，还可通过各种不同形式的活动促进幼儿的动手操作能力、观察能力、思维能力、创造能力、语言表达能力等各方面能力的协调发展。

【活动案例】

活动一　动物的影子（小班活动）

设计意图：

在“可爱的动物”主题活动中，千变万化的动物总是能够引发幼儿的注意。在班级亲子活动“游野生动物园”中，幼儿观看动物表演，与动物合影，给动物喂食，对动物产生了浓厚的兴趣，也对常见动物的名称、外部特征和生活习性有了初步的了解。于是教师从布置“可爱的动物”照片墙开始，根据幼儿活泼好动、乐意模仿、喜欢表现的特点，利用故事、儿歌、游戏等不同形式，引导他们用绘画、肢体动作模仿、收集资料等方式了解和获得有关动物的各种信息，对常见动物的外形特征及生活习性也有了更进一步的认识。这个活动内容是“动物的影子”，它源于一次户外活动时的生成内容：幼儿在太阳下对自己的影子十分好奇，当时就生成了“踩影子”的游戏，在玩的过程中幼儿们既投入又开心。由此，我迁移了幼儿自发生成的这一内容，设计了“动物的影子”的学习活动。

活动目标：

1. 让幼儿愿意介绍自己喜欢的动物，对动物有喜爱之情。

2. 能根据动物影子寻找相应的动物，进一步了解动物的明显特征。

活动准备：

1. 幼儿已有在太阳下用影子做游戏的经验。

2. 布置“野生动物园”照片墙。

3. 四大块树林背景图的塑料板，每块板分开摆放，上面有小动物的影子。

4. 幼儿人手一张塑封的小动物图片卡。

5. 多媒体课件（树林背景图上有五个小动物影子，它们分别是小兔、小鸡、小鸭、大象、蜗牛的影子，每个影子可点击放大）。

6. 有小动物叫声的音乐。

活动过程：

1. 分享交流

提问：你喜欢什么动物？为什么？（帮助幼儿再现已有经验）

2. 感知特征

（1）出示多媒体课件

提问：森林里躲着哪些动物？这些影子是哪些动物的？（引导幼儿观察，并从外形特征上进行判断，进一步感知动物外形特征）重点观察蜗牛的外形特征，比较小鸡和小鸭的特征。

（2）教师用儿歌进行小结，并鼓励幼儿用肢体动作表现各种动物。

讨论蜗牛的外形特征以及比较小鸡和小鸭的外形特征（引导幼儿表达各自的理由）。

鼓励幼儿结合已有经验用肢体动作模仿表现动物的特征，教师可以以儿歌小结，用讲一讲、动一动等学习方式拓展幼儿经验。

3. 配对游戏

（1）出示树林背景图，介绍游戏“动物找影子”及玩法。

（2）幼儿自选游戏，教师观察指导。

（3）师生对于游戏时出现的问题，集体讨论解决或验证。

4. 模仿游戏

师生共同边听快乐的音乐，边进行动物模仿游戏。

活动二　会跳舞的小树叶（中班活动）

设计意图：

秋天到了，对于中班幼儿来讲，他们也能感知到秋天明显的变化和大自然的美，能从秋天争相开放的各种花卉，如菊花、桂花、茉莉花，或漫天飞舞的落叶两方面来重点感知秋天的色彩斑斓。于是，教师以“落叶”为切入点，带孩子走进秋天。教师可以和孩子们一起秋游，踩踩落叶，体验踩落叶时的快乐；还可以捡些树叶，投放在活动区中让幼儿自由探索，如做“叶子贴印画”“小小实验降落伞”活动；还可以开展让幼儿从观察树叶到玩树叶，再到认识树叶宝宝和树妈妈的活动。在这个循序渐进的过程中，幼儿积累了感知落叶的经验。那么，如何借助“落叶”这一内容，通过文学欣赏、音乐烘托、画面呈现等各种媒介，帮助幼儿完整地表达他们对美的体验和感受呢？于是，我预设了这一次集体活动。

活动目标：

1. 欣赏诗歌《会跳舞的小树叶》，感受秋天落叶的美景。

2. 大胆地运用语言和肢体动作进行表达、表现。

活动准备：

1. 多媒体制作几种不同落叶飘落飞舞的动画。例如，梧桐树叶、香樟树叶、洋槐树叶飞落的样子。

2. 歌曲《会跳舞的小树叶》。

3. 为幼儿提供在区角制作头饰、胸饰时所用的各种树叶。

4. 收集大班幼儿的绘画作品《秋天的树林》。

活动过程：

1. 欣赏Flash动画《树叶飘舞》

（1）教师运用多媒体，把孩子带入秋天优美的意境中，共同回忆、欣赏曾看到的树叶飘落时的情景。

（2）提出问题：你看树叶飘落时像什么？（孩子可能回答像降落伞、像小蝴蝶、像小天使、像小花伞、像飞船等）

2. 欣赏诗歌《会跳舞的小树叶》

（1）教师朗诵诗歌。

（2）提问：你听了诗歌有什么感觉？（教师引导幼儿迁移上个环节中的经验，尝试编编、说说，并运用诗歌把幼儿的想象讲述进行归纳整理和提升，借助诗歌的文学功能，带领幼儿体验落叶的变化、秋天的美）

3. 快乐舞动：我是小树叶

（1）请幼儿把自己想象成不同的树叶宝宝，尝试用肢体动作表现落叶飞舞的情景，幼儿可以单独或是结伴表演，并选择区角活动时制作的各种不同树叶头饰、胸饰装扮自己。

(2) 教师演唱歌曲《会跳舞的小树叶》。

(3) 提问：你们发现秋天还有哪些地方很美？

(4) 欣赏大班幼儿绘画作品《秋天的树叶》。

活动三　看挂历（大班活动）

设计意图：

时值年尾，幼儿的家中、商店里到处都有挂历、台历、年历、日历，幼儿在教室里也在谈论这些东西，于是我想出了一个小主题活动“我喜欢的挂历”。许多幼儿都把自己家里的挂历、台历带到教室里来，欣赏挂历、台历的活动就开展起来了。幼儿欣赏了许多不同风格的挂历、台历作品，有动物的、有山水的、有名车的、有风景的。在欣赏的同时，他们对挂历、台历上的数字也产生了浓厚的兴趣，但他们不知道这些数字到底代表什么，是什么意思。这个活动就是帮助幼儿看懂挂历，了解这些数字的意思，并且教会他们尝试用较清楚的语句表达自己的想法。在整个活动过程中始终贯穿着幼儿寻找和指认数字的活动，教师将寻找和指认数字活动作为一种载体，让孩子在对数字的寻找、指认过程中了解挂历上的数字和我们生活的关系，获得语言表达能力、观察能力、归类能力、听辨能力、感受能力、合作能力等多方面的提高。

活动目标：

1. 让幼儿了解挂历与我们生活的关系，知道挂历上的数字所代表的含义。

2. 让幼儿尝试用清楚、完整的语句表达自己的想法。

活动准备：

1. 让幼儿欣赏挂历上的图案，并在此过程中发现挂历上有许多数字，产生解读的兴趣。

2. 每年的台历、挂历（最好选有图有字的）。

3. 五角星贴纸。

活动过程：

1. 看看找找，了解数字

(1) 前几天我们欣赏了许多挂历、台历，有山水的，有动物的，还有各种建筑的。我们在看挂历、台历的时候，还发现上面有许多数字，但是不知道它们是什么意思。今天，你们想知道吗？

（2）幼儿在讨论和集体指认中说出表示月份、日期、星期的数字。

（3）教师设疑，让幼儿指认表示节假日的有不同颜色的数字。

2. 自主辨别，寻找节日

（1）讨论：今年还有哪些节日？（幼儿自主寻找节日，并谈一谈）

（2）小结：挂历有什么用？

师生共同小结：挂历真是我们的好朋友，我们可以在挂历上找到许多日期。

（3）寻找：在台历中寻找日期。

① 寻找当天的日期，在台历上贴上贴纸。

② 元旦是几月几号？请一名幼儿在挂历上找找 1 月 1 日，感知它是红色的，数数现在距这一天还有几天。

3. 迁移经验，愉快表现

（1）你们这几天在忙什么？是怎样迎接新年的？（启发幼儿用多种方式表达）

（2）新年即将到来，你们想不想设计一本自己的挂历？

（三）幼儿园教育活动模式概述

1. 幼儿园教育活动模式的含义及其意义

模式亦称“范型”，一般指可以作为范本、模本、变本的式样，作为术语时，在不同学科有不同的含义。模式具有一定的稳定性，具有一定的特征和格局，可发展为一种标准形式。而幼儿园教育活动模式一般是指根据幼儿园教育的目标，是在一定的教育教学理论和原则的指引下，对幼儿园教育活动的结构、方法和手段等各种因素进行优化组合而设计形成的相对稳定而又具概括性的范型。

研究幼儿园教育活动模式，不仅顺应了幼教改革的需要，而且就其实质来说，也是在探索实施启蒙教育的一条新路。进行幼儿园教育活动模式的系类研究，并非是就事论事地改变以往的教育策略，而是要真正建立一套符合幼儿身心和谐发展的教育机制，让每一个孩子都能在科学的、合理的教育活动模式运作中，能力得到充分发展，个性得到充分展示，各种潜能得到充分挖掘，最终获得全面的、和谐的、自主的发展，这正是素质教育所提出的要求，也是我们要努力实现的教育理想。因此，建立幼儿园教育活动模式的目的就是实施素质启蒙教育，是一次教育观念更新的过程，是一次教育方法改革的过程。

2. 我国幼儿园教育活动模式的发展

我国自1903年建立第一所“幼稚园”开始，至今已走过100多年的幼儿园教育历程。一个世纪以来，随着幼儿教育理论的不断更新，幼儿园教育活动模式也在不断转型：最开始时按照日本1900年《幼稚园保育设施规程》的课程模式；紧接着是学习美国教育家杜威的现代教育理论，采用其弟子克伯屈创造的设计教学法组织幼儿的教育活动；20世纪20年代，我国教育家陈鹤琴根据杜威的教育理论，结合中国幼儿教育的实际，创立了单元教育的活动模式；50年代初，受苏联学前教育理论的影响，在全国范围内引进了苏联的学科教育的活动模式，大力提倡分科教学，这种教育活动模式一直被沿用了几十年；80年代初，我国幼儿教育的改革，在“活动教育课程模式”的实验探索中拉开了序幕。十几年来，陆续发展了许多学前教育的课程模式，如综合主题课程模式、游戏课程模式、情感教育课程模式、项目教育活动、领域教育活动，乃至当今盛行的一整套课程目标与计划、课程教材与内容、课程组织方式与执行方法、课程评价与反馈系统等，使各种课程模式既符合课程的一般理论、原理，又具有各自的特色与个性。其中，对我国有重要影响的有六种幼儿园教育活动模式：单元教育活动模式、分科教育活动模式、综合主题教育活动模式、活动教育课程模式、五领域教育活动模式、整合教育活动模式。现今幼儿园普遍采用的是综合主题教育活动模式、整合教育活动模式和五领域教育活动模式。各个幼儿园也可根据本园的实际来建立自己的教育模式或课程模式。

【知识拓展】

幼儿园教育活动的适宜性

第一，年龄发展适宜性，即教育要与幼儿的年龄特点相适应。关于人类发展的研究表明，人在出生后的最初九年中，存在一个普遍的可以预测的生长和变化的顺序。这些可以预知的变化体现在发展的所有方面，包括身体、情感、社会性和认知等。

第二，个性发展适宜性，即教育要与每个幼儿的特点相适应。每个幼儿在成长与发展的速度、需要、兴趣以及学习的形式上具有不同于他人的特点。这就需要调整幼儿教育环境以适应幼儿个体的语言发展需要以及他们的能力发展需要，包括为每个幼儿提供时间、机会和资源，使他们都能达到他们应达到的状态。教师应该支持每个幼儿的积极的自我认同感，积极创造机会与幼儿互动。教师有必要去收集关于幼儿的一切资料，了解他们的能力、兴趣和需要，要促进每位幼儿在他们已有的基础上获得最佳的发展。但是要明确，个体适宜性不等于降低对幼儿的期望。

第三，文化适宜性，即教育要与每个幼儿所处的文化背景相适应。目前幼儿教育工作者越来越重视文化背景在幼儿学习与发展过程中所具有的重要作用。作为一个家庭和社区的成员，幼儿在成长过程中通过外部因素的直接影响，以及他人行为的潜在影响而逐渐掌握了所处文化中的规则。为了使幼儿对文化中存在的差异性和共性有客观认识，早期教育环境应该鼓励幼儿对性别、种族、文化、能力发展以及残疾问题进行探索。为了让幼儿形成公正、健康的观念、态度和情感，为了营造反偏见氛围，幼儿教育机构应该避免传递一些对幼儿有负面影响的行为方式、观念意识。每个幼儿都是带着自己的文化背景进入集体的，有些文化背景是不同于教师的，有的则不同于班级的主流文化，需要得到教师和其他人的尊重。教育者必须意识到幼儿之间存在的个体差异和文化差异，并且能尊重这种差异，创设相互尊重、相互分享与相互理解的氛围，创设机会让幼儿与现实的、更广阔的世界接触。

（四）综合主题教育活动

1. 综合主题教育活动的建构

综合主题教育活动就是在一段时间内围绕一个中心内容（主题）来组织的教育活动。它的特点就是打破了学科之间的界限，将各种学习内容围绕一个活动中心（问题或事件）有机连接起来，让幼儿通过该单元主题教育活动，获得与活动中心有关的较为完整的经验。主题教育活动强调，幼儿生活中的世界是以具体的“自然物”为本位，而不是以抽象出来的“学科知识”为本位的。幼儿所接触的事物通常包含着多个学科领域的内容，他们需要对事物有一个较为整体、较为全面、较为生活化的了解，而不是一种精深但却割裂整体认知结构的知识。用一个形象的说法，他们要了解的是一个可能不够精细、有些模糊，但却活生生的“大象”，而不是放大镜下的象鼻子、象耳朵、象牙、象腿……

（1）综合主题教育活动的目标。

幼儿园的综合主题教育活动，是以促进幼儿整体发展为目标、促进幼儿课程优化为基本宗旨的。该活动从幼儿身心特点出发，选择的主题都是极富教育意义的。这种活动有利于发挥幼儿学习的主动性，有利于培养幼儿的创造性、观察力、动手操作能力和良好的行为习惯。这种在教师指导下，以幼儿为主体的教育活动，正是“综合主题教育”的精髓所在。

（2）综合主题教育活动的实施。

综合主题教育活动最重要的特点是由“综合”与“主题”两个元素构成。就“综合”而言，它是多层次、多角度及多种手段并用，能时空交错地实现多学科、跨学科、超学科的综合；就“主题”而言，即活动围绕的目标集中、鲜明而突出。教育活动通过“综合”与“主题”的双向结合，使幼儿的体、智、德、美与知、情、意、行和谐发展。幼儿园的综合主题教育活动实施，即将各种教学内容、教育手段，围绕一个中心主题有机地结合起来，将课内课外各种教育因素相互联结，以幼儿的主动学习为核心来完成幼儿全面发展任务。该实施方式就是强调通过幼儿园开展多种样式的主题教学活动，提倡幼儿在教学过程中要又玩又做，又看又讲，手脑并用，以此寻找优化幼儿教育的途径，取得最佳的教育效果。

2. 综合主题教育活动设计

（1）综合主题教育活动的主要特点。

① 教育活动紧密结合幼儿的实际生活。

② 整个教育计划打破了学科界限。

③ 废除课时制。

④ 围绕某一课题以活动为中心来组织课程。

⑤ 多采用划阶段、分单元的教学方式。

（2）综合主题教育活动实施通常采用的四种方法。

① 围绕教育中心课题组织主题活动，将零散的材料整理成统一有序的、互相联系的知识体系。

② 几组主题活动同时交叉进行。

③ 综合运用教育方式，围绕一个主题，运用上课、游戏、参观、劳动等教育手段。

④ 灵活运用操作、讨论、发现等教学方法，强调让幼儿在动手、动口、动脑中主动积极地探索、学习。

(3) 综合主题教育活动包括的内容。

综合主题教育活动的内容包括选择这一单元的理由、列出单元名称、主题的选择与开发、单元主题教育活动的设计和完成本单元活动需要的时间、确定单元主题教育活动总目标、拟订单元主题教育活动方案、检核或评价单元教育活动方案等。

(4) 设计综合主题教育活动应注意的问题。

① 综合主题教育活动的整体性、综合性应该是自然、有机、水到渠成的，而不是生拼硬凑的。选择主题和设计活动时，应考虑主题对各学科领域的涵盖性，尽量把各种学科的内容都包含进来。

② 综合主题教育活动注重知识之间的横向联系，可能会把设计者的注意力过多地引向课程实施的外部形式设计上，而忽视幼儿的主动建构过程，从而使单元主题教育活动在实践中带有很强的以教师为中心的味道，也就不利于幼儿的主动探索与学习了。

3. 综合主题教育活动模式的评价

(1) 教育活动具体实施中存在“拼盘”的现象。

将各种教学内容、教育手段，围绕一个中心主题有机地结合起来开展活动，这是综合课程实施中的一种完美的设想。然而，以一体化的方式成功开展主题教育活动的案例却不多，一般会把各种科目硬“拼”在一起，淡化活动的主题，使整个活动成为一个“拼盘”。幼儿园的综合主题课程试图彻底打破和取消分科教学的模式，按照新的逻辑建立起综合性的课程模式，这种课程模式不仅能够包含原来的各个分科课程，而且能够使它们彼此之间融会贯通。然而迄今为止，在全国各地多种多样的综合主题课程的实施中，真正能够达到一体化水平的，为数甚少。

(2) 综合主题教育活动是一种很复杂的教育活动。

在活动中，诸如主题的选择、教育活动计划的制订、素材的收集、教具的准备和实际实施中发生问题时如何处理，都不是简单的事情。教师如果没有一定的水平是很难胜任这些工作的。根据目前我国幼儿教育师资的具体情况分析，推行这种教育活动模式还存在很大的困难。

（3）综合主题教育活动要因地制宜。

综合主题教育活动主题的地域性很强，或者说都是根据活动当时、当地的具体情况设计的，城市和农村不同，偏远地区和发达地区不同，滨海地区和山区不同，南方和北方不同。在这种情况下，不要说编全国统一教材，就是一个省也很难编出适合全省通用的教材。换句话说，幼儿园的教师都需要自编教材——这显然也是有困难的。

（4）综合主题教育活动需要更多设备，因为综合课通过在室内以语言交流的方式能完成的情况很少，更多的活动须在户外进行。同时，还要更多地利用实物、教具和活动所需的其他器材。

（五）五领域教育活动模式

1. 五领域教育活动模式的建构

五领域教育活动模式是现代幼儿教育研究的成果，也是我国幼儿园课程研究历史发展的结果，它在一定程度上体现了我国学前教育研究者的一些核心理念，其中陈鹤琴先生的“五指活动”理论是重要的理论基石。

【知识拓展】

陈鹤琴是我国现代教育史上著名的儿童心理学专家和学前教育专家，他早年留学美国，专心研究教育学和心理学。他提出的“活教育”思想，极大地推动了中国幼儿园课程的改革和发展，为我国幼儿教育做出了划时代的贡献，使他成为我国幼儿园课程改革的先驱。陈鹤琴提出了自己著名的观点，那就是“大自然、大社会都是活教材”。他认为，学前儿童是在周围的环境中学习的，教育者应该以大自然、大社会为中心组织课程。大自然构成的自然环境和大社会构成的社会环境一起组成了学前教育课程的中心内容，学前儿童应该在这样的环境中获得发展。设计和选择学前教育课程内容，必须符合学前儿童身心发展的特点，以大自然和大社会为中心，这样设计出的课程才是合理的。为此，陈鹤琴以人的五根手指做比喻，创造性地提出了课程结构的“五指活动”理论。他认为，五指活动包括以下五个方面内容：

1. 健康活动：包括饮食、睡眠、早操、游戏、户外活动、散步等。

2. 社会活动：包括朝夕会、周会、纪念日集会、每天的谈话及政治常识等。

3. 科学活动：包括栽培植物、饲养动物、研究自然、认识环境等。

4. 艺术活动：包括音乐（唱歌、节奏、欣赏）、图画、手工等。

5. 语文活动：包括故事、儿歌、谜语、读法等。

这五个方面是相互联系的，就像人的五根手指，共同构成了具有整体功能的手掌。学前教育课程的全部内容包括在这“五指活动”之中。现在看来，这些活动内容已经不能充分反映今天幼儿的活动内容，但以活动为出发点关注幼儿可以做什么，关注不同活动之间的联系和渗透，关注不同领域活动的系统性，对今天的幼儿园课程改革和发展仍具有重要的借鉴意义。

20 世纪 90 年代后，我国幼儿园教育改革的热潮先后在北京、南京、上海、福州、重庆、长春等大城市迅速掀起，这次改革以改革幼儿园的课程为核心。幼儿园课程改革不仅仅是更新幼儿教育观念，更是要解决现有课程内容范围太宽、零散琐碎、偏深偏难，幼儿和教师负担过重，幼儿教师难以较好地选择教育内容，过多重视知识技能的传授，较少关注教育过程等问题。

所以，课程改革首先应从活动内容本身着手。幼儿园教育活动内容是实现幼儿园教育活动目标的基础，也是教师组织教育活动的主要依据。随着社会的发展以及人们幼儿观、教育观的转变，人们越来越感觉到，分科教学法中的学科彼此之间本身就存在着重复和交叉现象，用分科法来界定幼儿园教育的内容既不科学，也不利于幼儿教育的进一步改革。

经过一段时间的实践和探索，研究者们提出，根据学科内容的性质将幼儿园的教育内容分成五个领域：健康、语言、社会、科学、艺术。这种新型的划分方法融进了新的教育理念，既符合幼儿认知的规律，又能整合教师原有的学科教学经验。这种课程内容划分方法吸收了许多教育先行者的思想，尤其是陈鹤琴先生的五指活动的课程组织原则。

2. 五领域教育活动模式的设计

课程改革全面铺开后，各教育领域在教育内容、教育方法、教育活动设计等方面开展了实质性的探索活动。研究者们越来越清醒地认识到，要促进每个幼儿在自身原有水平上获得健全发展，就必须加强各课程内容的有机联系，充分发挥各种教育因素和教育手段的整体影响与功能作用。要真正促进幼儿主体性发展，就必须实施主体性教育，创设开放性的教育环境，使幼儿在主动、积极的自我探索活动中增加体验，为继续发展奠定素质基础。

幼儿园的五领域教育活动模式就是在这样的背景下得以实施并很快推广开的。“教育活动”这一概念的提出，逐渐改变了过去以“上课”为主的课程模式，促使幼教工作者研究、设计适合幼儿发展的教育活动。这一概念的提出，反映了一种新的幼儿教育观念的出现，是新时代教育思想发展的必然结果。它更准确地概括和体现了幼儿教育的基本特征，并把幼儿教育与中小学教育明显地区分开来。

五领域教育活动的设计也是以目标为起点，以计划制订完备为终点，其大致过程为：首先是教师根据活动领域目标、月目标和周目标来确定具体活动目标（确定目标）；其次是教师依据活动目标选择内容，并对内容进行具体的分析、调整（选择内容）；第三步是教师精心选择教育活动的组织方式和教学策略，并设计活动的基本步骤，考虑活动需要什么样的环境和材料（活动设计）；第四步是教师根据先前确定的目标对设计的活动进行分析与评估，以确定或修改计划，有效地促进目标的实现（制订计划）。

3. 五领域教育活动模式的评价

（1）教育观念得到更新。

严格地说，五领域教育活动模式与分科教学模式有相同的地方，都是以学科种类来划分教育内容，然后科学、系统、连贯地对幼儿进行教育教学的形式。但五领域教育活动融入了新的教育理念，在设计上以幼儿为主体，充分考虑幼儿的学习特点和认知规律，尊重幼儿的发展水平、能力、经验和学习方式，在具体做法上强调学科知识和技能的教授，更强调开展多种形式的教育活动，让幼儿在活动中探索，在活动中交往，在活动中学习，让丰富多彩的材料、宽松自由的活动氛围成为幼儿学习和活动的最重要的基础。

（2）有机地整合了教育目标。

幼儿园的教育活动不能以掌握学科知识和专门的技能为目的，而要服从并服务于幼儿的“一般”发展，即重视幼儿基本素质的提高，强调培养幼儿在成长中最有价值的各种素质，比如培养幼儿的兴趣、态度、能力。在设计每一个具体的教育活动时，其目标不再局限于在本领域的狭窄范围内传授知识和技能，而是强调知识、技能、情感与态度等多方面教育目标的整合。所以，教育目标呈现出一种“整合”的趋势，即全面地开发本领域内容所蕴含的多方面的教育价值。比如，幼儿科学教育往往被视为发展智力、培养科学探究能力的重要领域，而如今，“合作”“交流”“分享”“尊重和理解他人”“沟通”这些本来属于社会、语言、艺术领域的目标也进入科学教育的领域。

（3）精选教育活动的内容。

五领域教育活动模式删减了传统教材中那些简单重复的、幼儿已有的、可以通过日常生活获得的教育内容，教师从幼儿已经具有的某些经验中精选出可以开发的、能作深入探讨的内容，找出可以作为系统化知识核心的概念或经验，以此为中介帮助幼儿整理、提升已有生活和知识经验，通过教育教学活动，使之清晰化、条理化、系统化、概括化。这样做，精简了教育内容，减轻了教师负担，但也对教师素质提出了更高的要求。

（4）使教育计划弹性化、教育过程灵活多变。

和分科教学一样，五领域教育活动模式也有较强的计划性。每学期、每月、每周各个领域分别有几次教育活动，具体活动内容是什么，基本都要有预先的安排，每一次活动也都有预先设计好的计划。但是，教育活动不像分科教学中的“上课”，教师可以“照本宣科”，教师讲，幼儿听；教师提问，幼儿答；教师演示，幼儿看。无论计划得多么周密，学习的主体——幼儿，他们的兴趣、需要、经验也不一定都能被准确地体现出来。因此，教师只能把握幼儿学习与发展的基本规律，在开展活动时，实际面对的是“三分之一的确定性和三分之二的不确定性”。能否驾驭这种弹性的活动是对教师教育技能的一种考验。

总之，五领域教育活动模式无论是在教育理念方面，还是在教育的组织与实施等方面，都不失为一个比较先进的教育模式。随着教育改革的不断深入，五领域教育活动模式将在我国更大范围内推广并实施。实践表明，分科教学模式下真正优秀的教师，有着扎实的教育基本功，对教材内容也非常熟悉，往往也很容易理解和接受五领域教育活动模式。因此，我们应该充分利用原有的教育资源，更新教师的教育观念，使分科教学模式下的幼儿教师顺利适应五领域教育活动的模式，这也是比较符合当前幼教领域实际情况的做法。

【活动案例】

活动一　好吃的糖，快乐的我（小班活动）

设计意图：

开学了，我又迎来新入园的小朋友，我耐心地抱着、哄着他们。孩子们渐渐地安静了，一双双小眼睛搜寻着教室内各种新颖、有趣的玩具。我引导他们去拿自己喜爱的玩具，可他们却呆呆地坐着，只有欣欣和小亮在玩。小亮想去拿旁边月月的玩具，月月紧紧地抱住玩具，大声地喊着："这是我的，这是我的，你不准拿。"小亮拿起玩具就朝月月打去，我忙上前阻止。看着一个个可爱的"小太阳"，我真切地想帮助他们改掉一些不好的习惯。因此，我设计了活动"好吃的糖，快乐的我"。

设计中，我紧紧围绕初入园孩子在家庭生活、幼儿园生活中存在的问题，从幼儿的兴趣出发、结合他们的年龄和心理特点，让他们在与父母、教师、同伴及周围人的玩耍中，获得爱父母、爱长辈、爱同伴，乐于分享与交流的品质，帮助他们更好地适应幼儿园的集体生活，顺利地迈出适应社会的人生第一步。

活动利用的教育资源：

1. 糖是幼儿最喜爱的零食，幼儿的生活离不开糖，社区的商场、超市摆放着各种各样的、漂亮的糖，幼儿也被糖的包装和造型所吸引。糖可以作为培养幼儿分享、友好交往、互相尊重等社会行为的媒介。

2. 充分利用社区人们之间、家庭成员之间、幼儿园教师之间的良好关系，让幼儿产生互助、分享的行为。

3. 电视、电影、书刊中正面人物的良好行为。

活动设计创新点：

活动设计着眼于小班幼儿以自我为中心的普遍表现和想交往又不会交往的矛盾心理。以好吃的糖为载体，从幼儿最熟悉的生活场景出发，通过他们与家人、老师、同伴以及周围人的交往玩耍，建立与熟悉人的友爱关系，从而帮助他们度过入园焦虑期。

活动目标：

1. 让幼儿乐意和父母、同伴及周围的人分享，体验共享的快乐，增进与父母、教师、同伴的情感。

2. 让幼儿感受幼儿园生活的乐趣。

3. 让幼儿尝试做糖果，激发幼儿动手操作的兴趣。

活动进程：

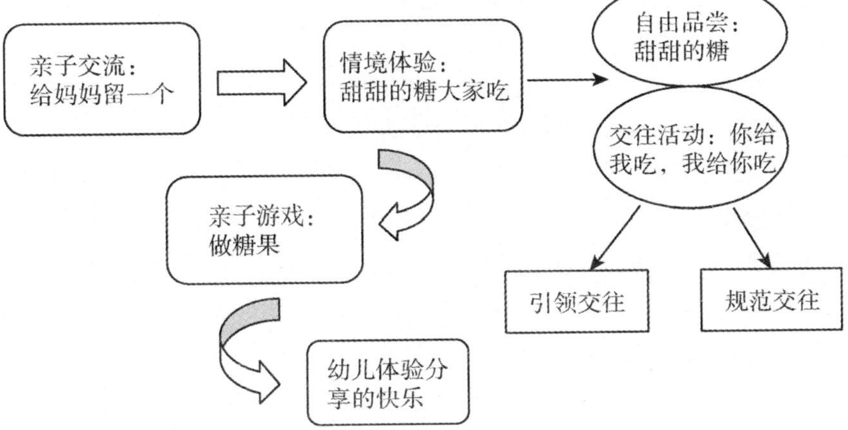

“好吃的糖，快乐的我”活动网络图

活动二　亲子交流：给妈妈留一个

活动目的：

让幼儿愿意与父母、长辈分享好东西，增进幼儿爱父母、爱长辈的情感。

活动提示：

根据幼儿在家庭生活中独占、独享的行为表现，以传统儿歌《排排坐，吃果果》引出谈话主题：儿歌里说什么？这里有香香的饼干，你愿意给妈妈留一块吗？你还愿意给谁留呢？真乖，我们来一起吃吧！注意在活动中给孩子创设平等、和谐的氛围。

幼儿分享行为观察记录表

幼儿姓名		分享的食物	
愿意分享的家人			
愿意分享的其他人			

（请家长填写后交回幼儿园）

活动三　情境体验：甜甜的糖果大家吃

活动目的：

1. 让幼儿乐意和同伴、周围的人分享糖果，体验共享的快乐。

2. 初步培养幼儿的友爱交往能力。

3. 让幼儿感受幼儿园生活的乐趣。

活动准备：

1. 教师、幼儿各自备一种糖；活动前洗手。

2. 果盘若干，多媒体设备，合适的音乐。

3. 活动前与大班老师、同学联系好。

活动过程：

1. 自由品尝：我喜欢的糖

在优美的音乐中，幼儿和教师围坐在一起品尝甜甜的糖。

2. 交往活动：我的给你吃，你的给我吃

(1) 引领幼儿交往：你的糖真漂亮，能不能给我吃？他也想吃，给他吃一颗好吗？那你的也给他吃，好不好？

(2) 引导幼儿体验情感：小朋友只带了一种糖，却吃到许多种糖，这是为什么？甜甜的糖我给你吃，你给我吃，大家高兴吗？

3. 合作游戏：我的朋友在哪里

(1) 哥哥、姐姐送“礼物”（大班小朋友送来自制的小玩具、打击乐等）来，引发幼儿讨论：

① 哥哥、姐姐送的是什么？好玩吗？

② 我们该怎么表达感谢呢？

(2) 帮助幼儿送糖给喜欢的哥哥、姐姐（注意一一对应送，以免出现个别大班小朋友得不到糖的情况）。

(3) 随音乐《我的朋友在哪里》和哥哥、姐姐一起快乐游戏。

(4) 漱口。

教师活动指导

幼儿行为预计	教师教育策略
1. 在自由品尝中，幼儿可能会无限制地吃糖 2. 个别幼儿不愿交换糖或交换的对象、范围窄 3. 个别幼儿不愿送糖或害怕哥哥、姐姐真的吃糖	1. 根据情况灵活地投放糖果，通过引领交往引起幼儿对别人的糖的注意，从而模仿教师的正确行为 2. 运用暗示和直接行为影响法，让幼儿感受到“我给你吃，你给我吃”的好处，引导幼儿积极参与到交换糖的活动中，不知不觉扩大交往的范围 3. 激励幼儿的良好行为，运用情绪体验法进行个别随机指导

活动四 亲子游戏：做“糖果”

活动目的：

帮助幼儿大胆做“糖果”，激发他们动手操作的兴趣。

活动提示：

家长和幼儿用收集的糖纸、塑料棒、橡皮泥制作“糖果”，家长要引导幼儿自己搓、团橡皮泥，插小棒，帮助他们包“糖”，适时赞扬孩子；引导孩子把做好的“糖”送给小区里的孩子、小区里的保安叔叔等，体验分享的快乐。

活动评价要点：

1. 幼儿是否乐意把好东西与父母、同伴及周围的人分享。

2. 幼儿是否乐意与人交往，能大方地把“糖果”送给别人。

【知识拓展】

幼儿教育中的生成课程

生成课程是美国现行的一种幼儿教育课程模式，它不是国家规定的、现成的课程，也不是专家设计好的、拿来可以直接用的“罐头式”课程，而是以突发事件为起点而生成的课程。生成课程的价值取向，不单纯是教师本人的价值观的反映，还是幼儿、家长及社区人员等各方面人的价值观的集中反映。在生成课程中，所有日常生活中的经验都可以成为潜在的课程内容，可以作为幼儿最基本的课程。幼儿的主动性、积极性和创造性能够从中得到极大的发展。生成课程对我们现行的课程结构提出了挑战，为我国课程改革提供了新的思路。上文中的案例“好吃的糖，快乐的我”就是紧紧围绕初入园孩子在家庭生活、幼儿园生活中存在的问题，从幼儿的兴趣出发、结合他们的年龄和心理特点，让他们与父母、教师、同伴及周围人的玩耍中，养成爱父母、爱长辈、爱同伴，乐于分享与交流的社会品质，帮助他们更好地适应幼儿园的集体生活。

生成课程的指导思想核心是课程必须关注幼儿的内心世界，把幼儿的内心需求真正体现出来。有一首八岁儿童的诗值得我们深思：“大人从来都认为我们是孩子气/没有人能进入我们的内心世界/我们内心的墙有二十一英尺高/而大人的梯子只有十英尺高。”我们在设置课程时，考虑最多的往往是目标，如这次课如何达到教育目标，完成使幼儿全面发展的任务。

当然，这是无可非议的。但是，我们很少去想幼儿对课程的体验，他们关注什么，他们需要什么，他们希望接受什么。在教育提倡以幼儿发展为主体、体现幼儿主体性的今天，作为教师，我们究竟对幼儿的内心需要、兴趣、思想了解多少呢？我们在组织这样或那样的课程时，往往使用大量的问题启发幼儿，让他们跟着教师的思路转，完成老师设想的既定计划，却很少想到让幼儿来发问，更不用说教师随着幼儿的思想随时改变计划，不断改变课程、生成新的课程了。以课堂为中心、教师为中心、教学为中心的传统模式还是根深蒂固地存在于我们的头脑之中。谁是课程的真正主人？这是我们必须解决的问题。教师必须学会观察，学会倾听，必须把教学建立在观察和倾听幼儿的基础上。

生成课程要求幼儿和教师之间积极互动，它既反映了幼儿的生活、幼儿的经验、幼儿在家庭和社会中所受的环境影响，也体现了教师对幼儿的充分了解和研究。它是在幼儿和教师的互动中形成的。这种课程是动态的、不确定的、开放式的，它既不具有蒙台梭利课程内容的永恒性，也不具有我国传统课程中教师的权威性。它需要教师在充分理解幼儿的基础上，在瞬息万变的活动过程中立即做出决策，不断调整自己的设想和计划，与幼儿共同创造奇迹。生成课程不会在某一个规定时间内戛然而止，它是一个不断生发的过程。为此，教师要记录、分析、反思，要开展集体性的研讨，要为幼儿创设种种有利于他们探索和发现的环境，要寻找刺激幼儿产生新问题的点，使幼儿更积极地学习，使每个幼儿都产生很强的参与兴趣，并有可能在课程中激发出自己的潜力。生成性课程活动的持续性取决于它的深度和复杂性，这就需要教师具有广博的知识、熟练的教育技巧和永不停止的创新追求。

三、幼儿园教育活动手段的选择与运用

（一）幼儿园教育活动的一般方法

1. 口语教学方法

口语教学方法指的是以教师的口语表述为主，通过教师有目的地运用语言去讲解知识、交流经验、传递信息、沟通认识、组织活动，以帮助幼儿获得间接知识的一种方法。口语教学方法主要包括讲解法、谈话法、讨

论法。这些方法可以运用于所有领域的教育活动中。

讲解法是教师用幼儿能理解的语言来解释和说明某事某物的方法；谈话法是教师通过口头问答的形式，启发幼儿积极思维的教育方法，是由教师提出问题和幼儿回答问题两部分组成的，也可由幼儿提出问题、教师来回答组成。

讨论法是幼儿在教师的指导下就某个问题交换看法、互相启发的一种教育方法。讨论的方式有二人讨论、小组讨论、全班讨论三种。

2. 直观教学方法

直观教学方法指的是教师通过运用直观手段，引导幼儿获取感性认识、帮助幼儿获得直接经验的一种方法。此类方法主要包括示范法、演示法、多媒体教学法。

示范（范例）法是指教师通过让幼儿模仿动作、语言、声音或通过选择图画、剪纸和其他典型事例，让幼儿进行模仿学习的方法。艺术、语言、健康领域的教育活动经常采用这种方法。

演示法是教师通过向幼儿展示各种实物，使幼儿获得关于某一事物或某一现象的感性认识的方法。语言、社会、科学领域的教育活动常采用这种方法。

多媒体教学法是教师把现代化的视听工具——电影、电视、电脑、幻灯、VCD光盘、录音等声像设备作为教育手段，引导幼儿丰富感性认识的方法。

3. 活动教学方法

活动教学方法指的是以幼儿自主活动为主的一种方法，包括帮助幼儿获得直接经验的观察法、游戏法、操作法、练习法、探索法、参观法、调查法、表达法，这些方法都强调幼儿亲自参与操作和实践。

观察法是指幼儿在教师的指导下，有目的、有计划地感知客观事物的主要特征、变化的方法。观察是幼儿认识周围世界、取得直接经验的重要途径，是幼儿园教育的基本方法。观察法符合幼儿的认识规律和幼儿的认知特点，幼儿园各项活动都离不开对观察法的使用。

游戏法是指教师采用游戏或以游戏的口吻进行教育教学的方法，是幼儿园教育的主要方法。无论是哪个学科领域的教学，都经常会用到游戏法。游戏法可提高幼儿学习的兴趣，集中幼儿的注意力，促进幼儿各种感觉器官和大脑积极活动，提高活动的效率。在教育教学中经常采用智力游戏、音乐游戏、体育游戏等游戏形式。

操作法（练习法）是指幼儿在教师的指导下，通过操作练习巩固知识、掌握技能的方法。由于幼儿园集体练习时间较短，而且不易指导，所以，在游戏、日常生活中应多安排小组的、个别的练习活动，以取得良好的教育效果。

探索法（发现法）是指教师提供给幼儿进行发现的活动材料，使他们通过自己探索尝试的过程，自行发现问题和解决问题的方法。探索法容易引起幼儿的活动兴趣和活动动机，有益于幼儿主动性和积极性的发挥，有利于幼儿智力、创造力的发展，还能丰富幼儿的经验，并使已有经验得以迁移和运用。

4. 评价教学方法

通过对幼儿的行为进行评价，以强化幼儿的积极行为，抑制幼儿的不良行为的方法。评价教学方法可分为正面评价（表扬、鼓励、奖励）和负面评价（批评、规劝、惩戒、纠正）。一般要多用正面评价鼓励引导，少用负面评价，否则会造成一种负面强化，不利于幼儿积极情感情绪的获得。

5. 环境陶冶教学方法

目前，越来越多的人重视环境教育价值，注重对环境资源的组织和利用，使环境教育逐渐成为一种独特的、有效的、可操作的方法，这种方法称之为环境陶冶法。

环境陶冶教学方法主要包括物质环境陶冶和精神环境陶冶两种方法。物质环境陶冶的方法主要有美工装饰法、材料填充法、分领域建构法、季节更替法、环境暗示法等。优化精神环境的方法有创设活动气氛、改进班级管理的方式、提高教师的修养水平、改善师幼关系、利用艺术作品陶冶等。总之，要尽力为幼儿创设一种健康积极、接纳尊重、欣赏包容的心理氛围和环境。

【知识拓展】

教师提问与回应的技巧

提问是教学的一种主要技巧。通过提问，教师可以引导幼儿思考，帮助他们积极主动地进行学习，而不是被动地学习。无论进行什么活动或采用什么教学方法，提问的方法都可以被广泛地应用，以帮助幼儿学习。

提问的种类有引起幼儿回忆；引发幼儿对事物进行比较；引起幼儿对事物的注意；引导幼儿表达个人意见和感受；引导幼儿说出事物的因果；引发幼儿想出解决困难的办法等。例如以下几种情况。

“说说看，刚才小朋友提到了哪些生日礼物?”(让孩子学会回忆)

“敏儿，试比较一下，你刚才说想得到的布熊，和老师手上拿的布熊是不是一样?”(让孩子学会比较)

“留心听，看看小刚说出他想要的生日礼物和你想要的是不是一样?”(引起孩子注意，引导孩子比较)

“你为什么希望有这样的一份生日礼物?”(让幼儿表达意见)

“你认为会不会得到这份生日礼物?”(让幼儿预测结果)

“如果没有得到这样的一份礼物，你应该怎样?”(让幼儿学会解决困难)

另外，提问的时候应注意如下几点。

第一，提出幼儿能够回答的问题。要使幼儿能回答出教师提出的问题，提问的内容必须与幼儿的生活经验贴近，让他们用已有的知识去发现新的知识；如果问题涉及幼儿的生活经验，幼儿的学习兴趣会较浓，并愿意投入思考，回答问题的准确性也就相应提高了。

另一方面，提问时应先问容易回答的问题，然后逐渐加深问题的难度。幼儿在开始的时候能答对问题，自然会增强自信心，对于难度较高的问题，也肯尝试回答了。

第二，依个别幼儿的能力调整难度。同一年龄组的幼儿，能力各有不同，因此，要尊重和关注幼儿个性差异。教师向幼儿提问时，要视其能力来调整问题的难度，务必使每个幼儿都觉得他有能力回答问题。

第三，提问要目的明确，并要使用幼儿听得懂的表述来陈述问题内容，如每次只问一个问题。如果同时向他们提出多个问题，会使他们感到困惑。例如，“看，白兔正在吃什么呢？你猜它最喜欢吃什么呢?”这里就包含了两个问题，幼儿不知该回答前一个问题还是后一个问题；而两个问题便有两个答案，教师也无从判断幼儿的答案是不是正确。

第四，提问尽可能顾及全班的幼儿。教师要注意让每个幼儿都有机会表达想法，有机会练习如何在其他的小朋友面前发言，但如果个别的幼儿不愿意回答，就不要勉强他。幼儿在回答问题时，如能感受到教师的鼓励和支持，他们通常都乐于回答问题。不少幼儿还会视回答问题为一种荣耀，每当教师提问时，都会举手表示想回答。

第五，对幼儿的回答，教师要表现出支持和鼓励的态度，要接受不同的答案，对于答案不对的幼儿可以这样说"可能因为……使你这样想，如果你弄清楚以后，你的答案可能就不是这样。我认为这件事是……"，还要对回答得不完整的答案做出补充。

（二）五领域教育活动模式

1. 健康教育活动的方法

（1）动作与行为练习。

让幼儿对已经学过的基本动作与基本技能、健康行为与生活技能等进行反复练习，从而加深理解，形成稳定的动作、行为习惯。例如，盥洗的基本顺序、衣服的穿脱与整理、持筷的方法，都必须在教师和家长的具体帮助、指导下反复练习才能真正掌握。

（2）口令信号法。

熟练机智地运用口令是教师进行体育教学和组织体育活动时不可缺少的技巧。教师的口令要洪亮、清晰、准确，语气要果断，声调要有感情。信号是指通过拍手、鼓声、音乐、呼数、哨音等声响来帮助幼儿做练习的方法。注意信号运用要及时，声音高低要适度，音乐、鼓点等连续信号的速度和节奏根据动作和游戏情节的需要而有所改变。

（3）感知体验法。

感知体验法是指幼儿运用多种感觉器官认识、判别事物特征的方法。这种方法能加深幼儿对事物的印象，同时由于加入了身体动作，更能激发幼儿的兴趣，引起幼儿的注意。例如，在介绍各种有营养的食物时，如果让幼儿亲眼看一下，亲手摸一摸，亲口尝一尝，幼儿往往会十分乐意，留下的印象也比较深刻。

（4）情境表演法。

教师让幼儿就特定的情境中的情况做判断，然后让幼儿思考并分析情境中涉及的健康教育问题。比如，就"有些食品儿童不宜吃得太多"这一实际问题进行情境表演，让幼儿分析并判断，懂得日常生活中要能控制饮食才有利于健康这个道理。

2. 语言教育活动的方法

（1）描述法。

描述法主要用来训练幼儿语言的连贯性和顺序性。它要求幼儿语言完整、连贯，具有一定的描述能力。教师在一些活动中，启发孩子把他所看到的事物的外形、特征或动作、神态尽量描述出来，比如说，“花园里树叶变绿了，花开了，有的红，有的白，有的黄，五颜六色真好看”。教师可启发孩子发散性地去想象，可以问他们“你还看到了什么？它是什么样子？它还像什么？”等。运用描述法的时候教师要注意：要先观察感知，后进行描述；用提问启发孩子描述的思路；注意描述的完整性和顺序性。

（2）故事法。

此方法以让幼儿讲述故事为主，题材广泛，有连贯性，有吸引力，能感染人。故事的内容有真实的，也有虚构的（如童话），还有的是教师专门为自己班上的孩子创编的生活故事。为了让幼儿讲好故事，教师应当注意引导幼儿：讲好开场白；感情充沛，生动流畅；遇到陌生的词汇，及时向老师请教；针对关键的情节提出问题。

（3）听说游戏法。

幼儿在游戏中说话的积极性很高，教师可以采用各种各样的听说游戏的方式来激发孩子主动说话，如发声游戏、词语接龙、绕口令、猜谜语。

运用听说游戏法时教师应注意：创设游戏的情境，引导孩子的兴趣；交代游戏的规则，明确游戏的玩法；教师和幼儿共同游戏。

（4）直观对应法。

在日常生活中，为了更好地帮助幼儿学习新词，理解词语的意义，教师要有意识地让幼儿多接触直观的形象，让词与词所反映的事物同时出现，或者把词、实物、汉字与这些词的语音对应起来，直接把字标在实物上，借助直观的形象来加强幼儿记忆，这种方法就是直观对应法。

（5）模仿跟学法。

模仿跟学法一般适用于以下两种情况：一是当幼儿出现发音不准，或用词不当、讲出不合乎语言结构的句子时，教师可以采用让幼儿模仿跟学的方法。比如，幼儿说“老师，苹果”。教师就有必要将其口述为“老师，我要吃苹果”；二是当幼儿不能用连贯的语言说话或讲述时，如幼儿说话出现语无伦次、颠三倒四的现象，教师就有必要重复正确连贯的语言，让幼儿模仿跟学。

（6）表演法。

表演法是指在教师的指导下，幼儿学习表演一些作品，以提高口语表达能力的方法，这一方法的具体运用过程中，教师必须在理解童话和故事内容，熟悉任务对话以及角色心理的基础上，指导幼儿正确运用语言、动作、表情、道具等塑造角色形象，再现故事情节。教师要鼓励幼儿在表演中创新，并给全体幼儿提供参与表演的机会。

3. 社会教育活动的方法

（1）重视态度培养。

态度的培养，即培养幼儿对人对事应持的态度。例如在“认识自己”的教学中，教师帮助幼儿认识自己“眼、耳、鼻、口”的名称、位置和功用，但这些纯知识的学习是不够的，还应把重点放在引导幼儿为拥有五官、四肢这些有用的器官而自豪，感到自己是个有用的人，因而对自己有正确的看法。纯知识的学习，对帮助幼儿认识自己作用不大；感性的学习，在于引发幼儿对自己所拥有的一切感到自豪，从而有助于他们真正认识自己。

（2）行为强化法。

幼儿在社会化的过程中，有积极与消极的行为表现，教师强化幼儿行为的方法既可以是语言评价，也可以是行为示范、行为暗示。

行为强化法根据性质可划分为正强化和负强化。正强化的方式又有很多，如表扬、微笑、点头、竖起大拇指、轻轻拍肩、轻轻摸头、物质鼓励（发小红花、小红旗，贴小星星），负强化的方式包括批评、警告、表情严肃、剥夺某种权利等。

运用行为强化法时应注意以下几个要点。第一，强化要适时适度。若用得不适时，强化就成了一种干扰。一般在幼儿全神贯注地学习或游戏时，教师不需要给予过多的表扬，对一贯表现好，经常得到表扬的孩子，要减少表扬次数。教师要重点表扬那些非常努力、进步明显、不太自信的幼儿。第二，批评应该对事不对人。针对行为产生的原因、动机来帮助幼儿分析其不对之处，指出该行为会产生的不良后果，而不能对幼儿个人进行人格伤害。第三，言传身教，身教胜于言传。第四，关注幼儿同伴间的行为强化作用。同伴的微笑、友好、邀请或生气、拒绝等多种行为都能对幼儿的某些行为起到强化作用。

4. 科学教育活动的方法

(1) 感知比较法。

感知比较法是通过幼儿的感知活动，对两个或两组以上的物体进行比较，让幼儿找出它们在数、量、形等方面的相同点和不同点的一种活动方法。比较法是幼儿科学教育活动中的重要方法之一，特别是在数学活动中。比如，在数学活动中，经常用到对两个物体数或量的比较，对多个物体的比较，如一一对应比较、重叠比较、并放比较、边线比较、非对应比较、双排比较、不同排列形式的比较等。在运用比较法时，应注意两点：第一，比较之前，组织幼儿仔细观察；第二，在比较过程中，教师要以启发性的提问引导幼儿进行比较。

(2) 启发探索法。

启发探索法是教师在科学活动中，依靠幼儿已有的科学知识和经验启发他们去探索并获得新知识的方法。启发探索法最大的特点，就是激发幼儿的兴趣，最大限度地调动幼儿学习的主动性、积极性。运用这种方法时应注意以下几点：第一，启发探索法应与操作法结合进行。探索活动往往是在幼儿对具体物体进行操作的过程中进行的，同时操作要起到引导幼儿积极探索的作用，也离不开教师必要的启发；第二，启发探索法用得好不好与教师提问的技巧直接相关，因此，教师要善于提一些开放式的问题，引导幼儿探索的方向；第三，创造条件，让幼儿共同探索。

(3) 科学实验法。

幼儿阶段的科学小实验应注重趣味性、随意性与生活化特点，要使之形式多样，带有游戏的性质。例如，用温度计量温度，用塑料袋收集空气，走路时找一找自己的影子，玩水时做一做物体沉浮的实验。在幼儿进行小实验时，教师应注意以下几点：第一，提供足够的实验材料、适宜的环境，并对其反复检查，确保安全，为幼儿操作提供充分、安全的条件；第二，观察幼儿的表现，倾听他们的谈话，了解幼儿操作的具体情况；第三，在实验过程中，针对幼儿遇到的各种问题，启发他们动脑筋解决问题；第四，允许幼儿失误，给幼儿尝试错误的机会；第五，教师无须手把手地教，要有必要的等待，让幼儿自己去探索、尝试，在关键的时候再予以指导。

（4）劳动法。

科学活动中的劳动带有很大的游戏成分。劳动的目的是使幼儿在简单、力所能及的劳动中，获得对于事物本身及其发展变化的相关知识，培养幼儿的责任心和热爱劳动的情感以及初步的环保意识。幼儿科学活动中的劳动主要有饲养、栽培、生活劳动、食物制作和烹调等。

组织幼儿参加劳动，必须先创设劳动的条件和场所，教师应拟定计划，准备劳动工具和材料，带领幼儿学习和了解相关的知识等。劳动开始时，教师要向幼儿交代劳动的任务，引导幼儿认识劳动工具和材料，示范、讲解方法，教给幼儿劳动技能；劳动中，教师要巡回指导，注意对个别幼儿进行帮助；劳动结束时，教师应对幼儿在劳动中的表现做出评价。

5. 艺术教育活动的方法

（1）感觉教育法。

音乐是听觉的艺术，美术是视觉的艺术。事实上，在幼儿从事艺术活动的过程中，往往不只是一种感官参与，而是多感官共同参与。所以，感觉教育应被视为艺术教育的起点。感觉教育的内容主要包括对触觉、视觉、听觉、味觉、嗅觉等感官的训练。幼儿园中的感觉训练无须使用过于专门化的感觉训练器具，而是利用幼儿身边的事物让他们多看、多听、多摸、多动手、多比较。幼儿的天性是好动、好问、好游戏、好模仿的，教师要创造一个宽松的环境氛围，调动幼儿的眼睛、嘴巴、耳朵、双手、双脚及大脑，让幼儿充分地去感知，并把自己的感受表达出来。

音乐活动中可以多用听觉感受教育法。教师提供给幼儿的听觉感受教育内容可分三种：一是各种声音，包括动物的、自然界的和人为的声音。动物的声音如鸡叫、猫叫、虫叫、鸟声；自然界的声音如风声、雨声、流水声；人为的声音如讲话声、口技、拍手声、敲打声、哭声、笑声。二是音乐作品，以聆听音乐作品来培养幼儿对音乐的感受力。注意，这里并不是让幼儿欣赏音乐作品的内容和学习演唱、演奏的技巧，而只要求幼儿喜欢聆听即可。三是听辨声音的大小、高低、强弱、快慢、长短等。

美术活动中可以多用视觉观察法，即教师指导幼儿有目的地感知事物外形特征来获得美的体验的方法，它是观察法和欣赏法的结合。由于受自身发展水平的限制，幼儿在感知事物时缺乏目的性和计划性，不能自觉组织自己的视觉活动。幼儿的观察和欣赏是幼稚的、局部的，但又是直率和主动的。因此，教师一方面要提高幼儿的观察欣赏水平，另一方面又要使活动适应幼儿的水平，保护幼儿的观察兴趣。

视觉观察法包括两个指导要点。第一，选准对象。教师应选择那些幼儿感兴趣的，形态、动作与幼儿内在情感和心理感受容易产生共鸣的观察对象，不能将幼儿太陌生的或太熟悉的事物作为观察对象，而且观察欣赏的对象应由简到繁。第二，指导观察时要抓住对象的大体形状，不必要求幼儿十分准确地把握整体与局部的关系。例如，欣赏熊猫时，教师可以这样说："大熊猫浑身胖乎乎的，看上去就像一个大皮球。它的眼睛、耳朵、嘴巴和四肢上的毛都是黑色的，尤其是它的眼睛又圆又亮，好像两颗黑色的玻璃球。它的腿又短又粗，走起路来一摇一摆的，真可爱。"运用形象的语言启发幼儿表现和创作的欲望。

（2）环境熏陶法。

优美的环境在艺术教育中发挥着潜移默化的影响作用。教师要尽可能创造条件，让幼儿在美的陶冶中快乐成长。环境教育的内容包括幼儿园环境的陈设布置、教师的服饰打扮、玩教具及日常用品美化程度（饮食、物品、图书、玩具等）以及幼儿园的人文环境、自然环境、社区环境、人文景观等。

大自然是美的源泉。不仅有千姿百态的山川河流，品种繁多的花草树木、鸟兽鱼虫，变幻多端的自然现象，还有人们劳动创造的园艺、雕塑、建筑等。教师要有目的、有计划、有步骤地组织幼儿春游、秋游、冬游，随着幼儿接触的事物的增多，他们对美的理解和表现能力也会逐渐提高。

（3）身体律动法（适用于音乐活动）。

幼儿往往是运用身体动作充分表达他对音乐的感受和理解的，也就是说，身体运动是幼儿从事音乐活动的重要表现形式。例如节奏快时，幼儿会做小兔跳的动作；节奏慢时，则做大象走的动作；旋律流畅时，幼儿会自然张开双臂做蝴蝶、大雁飞舞的动作。因此，幼儿对音乐的韵律、强弱、高低、快慢等的感知都可以通过身体的律动去实现，身体律动的动作包括基本步伐、手臂活动、手脚联合活动、全身活动等。幼儿喜欢努力做出与音乐相协调的韵律动作，从而自如地运用自己的身体动作进行再现性和创造性的表现，并在身体律动中自然地运用表情传达内心的情感体验。

(4) 整体教学法（适用于音乐活动）。

音乐作为一种审美活动，其特点就在于它的整体统一性和整体协调性。针对这些特点，在组织幼儿园音乐活动时，教师可以运用整体教学法指导活动。整体教学法在歌唱活动中也被称为整体教唱法，即教师在示范演唱后，幼儿跟着从头开始唱整首歌。

(三) 幼儿园教育活动技能训练的一般方法

1. 口语表达的常见形式与练习

(1) 讲述阐释语。

讲述阐释语是教师向幼儿传授知识和技能时进行解释、说明所用的语言。讲述阐释语的使用必须规范、明了、准确、流畅，能针对幼儿的特点，讲得通俗、生活、活泼，富有趣味性和启发性，语气肯定，语调平稳，语速适度。

【活动案例】

"装饰伞"活动片段

教师：小朋友们，请你们想一想，下雨天人们打的伞都有哪些颜色？有哪些花型？

教师：对，伞有单色、多色，也有花纹、动物、点、线、格子等花色。（出示一把无色伞）这是一把没有装饰好的伞，我们怎样才能使这把伞变得漂亮呢？小朋友可以选择一种你自己喜欢的颜色勾边、涂色，注意勾边要勾得深、浓，涂色要涂得均匀，向一个方向涂，注意颜色要搭配得好看……（教师最好一边阐释一边示范）

(2) 激情激趣语

激情激趣语是通过口头语言所表达的情感来激发幼儿参与活动的积极性，使幼儿保持持久的注意力的语言。

【活动案例】

“动物为什么长尾巴”活动片段

教师：瞧，我们大班来了许多小动物客人。咦，怎么来了一群没有尾巴的动物呀？原来它们的尾巴丢了，小动物们可不能没有尾巴呀！请小朋友动动脑筋，帮它们找一找尾巴。

（3）启发诱导语

启发诱导语是教师通过提问、质疑、暗示、点拨等启发引导幼儿寻找问题结论的语言。在应用启发诱导语时音量不宜过高，语调应沉稳平静，吐字应清楚，语速应缓急适当，提问要有梯度，步步设疑，适时点拨，做到“不到火候不揭锅”。

【活动案例】

“大动物歌唱家”活动片段

教师：（以主持人口吻）动物王国唱歌比赛现在开始，首先请听第一位动物的演唱。（教师放虎啸声的录音，幼儿仔细听）

教师：谁听出来第一位歌唱的动物是谁？

幼儿：老虎（狮子、大象）。

教师：听出来是老虎在唱歌的小朋友请把手举起来。

教师：告诉老师，你为什么认为那是老虎唱歌的声音？

幼儿：声音很大（很凶）。

教师：对！这吼叫的声音听起来怎么样？

幼儿：很可怕（很厉害）。

教师：小朋友们想一想，老虎的叫声是低还是高？

幼儿：很低。

教师：对了，我们用一个词来形容老虎的声音，这个词就是“低沉”。

（4）指令指导语

指令指导语是教师要求幼儿按指定的方式、规定的程序来进行操作、实践的语言，通常用在操作活动中。使用这种语言时要注意：指令性的话要明确、简洁、响亮，突出“要”“必须”一类指令词；体态要亲切，还可以使用一些敬语如“请”，以体现对幼儿的尊重。

【活动案例】

"认识肥皂"活动片段

教师：今天老师给小朋友们带来许多小礼物，请小朋友们看看它们都是些什么。

幼儿：玻璃缸、玻璃杯、筷子、纸包、小手绢。

教师：请小朋友们打开桌面上的纸包，看看里面有什么。

幼儿：肥皂。

教师：请小朋友们摸一摸，有什么感觉？

幼儿：很硬。

教师：请小朋友们轻轻地把肥皂放在水里蘸一蘸，然后再摸一摸看有什么感觉。

幼儿：很光滑。

教师：请小朋友们把纸包里的肥皂片放在玻璃杯里，然后用筷子轻轻搅拌，看看肥皂有什么变化。

幼儿：玻璃杯里的水变白了，还有泡泡（肥皂渐渐变小了，最后化了）。

（5）过渡转换语

过渡转换语是在教育活动中，通过一定的词语把活动中的两个相邻部分的内容或层次自然承转、衔接，使之贯通，以达到承上启下的目的的语言。

【活动案例】

"欣赏《奔马》"活动片段

教师：刚才视频画面里有马在跑，运动员在跑。不管是跑在前面的，还是跑在后面的都在拼命地向前跑，谁也不怕困难，不甘落后。小朋友，你平时遇到过哪些困难？遇到困难时，你是怎么办的？

（6）归纳小结语

归纳小结语是指在一个活动完成后，教师做归纳、小结、引申时所用的语言。归纳小结要求语言简洁、明了，能起到总结的作用。

（7）评价勉励语

评价勉励语是指在活动过程中教师对幼儿的回答、演示、作品等进行鼓励、鞭策的语言。评价勉励的语言要注意用词恰如其分、明确具体，语气语调要中肯。

【活动案例】

社会领域活动——当我遇到困难的时候

幼儿：我不会用筷子，妈妈握着我的手教我。

幼儿：我摔跤了，很疼，但是我没有哭。

幼儿：我本来不会系鞋带，多练几遍就会了。

教师：小朋友们说得都不错，你们个个都是了不起的孩子，遇到困难都能想办法去克服……

2. 听说游戏练习

词语接龙：红花→花生→生火→火炉→芦柑→柑橘……

中心词接龙：红→红色→红花→红星→红苹果→红袜子→红领巾……

句子接龙：

（1）现在是春天→春天的景色很美丽→美丽的小鸟在唱歌→唱歌跳舞真快乐……

（2）明天又是星期六→妈妈要带我去动物园→我们坐公共汽车去→我最想去看动物表演……

3. 观察的练习

例如，在观察苹果和橙子的活动中，你会怎样引导幼儿做比较呢？

教师一般都会引导幼儿比较苹果和橙子的相异之处，如它们的外形、颜色、气味、果皮、内部结构（包括把苹果和橙子横切和纵切）不同等。这些相异之处，都是可以直接看得到的，是较为简单的比较。但是，教师较少引导幼儿比较橙子和苹果的相同之处，因为这种比较的难度较大，需要把观察得来的资料进行分析，才能总结出两者的相同点。

（1）同是可以吃的水果。

（2）同是带有甜味。

（3）同是有果汁。

（4）同是有果皮。

（5）同是有果核（无核的橙子例外）。

（6）外形同是接近圆形。

【知识拓展】

观察

观察是学习的基本的方法之一。观察可以在教室中进行，例如，观察在教室中培植的植物或饲养的动物，观察摆放在教室或幼儿园自然角中的物体。观察也可以在室外进行，例如，到郊外公园去观察落叶、花草、昆虫，到农场去观察动物的形态。但是，我们不能期待幼儿对眼前的东西都能主动地、有目的地进行观察。因此，教师要辅导幼儿有效地运用观察的方法。

引导幼儿观察事物的特征。

引导幼儿从观察中比较事物的异同。

帮助幼儿掌握观察的方法。

引导幼儿观察事物的变化。

第二节　幼儿园教育教学活动评价

一、幼儿园教育活动评价的内容

幼儿园教育活动评价主要从幼儿发展和教师教育活动两方面进行，即对幼儿发展的把握和对教师教育活动的反省两方面。

（一）对幼儿发展的把握

1. 身体发育

包括身高、体重、视力、血色素等指标。

2. 生活习惯与卫生习惯

在各年龄段掌握相应的良好的生活和卫生习惯，《纲要》中健康部分已经明确地对此提出了具体要求。

3. 学习活动

（1）兴趣：幼儿是否对未知事物感兴趣，常对哪一类事物感兴趣。

（2）观察：幼儿能否认真地、较持久地观察一个或一类事物。观察事物时是仅注意事物的鲜明的表面特征还是注意到了事物的内部机理及其与其他事物的联系。

（3）记忆：幼儿记忆的数量与记忆精确性及保持的时间。

（4）理解与表达：幼儿能否理解故事、儿歌等儿童文学艺术作品的含义；能否用较生动的语言有表情地描述事物；能否用较准确的语言表达自己的需要和情感；能否用自己喜爱的表达方式表达对事物的感受。

（5）思维：幼儿能否根据事物的某一特征进行分类和概括；能否发现在学习或游戏中出现的问题并尝试解决问题；是否对数字和图形感兴趣。

（6）动作：幼儿动作的协调性、灵活性、坚持性如何，由大肌肉动作逐步发展小肌肉动作的情况怎么样。

4. 创造力

幼儿的创造力主要表现在游戏和艺术活动中。对幼儿创造力的评价主要看幼儿的创造欲望是否强烈、想象力是否丰富，而创作结果不作为评价的重点。

5. 个性

幼儿是否情绪快乐稳定；能否感受到别人正在经历的情感；是否喜欢与同伴、老师交往；是否知道合作、分享、谦让、助人；是否关心弱小及有困难的人；是否了解社会公德；是否知道尊重别人、尊敬老人；做事情是否有一定的坚持性；自我评价是否能从依靠成人评价逐步发展到进行独立的自我评价。

6. 潜能

教师应在活动中注意发展幼儿在某一方面表现突出的潜能优势。

（二）对教师教育活动的反省（教师的专业成长）

（1）在态度上是否体现出爱和认真。

（2）是否有与教育目标一致的课程方案。

（3）是否为幼儿的整体发展创造了一个丰富和谐的环境。

（4）是否有效地利用了可利用的教育资源。

（5）是否给每位幼儿平等的表现和发展的机会。

（6）所组织的教育活动是否既符合大多数幼儿的需要，又兼顾了幼儿的个别差异，是否在活动中尽量做到个性化的教育和评价。

（7）能否引导幼儿主动、快乐地参与活动，能否发现儿童的发展潜能。

（8）是否与家长保持足够的沟通和交流。

（9）整体的专业技能和能力及水平如何。

幼儿园教育活动评价表

项目		评价内容	评价等级									
			优		良			中			差	
			10	9	8	7	6	5	4	3	2	1
整体设计与效果	教学目标	活动目标明确，符合幼儿情感、态度、能力、知识、习惯的发展需要，活动内容能反映幼儿的现实生活，遵循“跳一跳，摘个桃”的原则										
	教学设计	教学设计自然流畅，活动安排具有层次性、针对性和开放性，活动材料、幼儿生活经验准备充分，能选择适当的教学手段，激发幼儿的学习兴趣										
	教学过程	教学过程与幼儿思维、心理发展协调，体现启发式教学，教学节奏密度适当，时空分配合理，能满足幼儿探索、操作、交往等活动的需要										
	教学效果	注重个体差异，给幼儿以不同的发展空间，达成教学目标，使每个幼儿都有不同程度的收获										
教师素养	教师理念	面向全体幼儿，营造宽松、活泼、民主、平等、互动的课堂氛围，师生交流自然和谐，体现以人为本的教育理念										
	指导与调控	面向全体幼儿，及时反馈信息，调整教学节奏，教师与教师之间有呼应，能及时对幼儿需求、兴趣、活动投入度、遇到的具体问题等进行关注，并能通过讲解、示范与评价对幼儿学习过程给予有效的帮助和指导										

（续表）

项目		评价内容	评价等级									
			优		良			中			差	
			10	9	8	7	6	5	4	3	2	1
教师素养	专业技能、语言及仪表	对教学内容有较深刻的理解，对知识的把握正确无误。举止大方，仪表整洁，具有亲和力，语言流畅，富有感染力										
幼儿状态	思维状态	思维活跃，思路开阔，能运用已有经验努力解决问题，并敢于大胆发言										
	情绪状态及互动机会	积极愉快地参与活动，有一定的学习欲望和信心，能与同伴、成人积极互动										
	幼儿的学习习惯	具备一定的活动坚持性，有轮流、合作及分享的基本行为和意识										

二、幼儿园教学活动评价简介

幼儿园教学活动是幼儿园教育活动的一种重要形式，是教师专门计划、设计和组织的活动，也称正式指导活动。专门的教学活动的存在是幼儿园教育区别于家庭教育和社会教育的重要特征。幼儿园教育教学活动可采用参观、实验、讨论、观察、表演、制作等多种途径和方法开展，也可采用全班、小组及个别等多种形式开展，教学活动的空间也不只局限于教室内。

教学活动在促进幼儿发展方面具有重要的作用，因此不能因为传统教学中存在灌输、说教和无视幼儿的主体性的现象，就否定幼儿园教学的作用。相反，我们应该在科学的儿童观、教育观和课程观的指导下，深入研究幼儿园教学，运用更科学的幼儿园教学模式和方法，努力追求有效的“教”和有效的“学”。幼儿园教育教学中要充分发挥教师和幼儿双方的主体作用，以具有主体性的教师培养具有主体性的幼儿，以学定教，真正有效地促进幼儿的全面、和谐发展。

对教学活动的评价是幼儿教育评价的重要内容。因教育及教学观的不同有不同的方案，教学活动的评价项目也因此有所不同。但教学评价的核心目标都是为了了解教学活动的成效，了解教学过程中教师和幼儿的行为，了解教学对幼儿发展的意义。因此，我们认为教学评价的基本价值取向应该包括以下几个方面。

（1）教学应促进幼儿认知、情感及技能等多方面的全面、和谐发展。

（2）教学应尽可能引发幼儿多感官的参与体验、尝试和发现。

（3）适宜的目标和内容才能引发真正有效的教和学。

（4）教学应当具有开放的、能激发幼儿探究欲望和思考的环境。

（5）产生问题、引发师生互动是有效教学的重要特征。

（6）教学过程应该让幼儿感受到挑战。

三、幼儿园教育活动评价方法

（一）档案法（幼儿成长档案）

1. 幼儿成长档案的意义

（1）了解幼儿的成长和进步历程；

（2）收集关键信息，调整教育策略；

（3）以此为媒介，与家长交流幼儿教育中的成败得失，家园相互配合，共同搞好教育活动，另外也可借此机会向家长宣传新的教育理念。

2. 档案袋的结构

前言：包括档案袋的内容提示、教师的教育主张、对幼儿的基本评价。

内容：幼儿的基础性信息，包括儿童智能和个性等方面的特点；最能反映幼儿个人学习特点和成果的信息资料（形式、内容不限）；幼儿自己对学习和活动的评价及教师的记录和评价（如有作品，每幅作品都要标明时间）。

3. 信息的收集和筛选

此项工作的重点是收集、筛选幼儿的创作作品，可选择一些最能突出幼儿个性特点和现有水平的绘画、手工、口述作品、照片等学习成果；也包括教师对幼儿的轶事所做的记录和总结性报告。所有信息应由教师、家长、幼儿三方共同收集。幼儿作品应能反映出幼儿的进步和发展状况。

小档案可以是有个性的，没有必要千篇一律。

（二）主题文件夹

教师对教育活动的反思及幼儿的学习情况，如课程的适宜性问题，可以用主题文件夹的方式，收集活动前的准备情况来与活动后的相关评价做出对比，以分析活动主题的适宜性如何。

（三）家园交流卡（家园互动手册）

此方法主要突出家园交流和沟通，以体现幼儿在家、在园的不同表现，全面了解幼儿的阶段性发展状况。

四、幼儿园教育活动评价应注意的问题

（1）教育活动的发展价值是教育评价的出发点和归宿，应以幼儿终身教育和幼儿持续发展的视角看待这一问题，教育活动应当既关注幼儿眼下的成长又有利于幼儿的长远发展。

（2）评价应当是全面的，兼顾认知水平、情感态度、能力三个方面，其中情感态度虽然只是一个伴随的过程，但对幼儿的长远发展至关重要，而认知水平和能力的提高则是保证幼儿健康生长的关键。

（3）要坚持过程与结果并重的原则。过程中蕴含着内容，如学习的方法、策略的渗透，以及对合作的体验、成功的愉悦，教师的教育策略本身也应当是教育的内容，它对幼儿有着潜移默化的影响。

（4）教师的行为与幼儿的反应应当受到同样的重视，教师的行为应当和幼儿的反应相适宜，教师对幼儿的评价应有激励性、针对性。师生的互动应当是自然的、以幼儿的行为反应为依据的，而不是强拉硬扯的。

（5）教育活动应当是计划性和灵活性的结合。计划应当立足于对幼儿的了解，同时计划应当是有弹性的，应当根据活动中幼儿的行为表现进行适当调整，切不可苛求活动完全与教案保持一致，不进行随机调整。

（6）材料的提供应当与活动的目标要求、幼儿的发展水平相适宜，应当具备适宜的结构，有利于幼儿在操作中发现、创新。

（7）控制点的把握应当准确，控制点存在于教育活动过程中，并且不同环节各有侧重点和价值，活动完成的质量标准应视该环节的控制点而定，达到了控制点的要求，活动即可继续进行，否则就应做相应的调整。

第三节　幼儿教师的教学技能及训练

一、幼儿教师的课堂教学技能及训练

幼儿园的课堂教学活动是一种有目的、有组织的信息交流、知识获取、能力培养的互动学习活动，也是幼儿园目前最常用、最高效的一种学习方式。教师的课堂教学技能是教师能力结构的核心要素，更是教师个体综合素质水平的集中表现，是建立在正确的教育观、积极的教育情态、丰富的知识建构、优秀的人文素养等诸多内容之上的。两者的关系是，课堂教学技能的高低决定着课堂教学质量的优劣，而后者是高效、有质量地完成课堂活动的最直接工具。教师要想在有限的课堂教学时段内，最大限度地唤醒幼儿对学习的兴趣，让其自发去探究，就必须具备娴熟的课堂教学技能。

（一）课堂教学活动前的准备技能

教育以人为本，我们开展的一切活动都应该是基于对幼儿的了解和研究之上的，即了解幼儿发展之序、认识幼儿发展之势、掌握幼儿的个性特点，理解其身心成长需要，对幼儿已有知识水平、经验储备和心理状况都了然于心，如此才能为幼儿创设适宜的成长环境，使用适合每个幼儿发展的教育方式，真正成为幼儿成长过程中的支持者、引领者、合作者，激发幼儿学习的兴趣，培养其正确的学习态度和良好的学习习惯，让教育成为唤醒心灵的教育。

1. 分析学情，了解情况的技能

观察、了解幼儿是幼儿教师必备的教育技能，也是幼儿教师需要履行的一项工作职责。教师应全面深入地了解自己的教育对象，首先要弄清本班幼儿的基本情况，摸清楚幼儿的一般特征，分析掌握对幼儿学习产生影响的心理、生理和社会特点，包括幼儿的智力差异、认知差异和性格差异对其学习的影响。与此同时，还要在全面了解全班幼儿的基础上，分析掌握幼儿的特殊特征，包括幼儿的初始知识技能，原有的认知方式、态度、感情倾向等。然后结合教材内容对他们进行细致的分析和研究，针对这些具体情况，有的放矢地设计能满足幼儿成长的分层教学、分组教学和个别教学。

要做到上述要求，除了在日常生活、游戏、教育、活动过程中，直接用自己的眼睛、耳朵等感觉器官去观察幼儿，对幼儿外显的行为表现即动作、表情、语言、行为方式等给予关注，搭建起师生相互了解与沟通的桥梁外，教师更要具备分析的能力，要学会透过幼儿的外在表现，剖析幼儿的心理状况、发展水平、心理需要、存在的问题等。再依据幼儿的年龄特点和教育原则对问题加以分析，正确理解幼儿行为的性质，从而为教育教学的开展提供翔实、有效的依据。

2. 了解家长，有效沟通的技巧

家园互动是非常灵活、高效的合作教育模式，教师必须了解幼儿所处的家庭环境及其家族成员的教育背景，在周密的家庭教育资源调查的基础上才能采取有效的沟通方法，获得家庭成员的有力支持。

(1) 对家长进行分析。一是依据幼儿的特点对家长进行分类：内向型幼儿的家长为一类，大方开朗型幼儿的家长为一类，调皮淘气型幼儿的家长为一类。通过这样的分类，可以召开同类型幼儿的家长会，对每一类幼儿提出不同的家庭教育要求，给予家长有针对性的教育指导。二是依据家长的情况进行分类，采用不同的沟通策略：工作繁忙的，可个别约谈或电话联系，可采用博客、QQ、微信等方式及时让其了解幼儿园开展的各类活动……这样才能得到家长的大力支持。同时，了解家长情况，有助于使家庭教育资源与幼儿园的教育活动相结合。如在家长助教活动中，可以邀请职业为医生的家长来给幼儿开展相应的生理健康教育活动，如爱护牙齿、保护视力等活动。

(2) 站在家长的角度面对幼儿的教育问题，以教师的教育智慧指导家长解决问题，获得家长的真心认同，以爱为基点，宽容幼儿身上出现的各类问题。以智育人，才能让师爱有别于母爱，迸发出教育智慧的光芒。

【案例分析】

果果刚入小班，她会自己吃饭，可是在一次开放活动中，她就是不肯自己吃，嚷着要妈妈喂。妈妈担心孩子吃不好，可是又觉得喂饭会娇惯孩子，于是站在一边又烦又气。这时，老师上前喂了果果两口，问果果：“好吃吗?”看到果果肯定地点头，老师把小勺放到果果手里，然后摸摸她的头说：“现在果果自己吃，让妈妈知道果果是个能干的小姑娘!”果果接过小勺大口吃起来，一边的妈妈高兴地笑了。

在这里，教师因为了解家长的矛盾心理，便及时用适合方式化解了问题，既没有一味满足幼儿的不合理要求，又解决了家长、幼儿产生的矛盾。

3. 把握教材，丰富、内化的技能

在充分了解和分析了教育教学对象之后，接下来就要关注我们的教材内容了。

（1）选择教材时应注意的三点。

一是选材要既符合幼儿的兴趣和现有经验，又有助于幼儿形成符合教育目标的新经验；二是既贴近幼儿的生活，又有助于拓展幼儿的经验；三是既体现内容的丰富性、时代性，又注重幼儿学习的必要性、妥当性以及与小学教育的衔接。

从《纲要》要求中我们可以发现，教学内容的确定一定要遵循正确性、科学性、系统性、时代性、多样性的原则，做到循序渐进，各领域相互渗透，既要符合幼儿全体的发展水平，又要考虑到幼儿的个性差异。

（2）按教材备课的方法。

按教材备课时切忌照本宣科，教材有什么就说什么，流于表面知识的传授。教师一定要在教材中融入自己的理解和想法，将个人的教育方法和理念渗透进去，将所有教师共同的教材变成“我”的教材。

按教材备课可以分为六个层次：一是深度解读、明晰《纲要》要求，这是我们开展教学活动的精髓；二是熟悉教材要求，要通读教材和教师参考用书的全部内容，包括编者意图、章节内容所处的位置、前后知识的联系与幼儿发展水平的关系；三是根据本园本班的实际情况，决定应做哪些调整和删减；四是要从教材体系上把握当前所要进行的教学内容，弄清前后关系；五是考虑如何依据幼儿的兴趣点去拓展教材内容；六是广泛阅读、收集相关参考资料，以便从中精选材料充实和丰富教材内容。

教师在做到心中有幼儿，心中有教材的基础上，还要科学设计如何有效进行课堂教学活动。首先要梳理出教材内容与幼儿学习的连接点、兴奋点和生长点。其次采取有效的途径、方法和手段，去激发幼儿的学习兴趣，让学习探究活动成为幼儿的内在需要，寻找到幼儿的最近发展区，挖掘幼儿的内在潜能，引领幼儿全面、正确地汲取知识。最重要的是要“授之以渔”，让幼儿形成良好的学习习惯，掌握正确的学习方法，发掘潜在的学习能力，为其终身发展奠基。这是教师在备课时所必须考虑的首要问题。

4. 全面统筹，多元备课的技能

了解了教学对象，吃透了教学内容，我们就开始设计教育活动——写教案，也就是我们通常所说的备课。教师根据幼儿园领域课程标准的要求和所设课程的特点，结合幼儿的具体情况，选择最合适的表达方法和顺序，采用最适宜的教育策略来保证幼儿有效地学习。这就要求教师对教学活动有周密考虑，能合理统筹，精心设计，使教育教学活动有章可循，并能有效地解决课堂上随时出现的意外情况，从而加强自身的教育技能。

依据我们教学活动的环节设置，具体可以从以下四点着手进行备课。

（1）备教学目标。

课堂教学目标是一个教育活动的出发点和归宿，也是确定我们“教什么”的问题。它是多元的，包括知识、技能、能力、情感态度、创造力培养等方面的目标，一般归纳为认知、情感、技能三维目标。确定目标既要求教师结合《纲要》的要求，明晰教学内容的重点，又要求教师考虑幼儿实际，做到目标明确、具体、准确。所以，在确立目标时，教师应立足于本班幼儿的学习特点及发展水平，对目标进行恰当的定位，目标不能太高，也不能太低，最好接近幼儿的最近发展区。目标要按照认知、情感、技能三个维度来确立，应避免出现以下问题。

① 目标不统一：同时出现教育目标和幼儿发展目标；

② 目标模糊笼统：不能就具体活动清晰而明确地阐述幼儿应获得的某方面、某层面认知及能力的发展；

③ 目标缺乏针对性：照搬现有教案的目标，没有结合本班实情制订目标。

因此，教师在教育目标的确立上，要尽量换位思考，以幼儿的视角去思考，使用“体验”“感受”“喜欢”“乐意”“尝试”“探索”等发展性词汇。

【活动案例】

手掌印画——树（中班活动）

活动目标：

1. 体验用手掌印画大树的乐趣。

2. 尝试运用彩笔画色彩鲜艳的树叶。

3. 乐意向同伴介绍自己的作品。

这样的目标具体明确、操作性强、表述清楚。相比之下，有些教师确立的目标就显得比较空洞，如“发展幼儿的观察力、想象力、语言表达能力”“提高感受力、表现力”“培养良好的行为习惯”等，这样的目标空泛，可以套用在所有的教育教学活动中，不具备操作性。

（2）备教学重点、难点。

活动重点可以说是整个教学活动的核心内容，是教师引领幼儿去突破、去探究的关键点。所以在安排整个活动时要有侧重地围绕重点进行学习探究，那么教学活动的重点该如何确立呢？

① 重点要为目标服务。刚才我们说过教育目标是一个教育活动的出发点和归宿，我们安排的教学重点应是为目标服务的。如在语言教学活动“故事：下雨啦”中，我们确立的教学重点就是“学习故事中人物简单的对话”，它就是为活动的知识技能目标而服务的。

② 环节的设置上重点要突出。要体现出教师是怎样完成教育目标、怎样引领幼儿去探究的，还要体现出幼儿是怎样去发现问题并去追问的。不能出现在写教学重点时，写得很清楚，在教学过程中却找不到与重点相吻合的教学环节的情况，如果这样，我们的教学重点的确立就没有任何意义了。

（3）备教学准备。

教学准备一般分为物质环境准备、教师自身准备以及幼儿准备三个方面。前两项是教师应做的工作。

① 物质环境准备。

首先指在教学中需要用到的教具、学具、多媒体课件等。教具、学具一定要做到美观、大方、耐用、实用，并具有保留价值。应该避免在准备教具、学具时贪多求全，出现准备一大堆看着热闹却用处不大的教具、玩具的情况。最重要的，在正式进行教育活动之前教师对教具、学具一定要进行预先操作，先把各种材料试用一下，目的就是尽量避免在活动中因材料的问题影响整个教育活动。而后还要考虑教具、学具在什么时候拿出、使用，如何摆放等具体细节，避免出现因操作无法、无序导致占用过多活动时间的现象。

其次是指为教学活动开展而进行的环境创设准备。教师一定要充分准备，创设出富于变化、利于互动、便于交往、让幼儿乐于体验的环境，最大化地发挥环境对幼儿在认知、情感等方面产生的隐性教育影响和作用。如开展教育活动“树叶画”时，可以依据主题“奇妙的树”从三个方面创设环境：一是在活动区域内添设收集到的各类树叶标本、有关植物的科普图书等；二是可以以幼儿制作的主题小报《千奇百怪的树》来丰富主题墙；三是在此教育活动中把活动室设置为森林场景。

最后就是对师生座位的安排准备。一定要结合每次教育活动的需要来安排相应的座位。如音乐律动教学活动，大多以开放性的半圆座位为主，这样大距离的座次安排有利于幼儿的互动；而数学活动“5 的分解组成”可能更适宜于以小组围坐的方式安排座位，因为此活动的座位安排需要利于幼儿操作，近邻而坐也适宜幼儿间的沟通和讨论。所以，一节教学活动是采用半圆、马蹄形的坐法还是其他坐法，有很大的讲究。教师在备课时应该提前考虑到这些，把每一个细节都重视起来，才能在组织开展教学活动时成竹在胸。

② 教师自身的准备。

a. 备教学环节

一节有效的教育教学活动，除了选材好、选点妙、目标切实可行外，教学环节的合理设计也是关键。教师千万不可照搬、照抄他人的设计，而应结合实际情况对现有的教学环节加以调整。一般来说，需要精心设计课堂教学的每个环节，让每一个环节的设置都体现出为了实现教学活动目标而服务的理念，同时为幼儿展开探究、自主学习服务。

b. 备专业技能

幼儿园教学活动分为五大领域，每一领域的知识侧重点不同，所需要的专业技能也有所差异，所以，在每一节教学活动中，教师一定要清楚该学科领域展现的重点，把弹、唱、跳、画、说等专业技能结合领域特点来有重点地运用，如语言领域，需要教师用简洁清晰的语言概括、声情并茂的朗诵讲述；艺术领域，需要教师展现美术、舞蹈等方面的技能……但是各个领域又是互相融合的，各种专业技能又要灵活地服务于教育教学活动。

c. 备自己的语言

语言贯穿在所有的教育活动中，教师一定要重视语言的运用，要做一个有语言魅力的老师，要以丰富的表情、亲切的语气、抑扬顿挫的语调来吸引幼儿的注意力。无论是过渡语，提问用语，重、难点突破的启发性用语还是教师的评价用语都要以凝练、平实、能延伸为基点，从而保证教学活动的实效性。

在这里，我们特别对教师自身准备提出了更高的要求。一是注重提高自己的人文素养，使自身在文化素养、科学知识、人格魅力上有足够的品位、积累和感召力。长期的积淀、刻苦的学习钻研必能让我们的课堂教学活动生机勃勃。二是充分发挥自己的特长，选择适合自己的教学方法进行教学，才能扬长避短，取得最好的教学效果。每一位教师都有着自己的认识特点、情感特点、意志特点，有着不同的教育观、学生观、质量观以及不同层次的能力特点，这一切都可以在备课过程中表现出来，并以独特的方式渗透在教学过程中。

(4) 备活动过程。

① 备教学方法。

备教学方法，就是在解决“教什么”的基础上，落实“怎么教”，即根据教学目标、教学内容和幼儿实际进行教法的设计、选定和加工。

幼儿园常用这几种教学方法：直观法，包括观察法、演示法、示范法、范例法、欣赏法；口授法，包括讲述法、讲解法、谈话法、描述法；实践法，包括练习法、操作法、游戏法、表达法。通常情况下，我们的教育活动会依据领域特点和教学重点来选用教法。所以，在选用教法时要应用这四字法则：适宜、灵活。适宜，体现在教学方法的选用要因教学内容而定。如实验操作法就不适用于音乐教学活动，但这是科学活动最常用的教法。灵活，体现在依据现实的教学状态进行教学方法的调整，要根据幼儿好奇求新的心理特征，因班而异、因人而异。如实验操作法，就适用于不同年龄段的科学活动，但是小组讨论提升法可能又只适用于有一定语言凝练能力的中、大班幼儿。所以，采用什么样的教学方法，教师要尽力做到常教常新。

② 备学法。

学法是研究幼儿如何“学”，从“学”的角度来研究“教”，以使幼儿能够“乐学、会学”。以“看图讲故事”活动为例，幼儿的认识特点是

“由局部到整体”，就是先分图观察讨论，再按图讲述，所以，我们设计的方法就是要以看图的重点内容记忆为主，让幼儿通过情节关键点的连接理解整个故事。

③ 备教学组织方式。

在组织教学时是采用集体形式、分组形式，还是个别教育形式，要依据教学内容及幼儿学习的需要进行选择或有机融合，不可固定不变采用一种形式。

④ 备预见性教育策略。

课堂教学是一个动态的、变化的、发展的过程，在教学过程中，师生、生生之间互动时会出现各种情况，尤其是突发性事件的出现，常会让一些年轻教师措手不及。所以备预见性教育策略就是要求教师先站在幼儿的角度对幼儿掌握知识技能、创造力培养、情感心理发展等方面的教育效果做出预想，对课堂过程将出现的情况做出预测，再从教师角度考虑采取何种有效的教育策略，避免突发事件影响课堂教学，从而提高课堂教学成功的概率。

⑤ 备对幼儿的关注度。

对幼儿关注的不均衡一直是教师中间存在的普遍现象，教师对能力强、外向型的幼儿会给予经常性的关注，而对内向型、安静型的幼儿则关注得不够，甚至会出现因幼儿过于安静乖巧而被忽视的现象。所以，真正的面向全体、因材施教就要求我们一定要为每一个幼儿都创造参与学习、探究的机会，尤其是座位靠边的幼儿、安静的幼儿、能力较弱的幼儿。让每个幼儿都享受公平的教育机会。可是在一节时间有限的教育活动中，教师如何保证关注度的均衡呢？教师可灵活创造不同的机会，如小组讨论时，教师可参与其中，与能力较弱的幼儿对话，鼓励其大方地在群体中表达观点和看法。当然，这需要教师视情况而定，只要心中时刻有幼儿，关注每个幼儿，总能创造适宜的机会满足幼儿的发展需要。

⑥ 备教学时间的安排与设计。

在开展活动之前，教师对活动过程中每个环节的时长要有正确的设置，特别是重、难点教学环节的比重要突出，避免出现导入环节过长，重点教学环节时间不足等情况。

⑦ 备小结。

小结是教师以各种形式（语言小结、成果展示等）归纳总结，帮助幼儿对新知识经验有一个完整的印象，并鼓励、肯定幼儿的活动，使幼儿有成功的满足感，产生再次探索的愿望的重要形式。所以，小结以何种形式出现才能达到回顾加强活动影响的目的，教师一定要慎重考虑。

⑧ 备活动延伸。

根据教育内容的需要考虑到是否要开展相关的延伸活动，以便更全面深入地完成我们的教育目标。

（二）课堂教学活动中组织调控技能

课堂教学活动是引领幼儿最全面、最系统地掌握科学知识，养成良好习惯，发展多种能力的有效途径。所以，教师要灵活运用多种技能，对复杂多变的课堂情景和开放灵活的教学过程进行科学调控，运用恰当的教学行为方式和教学艺术去激励幼儿积极主动地参与学习活动，促进幼儿的成长。

1. 课堂语言运用技能

幼儿园教学用语大致分为四大块：一是提问用语，二是过渡用语，三是重难点突破的启发性语言，四是教师的评价语言。教师成熟的语言使用技能不仅能让一次活动真正高效，还能让活动达到引人入胜的境界，让语言成为一种教学艺术。

（1）科学准确的语言的特征。

① 科学准确。切忌出现知识性错误，误人子弟。

② 简洁易懂。易于让幼儿明晰教师说话的重点，理解教师的语意。

③ 逻辑严密。语意层次分明，有清晰的逻辑关系。

④ 鲜明生动。语言表达形式要丰富，灵活变化。

幼儿园因五大领域教学要求各有不同，教师还要依据不同领域的侧重点调整语言的使用技巧：科学活动中，语言应清晰简洁；故事讲述则要生动、富于变化……不可一直使用一种语言表述方式。

（2）提问用语的特征。

① 选准问点，问在教学过程的关键处。

所谓问点，就是指讲授新课程时提出问题的切入点，一般来说，应选在知识的重点处和关键之处。

② 注重差异，问在幼儿需要处。

教学活动中，由于幼儿的个体差异，他们需要解决的问题也不同，教师应尽量满足不同能力幼儿的成长需求，有目的地选择提问对象，对不同层次的幼儿进行有区别的提问。问题的类型包括这几种：A. 回答“是什么”的判断型问题；B. 回答“怎么样”的描述型问题；C. 回答“为什么”的分析型问题；D. 回答“有什么异同”的比较型问题；E. 回答“有不同想法”的创造型问题。分层提问的目的在于激发每个幼儿都积极参与到思考中来。一定要少提封闭式问题，如“对不对”“好不好”“是不是”等，这样的问题只能浪费有限的课堂教学时间，对于幼儿的思考没有积极作用。

③ 选准时机，问在教学当问处。

时机选得准能起到事半功倍的作用，提问的时机应选在知识的重点、难点、关键点处。从教学进度来看，开始时，为使幼儿集中注意力可及时提问引入活动；活动中，当幼儿的思维遇到阻力、受到干扰时，要以揭示性提问给予支持和启发。

④ 引申拓展，问在幼儿疑难处。

启发性提问是教学提问的灵魂，这类提问既要注意问点、对象，注意选准时机、设置不同坡度，又要注意提问的层次，对问题进行深入挖掘，并对其加以引申拓展。

总之，教学提问应根据不同的教学目标和内容，采用不同的方法，在设计提问时要注意变换方式（疑问、设问、反问、明知故问），让幼儿有新鲜感，时刻激发幼儿的学习积极性，使幼儿乐学、会学，从而提高教学活动的有效性。

2. 课堂组织管理技能

课堂组织管理技能是指教师对课堂教学中各种要素进行调控，使教学活动得以有序进行，并取得实效的能力。这需要教师运用教育智慧调控课堂教学的节奏，保持教育教学活动的鲜活性，营造积极的学习互动气氛，调动幼儿乐于参与探究的主动性，这样才能有效地管理课堂，取得教学实效。

（1）目光注视法。

眼睛是心灵的窗户，教师要能用目光与学生进行交流，特别是幼儿教师，更要有一双会说话的眼睛，以和蔼、关切、坚定、快乐的目光去激发幼儿积极的心理情绪，使幼儿产生亲近、认同、愉快的心理感受，进而配合教师的教学。如当幼儿回答问题时，教师能以热烈、期盼的眼神注视，更容易激发幼儿思考和表现的冲动。

（2）声音调控法。

声音调控法是指教师通过以语调、音量、节奏、速度的变化来使教学语言鲜明生动，吸引幼儿的注意，使幼儿受到教育和启发。

（3）行为控制法。

教师丰富的表情、体态变化也可以起到调动幼儿注意力的作用。如在幼儿过于喧闹、嘈杂时，教师可以安静下来或做突然的停顿，反而更能让幼儿平静下来。

（4）情感暗示法。

情感暗示在课堂教学中发挥着巨大的推动作用。一个优秀的教师，会以自身积极的情绪去感染和带动幼儿，引发他们产生积极向上的情感，并让其在成功体验中产生新的学习动机。所以，幼儿教师一定要记得一直使用教育的法宝：微笑！

（5）形式变换法。

在课堂教学中，一成不变的教学方法会让幼儿陷入疲惫的状态，没有了兴奋点。因此，教师要根据需要适当变换教学形式，游戏、观察、讨论等不同形式交互使用，充分调动幼儿学习的积极性。

3. 专业技能运用的技能

幼儿园教学五大领域关注的侧重点不同，所需要的专业技能也有所差异，但是各个领域又是互相融合的，需要教师以娴熟的专业技能对各领域内容加以展现、丰富和拓展。如在语言领域，需要教师用简洁清晰的语言概括、声情并茂的朗诵讲述。每一领域的教学活动开展前，教师一定要清楚其领域所要展现的重点，更要具备其他领域技能，以做补充。

4. 回应的技能

回应技能是教师传递出教育信息以后，利用观察、提问、讨论、练习等方式从幼儿那里获得有关信息后再次给予幼儿指导的学习应对方式。这极为考验教师的随机教育智慧。教师要根据幼儿的即时反应，迅速选择和采用有针对性的回应方式。那么，在教学活动中到底怎样做到有效回应呢？

首先要了解幼儿，尊重幼儿的反应。《纲要》指出，教师要以关怀、接纳、尊重的态度与幼儿交往，耐心倾听，努力理解其想法和感受，支持鼓励他们大胆探索和表达。

其次要对来自幼儿的信息做出价值判断，以敏锐的观察力和判断力，分析对来自幼儿的反馈信息该不该回应，要不要拓展。特别要思考：如果幼儿传递了不正确的信息，应该如何进行引导。

再次，考虑应该采取什么样的回应策略，如表扬、设疑、追问、参与等。在教学活动中，经常会出现这样的现象：教师正面的表扬“你真棒，你真聪明”的语言激励形式多次出现。但这样的激励性回应方式在教学活动中不可多用。教师的反馈一定要指明：孩子为什么棒，他的聪明又是如何体现的。要给予幼儿清晰可辨的回应。同时，教师的眼神注视、抚摸等方式，也同样具有积极的表扬肯定作用。通过设疑提问的方式，让幼儿的思考、探索行为具有一定的方向性。如在“比较物体长短”的课堂教学活动中，教师可以这样设疑：你知道红、绿两根纸棒哪一根长，哪一根短吗？你如何来比较这两根纸棒的长短？以层层递进的问题，把幼儿的探索活动一步步引向深入。

追问，就是教师不断提出问题，帮助幼儿将零散的、不完整的经验进行总结、梳理和提升，深化幼儿对事物的认识。如在开展“让我们来听听”这个活动时，设计这样一组问题：你都听到了什么声音？什么声音悦耳好听？又有哪些声音让你感觉不舒服？在生活中你认为什么是噪声？……通过递进式的追问，帮助幼儿梳理已有经验。如果没有教师的追问，幼儿的思维就是肤浅的，经验也是零碎的，总结不出什么来。

参与，也是一种回应的策略。在课堂教学活动中，幼儿有时会出现对要参加的活动没有兴趣，或碰到困难就放弃的情况，这时教师适时的参与能有效地激发幼儿活动的积极性，激发幼儿去面对问题，增强幼儿解决问题的信心。如大班的美术教育活动“美丽的蝴蝶”中，需要通过线段切割来掌握对称知识，幼儿感觉很有难度，不知道从何入手，这时教师应及时地与幼儿一起来尝试，给予适当的提醒和引领，既能调动幼儿的积极性，又能帮助幼儿解决难点问题。

在课堂教学中，回应技能也是教师的应变能力，使教师能随机应变地对教学过程中的各类事件进行敏捷、果断而准确的处理，并巧妙地、准确地、因势利导地给幼儿以引导、启示和教育。教师要弄清幼儿的真实想法与困难，并根据这些信息及时调整教学节奏，使其张弛有度。或迂回插入，慢慢导向活动中心，或更弦易辙，调整教案中的原有设想，转换讲述角度。特别是对幼儿回馈的稍纵即逝的有价值的信息，要及时捕捉，合理利用。

5. 结课技能

结课技能是指在教学中完成一定的内容或活动后进入尾声时，教师对本次教学活动进行归纳总结并转化升华的一种方式。教师可采用以下四种结课方式。

（1）概括性结课，是对一节课的教学内容、教学任务，通过语言等形式加以高度概括，使幼儿对本次教学活动获得的知识、技能有完整、清晰的印象。

（2）悬念性结课，是指教师提出一个与本节课相关的有趣味性、挑战性的新问题，让幼儿带着这个疑问结束这节课的学习，并在活动后借助成人的帮助和自己的探究寻找答案。

（3）引申性结课，是教师根据本节教学活动所涵盖的内容，尽量采用多种方法对这些内容加以拓宽引申。

（4）游戏性结课，是指教师安排一些与本次活动内容有关的游戏，让幼儿在游戏中对活动中传递的知识加深巩固、理解和进一步应用。

二、幼儿教师的游戏教学技能及训练

游戏最能体现儿童的天性，哪里有儿童哪里就有游戏。长期以来，游戏对幼儿教育产生了广泛而深远的影响，成为幼儿教育区别于中小学教育的一个显著标志。我国 1996 年正式颁布的《幼儿园工作规程》就明确指出，幼儿园应当“以游戏为基本活动”，游戏是“幼儿进行全面发展教育的重要形式”，由此可见，游戏在幼儿教育中具有重要地位。

（一）幼儿游戏的特点

游戏是儿童自愿自发的、不受外在约束的自主活动。对于儿童来说，游戏并不只是一种消遣娱乐，而是其身心发展的重要途径。在幼儿园，我们常常可以听到幼儿的提议——“我们来玩个游戏吧”，也常常可以看到三三两两的幼儿在一起愉快地玩游戏。丁海东在《学前游戏论》一书中认为，游戏的本质是幼儿的主体性活动，这种活动现实、直观地表现为人的主动性、独立性和创造性的活动。

1. 游戏是幼儿自主自愿的活动

游戏是幼儿的天性。幼儿游戏不是在外在强制的情况下进行的，而是幼儿出于自己的兴趣愿望、自主自愿进行的活动。

2. 游戏是令幼儿感兴趣的愉快活动

幼儿游戏是以愉悦为目的的体验生活的活动。兴趣性、娱乐性是游戏的重要特点。游戏适应幼儿的需要与身心发展水平，因而可使幼儿感到满足和愉快。幼儿是从游戏过程本身得到愉快和满足的。

3. 游戏是虚构与现实的统一

幼儿游戏不能靠主观臆断或空想，而应以客观世界为依据，它应是幼儿生活的写照，能反映其知识经验。然而，幼儿在游戏中并非“如实”地反映世界和周围生活，而是以假想即“假装”、虚拟的方式对现实世界进行反映的。就是说，幼儿在游戏中是通过想象，以“改头换面”的形式对真实的生活赋予了自己的理解，进行着象征性的自我表现。

4. 游戏具有具体性

幼儿游戏有主题情节，有实物材料，有具体的活动内容和实际动作要求等，游戏的内容形式丰富多彩、灵活多变，幼儿正是在具体的游戏活动中积极操作实践，从而认识周围生活，使身心得到发展的。

5. 游戏包含着积极的约束

幼儿游戏并非是毫无约束和限制的，游戏中，个体应有一定的自我约束意识。因此，有人说“儿童不是由于自由才进行游戏，而是在游戏中变得自由了”。

（二）游戏在幼儿全面发展中的教育作用

1. 游戏与幼儿生理发展

（1）游戏促进身体的生长和发育。

幼儿在奔跑、跳跃、钻爬等活动中，身体得到了锻炼。因此，游戏是幼儿生长发育不可缺少的“营养素”。

（2）游戏促进动作、技能的发展。

游戏的一个典型特征是，个体在自发的动机驱使下，为获得快乐而重复愉快的身体动作。幼儿在走跑跳、剪贴画等活动中，大小肌肉动作和多种运动技能到了发展，形成了协调平衡能力，实现了对整个身体状态的调节与控制。

（3）游戏促进大脑发展。

实践证明，游戏提供了体育运动、技能训练、动手操作的机会，因此对发展大脑右半球非常有利。而且由于游戏创造了许多意想不到的情境供幼儿去想、去说、去发现、去推理，因而也有力地促进了幼儿大脑左半球功能的完善和整个大脑功能的整合。

2. 游戏与幼儿认知发展

（1）游戏促进幼儿语言能力的发展。

幼儿在共同游戏和密切的相互联系接触中，有大量运用语言的机会，从中可以学习理解他人语言和运用语言表达自己。

（2）游戏与幼儿创造力的发展。

在假想的游戏中，幼儿以独特的方式对已有的知识经验、生活经历重新加以组合，这正是创造性想象的体现。如在结构游戏中，通过将各种材料搭建成建筑物、植物动物等的活动，可以挖掘幼儿的创造潜能。游戏也可提供一种激励创造性思维的适宜气氛。

（3）游戏与幼儿智力发展。

心理和教育研究者认为，儿童早期是奠定智力发展基础的最佳时期。游戏的过程正是智力发展的非同一般的特殊过程，这恰恰是游戏的作用所在。游戏中问题的解决或新颖的构想，能够改善或组合幼儿的智力结构，使智力转化为一种认知策略和机制。游戏中，对现实生活的反应过程实质上就是一种智力创造活动。

3. 游戏与幼儿的社会化

游戏与幼儿社会化程度高低密切相关，是幼儿以后能否成功地适应社会的关键所在。在游戏中，幼儿逐渐消除以自我为中心的观念，学会与他人合作，学会关心他人，认识并认同成人的社会角色，产生道德责任感，从而提高社会适应能力。

（1）游戏为幼儿提供了社会交往机会，发展了他们的社会交往能力。

游戏时，幼儿会学着处理自己与玩伴间的纠纷和矛盾，在与同伴交往中了解自己与同伴的想法、行为和情感，使自己的行为能被同伴所接受。

在游戏中幼儿作为集体成员，需相互适应，服从共同的行为规则，掌握和学习轮流、协商、合作等社交能力。

（2）学习社会角色，掌握社会行为规范、规则。

扮演“爸爸”和“妈妈”以及其他一些社会角色，可以帮助幼儿学习与自己性别相适应的行为和方式。

4. 游戏与幼儿的人格发展

（1）丰富幼儿的情绪情感体验。

游戏是幼儿表现自己情感的一种途径。幼儿在游戏中，可以不受压抑地实现自己的愿望，自然地表达自己的情感态度。游戏可以使幼儿产生新的兴趣和积极的情绪，并逐渐学会控制自己的消极情绪。

（2）发展幼儿的成就感和美感。

在游戏中，幼儿可以摆脱外界压力，充分表现自己，自由支配物质、操作材料，进行大胆的艺术创作活动，其创造的欲望可以得到极大的满足，有利于幼儿养成活泼开朗的性格，并在游戏中感知美、体验美、创造美。

（3）锻炼幼儿的意志。

为了达到成功的目的，幼儿需克服困难，需进行自我约束，有助于形成自制力和意志力。

（三）幼儿游戏的分类

游戏的分类是研究者依据某种理论假设或标准，为可观察到的游戏行为所做的理性的归类。幼儿游戏的类型多样，标准或参照系不同，游戏的分类就不同，游戏活动类型特征也会不同。游戏的类别从认识发展的角度可以分为以下四类。

1. 感觉运动游戏

感觉运动游戏即机能性游戏、练习性游戏、实践性游戏，这类游戏主要由简单的重复的动作组成，如摇铃、拍球、玩滑梯等。这种游戏能让幼儿的感知运动器官在运动过程中得到锻炼。机能性游戏在儿童两岁前玩得最多，以后在所玩游戏中的比例逐步下降。

2. 象征性游戏（符号游戏）

这是学前游戏典型的形式，在儿童成长中持续的时间也最长，从两岁开始直到入小学。

在这类游戏中，儿童可以摆脱对实物的知觉，以表象代替实物进行想象，并用语言符号进行思维。象征性游戏可以满足儿童在现实生活中不能实现的愿望和要求，因此一般认为，它具有了解儿童内心状态、诊断和治疗儿童心理疾病的意义。

3. 结构性游戏

结构性游戏是儿童用各种不同的结构材料（积木、泥土、沙子等）来建构物体的游戏，如搭积木、插积塑、做泥工、折纸、堆雪人等。

4. 规则性游戏

规则性游戏是一种由两人以上参加的按游戏规则判胜负的竞赛性游戏，也包括智力性的竞赛（如下棋）、运动技巧方面的游戏。规则性游戏多是幼儿在4～5岁以后才采用的游戏方式。由于规则本身具有一定的复杂程度，动作技能的要求也不同，所这种游戏的参与者可以是幼儿也可以是成人。在规则性游戏中，对规则的认识理解和遵守可以为幼儿今后的人生发展奠定良好的基础。

另外，还可从社会性的角度对游戏进行分类。社会性发展是儿童心理发展的重要方面，美国心理学家帕登根据儿童（2～6岁）在游戏中的社会交往水平，将其划分为六类：无所用心的行为或偶然的行为、袖手旁观的行为、单独的游戏、平行的游戏、联合游戏、合作游戏。

苏联的学前教育学注重从教育角度研究游戏，依据游戏的教育作用对其进行分类，对我国学前教育中游戏的选择有较大影响。在我国，幼儿园通常采用下图所示的分类方法。这种分类方法主要是建立在长期幼儿教育实践和经验之上的一种习惯性分类，着眼于教育活动中游戏的形式、内容及其与发展功能的一致性，便于教师的识别和实施。

我国幼儿园教育常用游戏分类

(四) 游戏活动的组织与指导

教育活动是教育者、受教育者的双向互动活动，因而要达到最佳的教育效果，必须兼顾教育者和受教育者两方面的因素。从这个角度来看，幼儿园游戏实施的基本原则，可归纳为两个方面：从教师的立场上看，应使游戏具有教育性；从幼儿的立场上看，应遵循幼儿主体性原则。根据幼儿不同的年龄特点，创设良好的环境，运用一定的策略与方法，进行游戏分类指导。

1. 幼儿园游戏的基本原则

(1) 要遵循教育性原则。

具体体现在以下几方面。

① 在游戏目的的确定上，应体现一定的教育目标，与教育目标一致；

② 在游戏活动内容的选择上，要保证游戏内容健康、积极向上；

③ 在组织游戏的过程中，教师可进一步密切与幼儿的联系，了解幼儿，为因材施教提供基础和可能性；

④ 在评价游戏时，要以鼓励、表扬、肯定为主，批评否定为辅。

(2) 要体现主体性原则。

尊重人的主体性发展已成为世界教育发展所共同倡导的理念。在组织幼儿园游戏时，教师要充分考虑到幼儿的年龄特点及身心发展水平，把幼儿当作游戏的主人。教师组织实施游戏时，选择合适的游戏内容，难度适中；尊重幼儿的积极主动性、创造性，确保游戏的安全性；突出游戏的趣味性及活动性，注重幼儿的发展。

(3) 保证游戏全面性原则。

在游戏中，教师应使每一位幼儿都有平等的、全面发展的机会。

2. 幼儿园游戏指导策略

(1) 创设良好的游戏环境，保证游戏时间。

① 预先经验准备。设计并实施参观、讨论、故事、谈话等各种教学活动。教师的生活经验越丰富，知识技能越充分，设计的游戏主题、情节、技巧和内容也就越丰富。

② 保证游戏时间。为幼儿游戏的开展安排充裕的时间，保证幼儿游戏的质量和水平。教师应为幼儿提供一段相对集中的时间，来确保幼儿的游戏得以顺利地开展，各类游戏时间比例恰当（各种游戏对幼儿的发展侧重

不同，不能偏废任何一种游戏）；还要保证自由游戏时间。

③ 提供空间与材料。首先，应该给幼儿创造一个良好的游戏环境，激发幼儿的游戏欲望。充分利用一切室内外可利用的环境，灵活地安排幼儿的活动场地。其次，要提供丰富的游戏材料，使材料的数量、种类、功能、特征能适应不同年龄、不同水平的幼儿，适应不同游戏、不同活动过程的需要，以保证幼儿有尽可能多的选择机会。

（2）传授幼儿游戏活动的规则和方法。

掌握一定的游戏活动技能是顺利开展游戏的前提条件，也是激发幼儿游戏活动兴趣的良好保证。教师要用简单明了的语言和适当的动作示范，让幼儿明白游戏的名称、玩法及规则。可以先教会个别的幼儿玩游戏，然后让他们互相学习，最终都学会玩这一游戏；也可以运用教具讲解游戏的玩法和规则。在进行游戏时，教师应指导幼儿遵守游戏规则，同时对个别的幼儿进行指导，掌握游戏的时间，使每个幼儿都有机会参与游戏。

（3）观察游戏过程，以不同的角色参与游戏。

幼儿游戏既是幼儿认知经验、个性情绪、社会交往等发展的途径手段，也是幼儿发展的真实写照，更是教师观察和了解幼儿多方面发展水平和内心世界的最佳窗口。通过对幼儿游戏行为的观察，为教师了解幼儿提供了依据，同时也提供了游戏指导的依据。通过观察，教师可以及时发现幼儿在游戏中说什么、做什么，对投放的材料幼儿是否感兴趣，游戏是否适合本班幼儿的年龄特点和实际水平，幼儿在游戏中遇到什么困难和问题，作为教师应该什么时候恰如其分地给予解决等。

“幼儿是活动的主体”决定了教师的引导者、支持者、合作者的身份，因此，在活动中教师需要扮演多种角色。当幼儿遇到问题和困难时教师要给予引导和支持，教师还可以以角色的身份参与到游戏中，如音乐游戏“老鹰捉小鸡”，在游戏中，教师扮演老鹰，与幼儿一起游戏，能大大地激发幼儿游戏的兴趣，使游戏取得很好的效果。

（4）根据幼儿的不同年龄特点指导游戏活动。

游戏的选择要适合幼儿的年龄段特征。在游戏中教师要考虑本班幼儿的年龄特点，选择适合本班幼儿年龄特点的游戏，在教育教学中教师要对游戏进行创意发展，不断提高要求和难度。例如，角色游戏“娃娃家”“公共汽车”等角色单一、情节简单的游戏活动，比较适合小班的幼儿玩，而“医院”“游乐场”等游戏则适合在中、大班的幼儿中开展。

对不同年龄的幼儿，指导游戏的方式不同，随着幼儿的成长和发展，教师在指导幼儿游戏时也应考虑到这种成长和这种发展。小班幼儿在玩游戏的时候，都是各玩各的，也特别容易受外界的影响，喜欢模仿周围的人和事。因此，游戏时教师要时刻注意观察幼儿。当他们对新出现的玩具不感兴趣、不会玩时，教师就要用与幼儿相同或相似的材料玩游戏，这样就会引导幼儿模仿，对幼儿起暗示性的指导作用。中班的幼儿在游戏中虽然有分工有合作，但他们的计划性较差，教师应尽量为幼儿提供多种条件，以便引导他们有组织、有计划地开展游戏。大班幼儿的游戏水平较高，可以给他们增加具有竞争性内容的游戏，以便其将来更快地适应社会。如在结构游戏“盖房子”中，在指导小班幼儿游戏时，可以采取情景描述的方法，激发幼儿兴趣，在指导方法上，也要以模仿为主，让幼儿模仿教师搭建的方式。而对大班幼儿则不需要描述情景的支持，他们需要的是创造欲的满足，可以让他们自己设计、自己选择材料动手搭建，教师可以作为游戏中的一分子参与游戏。

（5）进行游戏评价。

在游戏结束后，要对游戏进行评价。在评价中注意教师不要“一言堂”，要帮助和引导幼儿学会自我评价和总结。

3. 分类游戏的组织与指导

（1）幼儿角色游戏的组织与指导。

① 角色游戏的概念：角色游戏是幼儿按照自己的意愿，以模仿和想象，借助真实或替代的材料，通过语言、动作、表情等扮演角色，创造性地再现周围社会生活的游戏。

② 角色游戏的教育目标：培养幼儿良好的情绪情感；培养幼儿动手操作的能力；培养幼儿支配自己、协调与他人关系的能力；发展幼儿合作、交往、协商及解决问题的能力；培养幼儿的主动性、独立性及创造能力。

③ 角色游戏的指导：在幼儿角色游戏的组织与指导过程中，我们应遵循幼儿身心发展的特点，从幼儿的兴趣出发，依据幼儿角色游戏的特点，更高效地发挥幼儿角色游戏在幼儿教育中的作用。

教师在指导幼儿进行角色游戏时，首先要鼓励幼儿按照自己的意愿提出游戏主题。角色游戏是一种自主游戏，同样是“幼儿在一定的游戏环境中根据自己的兴趣需要，以快乐和满足为目的，自由选择、自主开展交流的积极主动的活动过程”。这一过程带给幼儿行使成人权利、享有成人自由的满足感，它所带给幼儿的快乐是其他活动无法比拟的。在这一过程中，幼儿的天性自然流露，主动性、独立性、创造性得以充分发挥。这也是角色游戏最根本的价值所在。教师如何能达到这一游戏的教育要求呢？这就需要教师相信幼儿，尊重幼儿，放手让幼儿主动活动。教师还应该教会幼儿分配和扮演游戏的角色。幼儿玩角色游戏最关心的是自己扮演什么角色，但是在刚开始玩角色游戏时，幼儿往往只热衷于模仿某一角色的动作或活动，并不太会扮演角色，这就需要我们教师用自己丰富的社会生活经验，在游戏中给予幼儿启发和指导。同时，幼儿往往只考虑个人的愿望而不善于分配角色，有时会因此发生争执，所以教师应该教给幼儿一些分配角色的方法，如自己报名、推选、轮流演等。

在游戏过程中，教师要善于观察幼儿的表现，适时指导。教师在游戏中是观察者、引导者的身份，要给予幼儿更多的主动权，让幼儿有权选择材料、空间、伙伴，更有权选择自己的方式进行游戏，相信幼儿有能力做好游戏。

教师还可以以游戏中角色的身份参加游戏，促进游戏情节的发展。教师通过观察，发现幼儿的角色游戏需要指导时，可以参与进来。当游戏内容贫乏时，需要教师画龙点睛地启发、诱导，使幼儿创造出丰富多彩的活动形式或内容；当角色之间有冲突时，教师要及时调节，使游戏有条不紊地进行；当幼儿对游戏失去兴趣时，教师要及时帮助幼儿拓展思路，深化游戏主题，提高幼儿对做游戏的积极性。当然，很多情况下都需要教师参与到游戏当中来。

游戏活动结束后，教师可以根据教育需要和幼儿游戏发展需要，适当组织一些讲评活动。要注意讲评方法的多样性，要让幼儿有充分发表意见的机会，使讲评的过程成为幼儿分享游戏经验的过程。

（2）幼儿园表演游戏的组织与指导。

① 表演游戏的概念：表演游戏又称戏剧游戏，是幼儿根据故事或童话等文学作品的内容和情节而开展的游戏活动。

② 表演游戏的教育目标：培养幼儿的表演兴趣；培养幼儿对文艺作品的理解、表现、再创造能力；了解一些表演用具及表演形式；各种表演技能的培养和提高；促进幼儿良好个性的形成；培养幼儿的合作意识和能力。

③ 表演游戏的指导：教师对幼儿表演游戏的指导首先体现在内容的选择上，要选择合适的童话、故事，比如《拔萝卜》《三只蝴蝶》《小猪盖房子》等都是易于表演的故事。确定内容之后，教师要帮助幼儿理解文学作品，丰富其生活经验。教师可以有表情地讲述故事，用不同的语调表现不同角色的说话声，并伴随身体动作，使角色形象栩栩如生，帮助幼儿迅速领会作品，掌握故事的内容和情节，并激发幼儿游戏的愿望。

在帮助幼儿组织游戏时，根据作品中的主要活动情境来设置场景，布置游戏区。教师帮助幼儿准备简单的道具，如头饰、服装等，布置游戏场地。引导幼儿分配角色时，可以采用外部干预、内部干预两种方法。外部干预即教师在区域外及时向幼儿提供合理性建议，控制游戏中幼儿过分的行为（教师要注意把握时机）；内部干预即教师扮演游戏中的一个主要角色，引导幼儿的游戏进程。

（3）幼儿园结构游戏的组织与指导。

① 结构游戏的概念：结构游戏又称建筑游戏，是幼儿园教育活动中的创造性游戏之一，是幼儿使用各种结构材料（如积木、积塑、沙石、泥、雪、金属材料等），通过想象和动手来构造建筑工程物体的形象的过程。

② 结构游戏的教育目标：培养幼儿对游戏的兴趣；促进幼儿感知和动作能力的发展，培养幼儿动作的准确性和手眼协调的能力；帮助幼儿获得有关结构材料的大小、颜色、性质、形状和质量等方面的知识，并学会一些空间概念（上下、前后、左右）和数量概念，提高幼儿的认识能力；发展幼儿的想象力和创造力；培养幼儿做事认真、克服困难的良好品质；提高幼儿发现自己的能力，增强其自信心，发挥自己潜在的创造能力；有助于幼儿健全人格的发展；培养幼儿的审美能力和表现美、创造美的能力。

③ 结构游戏的指导：教师在指导幼儿结构游戏时，首先要为幼儿准备丰富的结构材料，并且提供符合幼儿年龄特点的材料。

小班：色彩鲜艳、大小适中便于操作的材料；

中班：种类各异，有一定难度、需要一定力度操作的材料；

大班：精细而有操作难度的，创作空间更大的结构材料。

同时，教师要广泛收集废旧物品作为辅助材料。自然物和无毒无害的废旧物品是一种未定性的建构材料，能够一物多用，与定型的材料相比，不但经济实惠、价廉物美，而且更有利于幼儿能力的培养和节约意识的养成。这些材料包括纸箱、纸盒、挂历纸、雪糕盒、鹅卵石、饮料瓶、吸管等。教师应及时更换、补充结构材料。随着幼儿多次玩某种游戏，他们也会厌烦甚至失去对该游戏的兴趣，对那些很少有幼儿去玩要的结构材料，教师要及时更换，但是更换的频率也不能太快，以免使幼儿的注意力过多地被材料的色彩和外形所吸引。

其次，教师要指导幼儿丰富和加深对“建筑物”“交通工具”的印象。结合游戏的需要，在教幼儿观察周围事物时，注意观察房屋等建筑和交通工具，教幼儿说出交通工具各部分的名称、注意建筑物的结构特点，如墙是砖砌成的，汽车、火车有驾驶室和车厢等。

还有，教师应帮助幼儿认识结构材料，学习操作的技能。结构游戏较复杂，对智力和动作技能的要求较高。如果没有教师指导，可能会导致幼儿因缺乏操作技巧而丧失信心，放弃构造活动或长时间停留在敲敲打打，推来扔去的低水平游戏状态。教师应该引导幼儿识别材料的大小、形状、颜色等特征，训练幼儿结构操作技能，如排列组合、插接镶嵌、拼搭连接、穿套编织、黏合造型等技能；培养幼儿结构分析技能，如学会看平面图形，分析图上的结构范例等。在幼儿具备一定能力后再引导幼儿自主地游戏。

（4）幼儿园有规则游戏的组织与指导。

① 有规则游戏的四个基本因素：游戏的任务、玩法、规则和结果。以游戏“猜猜这是谁”为例。

任务：培养幼儿听音的能力，通过练习能分辨出不同伙伴的声音。

玩法：请一个小朋友坐在小椅子上，背对大家，把眼睛闭上，用耳朵听某一位小朋友的提问“某某你好，猜猜我是谁”。让这个幼儿说出提问者是谁。

规则：请上来的小朋友背对大家，不许偷看，其他幼儿也不能告诉他被猜者是谁。

结果：猜对了有奖，猜错“受罚”。

② 常用的规则游戏有体育游戏、智力游戏和音乐游戏。

体育游戏也被称为活动性游戏或运动游戏，是根据一定的体育任务设计的，以发展幼儿基本动作为目的的活动性游戏。它的作用是培养幼儿对体育活动的兴趣，发展幼儿的学习兴趣，增强幼儿的体质。

智力游戏是根据智育任务设计的，它的主要作用在于引起幼儿的学习兴趣，丰富幼儿的知识经验，发展幼儿的智力和语言水平。

音乐游戏是根据音乐教育的任务设计的，以音乐活动为基础的游戏，是在音乐的伴唱下进行的，有音乐和动作相配合的特点。它的主要作用在于引起幼儿对于音乐的兴趣，发展幼儿的音乐感受力、表达力和创造力。

③ 有规则游戏的内容和要求：与幼儿园的教育任务的相应部分密切联系，要根据本班的教育任务和要求，并考虑幼儿实际的能力和智力或运动水平，选择和编制适合的有规则游戏。

有规则游戏有特定的内容和规则，幼儿要学会规则后才能玩，教师要以简明生动的语言，适当的示范，帮助幼儿学会游戏的玩法，可以在全班或小组中教，并指导幼儿复习和练习，以使幼儿能独立地开展游戏。

在幼儿园中，除上述游戏外，还有许多游戏活动。如利用纸、黏土、自然物制作玩具，折、剪、粘等“做做玩玩”的美工游戏，还可以组织如“钓鱼”、套圈等娱乐游戏活动。总之，游戏是促进幼儿发展的重要教育手段，应在幼儿园广泛开展起来。

三、幼儿教师的语言教学技能及训练

德国著名哲学家海德格尔有句名言：“语言是存在的家。”语言是人类文化的重要组成部分，更是人类最重要的交际工具和思维形式。0—6 岁是人类语言发展和获得的重要时期，而在 3—6 岁幼儿期的语言发展对其身心发展发挥着非常关键的作用。因此，幼儿语言教育是幼儿园教育的一个极为重要的领域。而幼儿园的教育、教学要靠教师的语言来进行，教师的语言对于幼儿的语言、思维的发展起着极大的作用。俗话说：“要给孩子一滴水，自己就要有长流水。”要培养幼儿的语言表达能力，幼儿教师的语言教学技能起着决定性的作用。

（一）故事教学与幼儿成长

我们知道，在人的成长过程中存在着某种智力发展的关键期。儿童语言有一个发生、发展、积累、完善、形成的过程，呈现明显的阶段性和规律性特征，了解儿童语言发展的阶段特征能为我们有的放矢地进行语言教育提供切实的依据。

1. 幼儿语言发展的阶段及特征

著名幼儿教育专家蒙台梭利针对幼儿语言学习的关键期，阐明了对幼儿语言发展阶段性的论述：“儿童语言的发展并不是逐渐地、均衡地、缓慢地进行的，而是同样存在着心理学家所说的爆发性现象。”“儿童在2周岁以后，表达能力仍然存在着爆发性特征。”2岁半是一个人心理形成的分界线。2岁半以后，儿童开始了组织语言的新阶段。这一阶段是持续、稳定地，而不是爆发性地发展。这一阶段延续到5～6岁。

（1）前结构阶段（0～2岁）。

这一阶段是儿童语言获得的重要开端。儿童的语言结构能力开始萌芽，逐渐发展起语言的感知能力、语言的发音能力和语言的前结构意识。在这一阶段，儿童说出的单词和词组已经显示了句法结构意识，即开始接近了解语言结构的程度，但还未获得掌握和表达语言结构的方法策略。

（2）简单结构阶段（2～4岁）。

大约从2岁开始，儿童逐渐掌握了汉语语音最基本的“音、义、声调三合一”的规则，也完成了若干语音要素的习得，能清楚地表达语意，同时也形成了归纳抽象的能力，逐步获得简单的语言结构能力，开始掌握一系列简单的语法结构规则，获得用事实、动作、所属、描述、存在与呈现、方位六种简单结构的关系表达他们对周围事物的认知。

（3）合成结构阶段（4～6岁）。

这一时期的特点在语言表达上逐步具备了将两个简单结构按照不同的方式合成更高结构的能力。所谓合成结构句式，通常由两个句子合为一体，来表达周围事物的更为复杂的关系，包括并列、条件、因果等关系。

（4）嵌置结构阶段（6岁之后）。

儿童语言在达到一定的合成结构水平后，大部分儿童已经能够流利地用句段表达他们的思想。然而，儿童的语言并未停止发展，接踵而来的嵌置结构阶段跨越了学前后期和学龄初期。

儿童语言发展是一个持续演变的过程，关注儿童语言发展的阶段，对教育者来说，最需要了解的有关儿童语言的信息就是处于一定年龄阶段的儿童语言呈现什么样的特征。

2. 幼儿园故事教学的意义

幼儿园的故事教学内容广泛，包括生活故事、童话故事、寓言故事、神话故事、科学幻想故事等的教学。爱听美妙的故事是幼儿的天性，故事是幼儿最易接受的一种艺术形式。故事教学是幼儿园语言教学内容的重要组成部分。故事教学不仅能提高幼儿口语的表达能力，还能增长幼儿知识，发展幼儿智力，提高其审美能力。故事教学能培养幼儿对文学艺术的兴趣，也是对幼儿进行思想品德教育的有效途径。它的活动意义是多方面的。

（1）对幼儿实施良好的品德教育。

幼儿正处于发展成长时期，由于知识和经验有限，培养他们良好的道德品质和良好的行为习惯，只靠口头说教是难以达成的。要收到良好的教育效果，就必须使其知道什么行为是好的，什么行为是不好的。而故事是集中地、典型地反映现实生活，并以活生生的形象来反映思想情感的艺术形式。由于故事是非鲜明，感染力强，幼儿在聚精会神地听故事的同时，往往会为正义和善良的胜利而快乐欢呼，为主人公悲惨的遭遇而流下同情的眼泪，为故事中人物的机智而点头或为人物的愚笨而摇头。幼儿听过某些故事后，对待事物的态度也往往会有所改变，如知道关心别人了、爱清洁了、不那么爱哭闹了等。这些都从一个侧面反映了故事在幼儿思想品德教育中的积极作用。

（2）提高幼儿的语言表达能力。

幼儿正处在语言学习阶段，为了让他们提高语言质量，丰富词汇，使表达的句子符合逻辑，教师可以通过故事读物和视听资料进行语言教学。故事能为幼儿提供真实、自然、丰富的语言素材，帮助他们学习把话说得清楚并富有表现力。

幼儿在记住故事的同时，也记住了优美的词汇、句子，这对于丰富幼儿的语言表达极有帮助。在幼儿园的故事教学中，幼儿不仅要听故事，还要根据语言教学要求练习复述故事，这对幼儿学会清楚准确地发音、连贯地表达，是十分重要的。所以，幼儿园的故事教学对幼儿语言能力的综合提高大有作用。

（3）丰富幼儿的知识。

丰富幼儿知识，启迪幼儿智慧，是故事教学的重要功能。幼儿正处在人生的起步阶段，他们的认知能力有限，因而年幼的孩子常常不断地向成人提出“是什么”和“为什么”等问题。为使幼儿对大千世界有所了解，满足幼儿的求知欲和好奇心，给幼儿讲述故事时要生动地告诉他们“是什么”和“为什么”，从而为幼儿打开求知的窗口。在丰富知识的同时，故事教学还可以提高幼儿的认识能力。幼儿在听故事时，会在感性认识和形象思维的基础上，对相关情节进行思考和评价。虽然这样的思考是幼稚的，结论甚至是错误的，但对于提高幼儿的认知能力是有意义的。此外，幼儿的知识越广泛，想象力也就越丰富，可见，故事教学是激发幼儿大胆想象、启迪幼儿智慧的有效方式。这一点在童话、寓言和科学幻想故事教学中更为明显。这些故事能把幼儿带进一个神奇而诱人的世界，引导他们去思考、去向往。故事中生动的形象、浓厚的情感、自由的幻想，可以帮助幼儿理解现实生活中的道理，培养他们的想象力。

（4）培养幼儿的学习兴趣。

在一般的孩子眼里，文字是非常神秘的，学习起来困难重重，继而失去学习的兴趣。但每一个孩子都喜欢故事，故事中引人入胜的情节、故事中设置的悬念以及主人公遇到困难、克服困难的过程，无不紧紧抓住他们幼小而充满好奇的心。在对故事产生浓厚兴趣的同时，他们对文字学习同样会兴趣盎然，信心百倍。兴趣和动机的激发在幼儿的学习中至关重要，幼儿的学习行为在很大程度上是由好奇心与兴趣驱动的。只要是适合幼儿的故事，他们肯定会聚精会神地去听或去阅读，从而使其形象思维能力与想象力得到充分的发展。

（二）如何有效开展故事教学

心理学研究表明，3～6 岁正是儿童语言发展的关键期，而故事作为幼儿最喜欢的文学形式，在幼儿园语言教学中占有相当大的比重。听一个故事对幼儿来说并不是简单的学习，它对幼儿发展所产生的潜移默化的作用，远远超过我们已有的认识。如何将故事教学的教育作用发挥到极致，关键就是看教师如何来设计、组织故事教学活动，如何调动起幼儿学习的积极性，从而充分地发挥出故事教学的巨大教育价值作用。

1. 幼儿园故事教学中应该处理好的几种关系

开展故事教学对于培养幼儿良好的品德、提高幼儿语言表达能力、丰富扩大幼儿的知识面具有积极的促进作用。幼儿园的故事教学从目标的确定到教学的实施，再到活动的评价都是为了幼儿的发展。在教学活动中，只有处理好目标与幼儿的发展、纪律与幼儿的发展、教师与幼儿的发展的关系、活动过程与幼儿的发展，故事教学才能从根本上促进幼儿的发展。

（1）处理好教学目标与幼儿发展的关系。

目标是活动的准绳，科学合理的教学目标是故事教学活动成功的前提和基础。在故事教学中，教师确立的目标要以幼儿现有的发展水平为依据，既适合幼儿现有的理解力，又略高于幼儿现有水平。目标的实现是一个动态的过程，教师要善于观察活动中幼儿的实际表现，根据幼儿的表现随时调整教学目标，或适时生成新的教学目标。教学目标应该随着教育活动的开展而自由调节，在寻求平衡的过程中不断生成。不能为了实现预定的目标而忽视幼儿听故事的情绪，甚至牺牲整个教学过程。比如，原计划讲两遍故事以后，大部分幼儿就能复述故事，结果未能如愿。为了达到原定目标，教师就暂时放弃接下来的环节，继续反复讲述故事，这使原本动听的故事变得索然无味，使幼儿听故事的愉悦感大打折扣。这种死抱既定目标不放，不能灵活应变的教学策略，不但不能实现预定目标，对幼儿的发展也不会产生多少益处。因此，教师在故事教学中最忌局限于预定的目标，而应该时刻关注活动中幼儿的现实需要，把握幼儿的状态，及时调整教学安排。只有这样，才能找准幼儿的最近发展区，真正地促进幼儿的发展。

（2）处理好教学纪律与幼儿发展的关系。

纪律与幼儿的自由发展是辩证统一的。良好的纪律可以有序地促进幼儿的发展，但纪律不能限制幼儿活动的自由，影响幼儿身体的健康。蒙台梭利在论述自由与纪律时说道："如果纪律是建立在自由的基础上，那么纪律就必须是积极主动的。我们并不认为当一个人像哑巴似的一声不吭，或像瘫痪病人似的一动不动时才是守纪律的。他只不过是一个失去了个性的人，而不是一个守纪律的人。"故事教学本身应是一个生动有趣的过程，在故事教学中，幼儿跟随着故事情节的发展，表现出不同的表情、动作，或赞叹，或捧腹大笑，或手舞足蹈，这些都是幼儿内心活动的自然流露，是自我发展的真实体现。教师如果忽视了幼儿的这些内在需要，在教学过程中过分强调所谓的纪律，限制幼儿活动的自由，不许幼儿乱说、乱动，让幼儿长时间正襟危坐地去听故事，久而久之，将会危害幼儿的身心发展。

故事教学又是促进幼儿多种能力发展的有效手段。幼儿在听故事时，总会根据教师的讲述，积极地去思考、去想象，从而促进记忆能力、口头表达能力的提高，通过角色扮演，可以充分展示、张扬自己的个性。因此，在故事教学中，纪律条款应尽可能地精简，只要能够维持个体基本行为规范和群体基本活动秩序就足够了。过严过繁的纪律会很容易束缚幼儿积极活跃的心理活动，对幼儿造成心理压力，影响幼儿心理的正常发展。

（3）处理好教师与幼儿发展的关系。

教学活动是教师和幼儿的双边互动活动。杜威形象地把这种互动关系解释为，教学活动就好比师生共乘一只船去旅游，要使渡船乘风破浪，勇往直前地航行，使船员旅行愉快，只靠船长一个人的力量，显然是不可能实现的。全体船员必须和船长一起努力才行。旅途中大家应不断地相互欣赏、相互激励，共同努力、共同享受旅途的愉快。这一有趣的阐释告诉我们，在幼儿园教学中，师幼互动的质量是衡量幼儿园教学活动效果的重要指标。教师和幼儿目标一致、步调协调是教学成功的关键。幼儿是教学活动的主体，故事教学中，教师作为教学活动的引导者、组织者、合作者，要充分发挥幼儿的主体作用。

首先，要善于激发幼儿的兴趣，要让幼儿感受到故事教学的魅力，体验到故事教学的轻松和愉快，使每个幼儿都积极主动地融入活动中去，并成为活动的主体。教师可以通过师生交流、生生交流等形式让幼儿畅谈自己对故事的理解和感受。其次，要给幼儿提供自由思考、自由想象的时间，让幼儿积极地参与教学活动。在教学活动中，教师语速要快慢适度，用心去关注活动中幼儿的行为，要耐心倾听幼儿提出的每一个问题，要让幼儿在听的过程中展开思维和想象的翅膀。最后，要善于引导幼儿复述故事。教师只有把握好这些要素，使幼儿在教学过程中始终感到有趣事要听、要想，有自己的趣话要说，才能真正地发挥主体性作用，真正地享受到故事的乐趣，体会到学习的快乐，成为自我发展的主体。

（4）处理好活动过程与幼儿的发展的关系。

讲述是故事教学的基本环节。教师讲述故事时要充分发挥自己的语言技巧，力求做到讲述得生动形象，绘声绘色，态度亲切，表情丰富自然，动作大方得体。讲述要能够激起幼儿的兴趣，扩展幼儿的思维，促进幼儿身心健康发展。讲述前后应伴随交谈和提问，与幼儿沟通心灵，分享感情体验。通过讲述，应使幼儿在认知、情感、个性等方面都有收获和发展。幼儿复述故事也是故事教学的重要环节。通过教师的讲述，幼儿对故事中的动物、人物、事件都会产生自己的理解，这时，教师应鼓励幼儿积极地复述故事，让他们根据自己的理解能力、记忆能力、思维能力、想象能力以及语言沟通能力对故事加以复述，这对其语言能力的发展是大有益处的。

故事教学的压轴戏是角色扮演环节。角色扮演不仅能够满足幼儿身心发展的多种需要，它还是幼儿最喜欢的活动形式。在角色扮演的过程中，幼儿可以获得极大程度的自由，他们能自由地表达、自由地活动，自由戴上自己喜欢的头饰，尽兴地张扬自己的个性，尽情地满足表现的欲望。他们的语言、身体、个性等方面的潜能都将因此而被激活，从而促进自己身心全面、和谐地发展。

四、幼儿教师的弹唱教学技能及训练

歌唱是人类表达、交流感情的最常用的手段之一。我国著名儿童教育家陈鹤琴先生认为，音乐是人生不可缺少的一种抒发情感的活动，音乐是儿童生活中的灵魂。

（一）歌唱与幼儿成长

孩子天生喜欢音乐，优美动听、活泼欢乐的音乐是抒发他们内心情感的最佳手段，而歌唱教学是幼儿走进音乐大门的第一步，是音乐活动中最基本的形式。

1. 歌唱活动对幼儿成长的意义

幼儿歌唱活动是由幼儿演唱的反映幼儿生活实际和思想感情、体现幼儿心理与审美特点的幼儿歌曲的活动，它能陶冶情操、启迪智慧、活跃思维、锻炼身心。

幼儿歌唱作品大都形象直观，富有很强的故事性、叙事性特点，配上能够渲染故事情节的旋律，能帮助幼儿很好地理解歌曲所塑造的音乐形象，使幼儿在歌唱活动中自然地体验到音乐带来的愉悦、美妙的感受，引起幼儿情绪上的强烈共鸣，促使幼儿以积极主动的心态去感受音乐的独特之美。同时，歌唱活动能够扩大幼儿的音乐视野，丰富他们感受音乐、欣赏音乐的经验，增长音乐知识，从而使幼儿获得心灵上的审美感受。

2. 歌唱活动对幼儿良好个性的形成具有奠基的作用

歌唱活动对幼儿良好个性的形成具有奠基的作用。幼儿歌曲题材广泛，通过歌曲可以塑造幼儿的美好心灵，培养幼儿美的行为。

（1）通过歌曲促进幼儿良好的品德形成。

如《小娃娃跌倒了》是一首对幼儿进行德育的很好的音乐作品。歌曲运用叙事的格式，描述路边有个小娃娃跌倒了，哇啦哇啦哭着喊妈妈的情形。教师可以引导幼儿通过歌唱的形式，感受歌曲里的小朋友快速跑过去抱起小娃娃并送回家的乐于助人的高尚品德。比起枯燥直白、生硬古板的说理调教，歌曲以柔美和谐的旋律、真挚感人的情节来感染和影响幼儿，取得了更好的教育效果。

歌曲《红太阳照山河》《国旗多美丽》等歌曲可以充分调动幼儿热爱祖国的情感，通过激昂的曲调、欢快的节奏，对幼儿进行热爱祖国、感受祖国伟大的情感教育。幼儿在感受音乐美的同时，积极地投入歌曲所营造的欢乐氛围中去，不仅能有感情地演唱歌曲，而且能根据歌词手舞足蹈地创编着各种有趣的动作，用肢体语言来表达他们内心深处对音乐美的感受。

（2）通过歌曲引发幼儿对科学探究的兴趣。

在“夏天的雷雨”音乐活动中，歌曲用问答的形式，引起幼儿观察夏天自然现象的兴趣。《夏天的雷雨》这首歌曲调明朗活泼，充满儿童情趣，同时“一闪闪”“哗啦啦”等象声词将幼儿带入夏天雷雨时的情境中，既符合幼儿的年龄特点和认知水平，又能使幼儿产生浓厚的兴趣，积极地进入歌曲意境，引发他们对夏天雷雨等自然现象的探究兴趣。

由此可见，音乐教育中的歌唱教学不仅能够使幼儿产生情感上的共鸣，也可让幼儿在歌唱活动中学会感受，善于想象，提高对是非的判断能力。

（二）如何有效地教幼儿歌唱

歌唱教学是幼儿园艺术教学活动中的主要内容。综观幼儿园歌唱教学活动的现状，教师常常只重视音乐基本知识的传授和基本技能的训练，而忽视了幼儿的情感、态度和情绪体验，幼儿在歌唱活动中只是被动的参与者，根本谈不上享受音乐，导致歌唱教学活动走入机械学习的窄胡同之中。

1. 歌唱教学中存在的问题

（1）与幼儿实际年龄特点相背离。

我们经常可以看到，一位有着较好歌唱功底的教师不一定能很好地教会幼儿如何正确歌唱，原因就在于其教学方法的成人化，没有结合 3～6 岁幼儿的实际年龄特点。幼儿由于年龄小，不会控制发声的方法，再加上缺乏训练，普遍存在喊唱、白声、咬字不清等缺点，到了唱歌时，往往为了表现自己，大声地扯着喉咙喊唱，长期下去，会对幼儿稚嫩的发音器官造成损伤，还有一些胆小的幼儿，声音在嗓子眼，唱不出来。

（2）枯燥的教学方法压抑了幼儿的兴趣。

在歌唱活动中教师习惯于沿袭着老一套的教学方法，认为歌唱活动就是简单地听、唱、学，没有对《纲要》精神以及幼儿园歌唱教育目标进行全面、深入的领悟，工作中缺乏反思，理论与实践之间没有相应的连接。

《纲要》中提出“激发幼儿感受美、表现美的情趣，丰富他们的审美经验，使之体验自由表达和创造的快乐”。而部分教师在歌唱活动中一味地要求幼儿记歌词，要求幼儿一句句地按要求学唱，学唱过程对音准、咬字等没有要求，形式单调，方法枯燥，整个活动下来，幼儿只是像念经似的机械地重复着唱。这样，幼儿学得枯燥，教师教得辛苦，使歌唱教学活动变得没有任何意义，幼儿并没有从中体验到快乐。

（3）教师自身素质制约了歌唱活动的发展。

歌唱需要一定的技能，幼儿园的歌唱活动不是人人都可以组织的，教师必须具备一定的音乐知识及音乐素养。在歌唱活动中，我们常常发现，有的教师自己歌唱时声音与情感的表达就不准确，给幼儿提供了错误的示范；有的教师缺乏对歌曲作品的领悟，分析不到位，影响了幼儿对歌曲的感受体验与表现；还有的教师缺乏有效的语言指导，缺乏创造性的教育策略，使得教学枯燥、缺乏情趣，难以调动幼儿歌唱的兴趣。

从以上歌唱活动的种种现象来看，部分教师的教育思想、教育原则、教育手段、教育方法及教育行为违背了《纲要》的精神，偏离了幼儿园音乐教育的目标。如何采取有效的教学策略，激发幼儿对歌唱活动的兴趣，使幼儿在音乐中感受、表现、创造美，体验音乐带来的无限乐趣，这是值得大家探讨的话题。

2. 有效开展歌唱活动的教学策略

教师在歌唱活动的组织过程中，要灵活采用不同的教学策略，以使教学达到应有的效果。

（1）歌唱活动中对选材的把握。

① 根据歌唱内容选材。

a. 选择朗朗上口的歌唱素材：一是歌词朗朗上口，教师要善于从生活中选取一些幼儿感兴趣的熟悉歌曲；二是节奏朗朗上口，每个幼儿都有一双音乐的耳朵，节奏鲜明、旋律欢快的曲子更受幼儿喜爱，教师应根据幼儿的学习特点选取一些欢快的乐曲。例如，有切分节奏的乐曲较为欢快，能够吸引幼儿愉悦歌唱。

b. 选择具有教育意义的歌唱素材：当前流行歌曲盛行，以其节奏明快、朗朗上口、传播渠道广的特点，在街头巷尾广为传唱。幼儿对某些流行歌曲也很感兴趣，特别喜欢模仿。教师在选择流行歌曲为素材时一定要注意歌唱内容，流行歌曲中有负面影响的歌曲不要选，可以有意识地挑选一些内容积极、曲调简单的流行歌曲让幼儿去欣赏、创编新歌词，因势利导，挖掘流行歌曲中的积极元素，给幼儿以积极向上的正面影响。

② 根据幼儿的年龄特点选材。

幼儿年龄不同，音域不同，感兴趣的歌曲也不同。因此，教师在选择不同年龄班的歌唱教材时一定要关注幼儿的年龄特点。

对小班的幼儿来说，最合适的是回声歌、对答歌、重复歌。这类歌曲的演唱难度低，趣味性强，对小班孩子音准、节奏的训练及大胆地歌唱都有好处，同时由于小班幼儿的音域较窄，所以最好选择旋律在三度间的歌曲。对于中大班的幼儿来说，语气歌、励志歌、故事性歌曲是他们所喜爱的。幼儿常常会被歌曲中有趣的情节、形象的语气词所吸引，增强了歌唱的兴趣，同时由于中大班幼儿歌唱能力的提高，可以在音域上选择五度到七度的歌曲进行教唱。

（2）歌唱活动中细节的把握。

① 关注活动中幼儿情绪的带动。

在幼儿园音乐教育活动过程中，教师经常碰到的困难之一就是感觉自己无法把握幼儿的情绪，常常会出现教师唱自己的，幼儿玩自己的。为何吸引不了幼儿？究其原因，幼儿是感性的，教师的歌唱情绪到位了，幼儿的情绪才会被吸引，因此在幼儿的歌唱活动中教师要非常注重情感渲染，激发幼儿的情感共鸣。

教师可以通过眼神、表情、动作、心理等方面积极地提高自身情感素质，带动幼儿参与歌唱活动。针对胆小的幼儿，教师可以用拉拉他的小手、摸摸他的头等动作给予鼓励，创设舒适放松的交流氛围，拉近教师与幼儿间的心理距离，引导幼儿积极学习。

② 引导幼儿正确发声。

掌握正确保护嗓子的方法：从生理学上讲，幼儿声带短小，声道窄，口腔内上颚、硬腭浅窄，肺活量小，呼吸浅，喉肌调节声带活动的能力差。因此，幼儿教师需要掌握幼儿的生理及心理特征来保护幼儿嗓音。保护幼儿嗓音需要从多方面来考虑：在唱歌时不要让幼儿大声喊叫；不让幼儿在剧烈运动时大声唱歌；不让幼儿长时间地连续唱歌；不让幼儿在空气污浊的环境中唱歌；不让幼儿迎风唱歌；不让幼儿在感冒、患上呼吸道感染疾病时唱歌等。

掌握正确呼气吸气的方法：引导幼儿自然均匀地吸气用气，吸气时不耸肩，不在乐句中间随便换气，按照一定的乐句规律来换气，同时注意采用幼儿易于接受的方式进行呼吸练习，如先让幼儿做闻花香的练习，体会深呼吸的感觉；让幼儿做吹纸片的练习，从纸片震动的频率来辨别气息是否均匀、集中、有力，这对增强幼儿对气息的控制有很大帮助。

掌握正确的发声方法：引导幼儿活动中既不肆意喊叫，也不刻意控制音量。如利用象声词进行发声练习，就是一种很好的学习方法。学火车、汽车的汽笛声，这种闭口音的练习可以使幼儿的声音集中、收拢，从而统一他们的音色，使他们的声音自然、好听、和谐、圆润。指导幼儿唱连音时，可以找叹气的感觉来练习发音，使气息流动起来；唱跳音时，找咳嗽的感觉来进行发音练习，因为咳嗽时腹部需要用力，这样可以使气息灵活、敏捷，声音明亮、结实。

③ 循序渐进帮幼儿掌握节奏。

奥尔夫认为“音乐构成的第一要素是节奏，节奏是音乐的生命，是音乐生命的源泉”，节奏可以脱离旋律、歌词而存在，所以节奏教学在唱歌活动中尤为重要。

一般歌曲中有二分音符、四分音符、八分音符、十六分音符、附点四分音符、附点八分音符等，节奏的练习也需要根据节奏掌握的难易程度循序渐进地开展，从四分音符到八分音符到全音符，待幼儿熟练掌握这些后再融进十六分音符及附点音符的学习，幼儿就不会产生畏难情绪了。

为了帮助幼儿学唱歌曲，可以提前进行节奏练习，当然，单纯学习节奏是枯燥的，我们要根据幼儿的年龄特点引导幼儿“玩”节奏。如《粗心的小画家》这首歌曲就像在幼儿身边发生的故事一样，但是音乐节奏比较跳跃，有一定的难度，它包含附点节奏、后半拍起唱、跳音等，在学唱时可以先把该节奏与歌曲脱离出来，单独让幼儿进行感受学习，也可以让幼儿自己找一样自己喜欢的物品，边敲边唱，也可以让幼儿有节奏地敲打桌椅等，从生活物品中发现歌曲节奏的秘密，尽情表达感情。同时教师还可以辅以语言的帮助，引导幼儿用有节奏的语言来掌握歌曲节奏。

④ 多种手段帮助幼儿理解感受。

利用教具进行幼儿园歌唱活动的组织，符合幼儿形象思维占优势的学习特点，运用合适的教具可以把音乐简单化、形象化，增强直观效果，启发幼儿在理解的基础上掌握各种旋律节奏，调动幼儿的学习兴趣，加深其对歌曲的理解和记忆，从而提高学习质量。教师可以利用木偶、图片、PPT 等形式展示歌词内容，也可以利用线条表现歌曲旋律的类型。

（3）歌唱活动中形式的把握。

① 用多种演唱方式歌唱。

演唱方式的改变可以大大提高幼儿学习歌曲的兴趣，使整个歌唱活动变得愉快、轻松、有趣。教师可以变换几种演唱方式，如齐唱、独唱、领唱、问答唱、表演唱等。这些方法的运用，不但可以活跃教学气氛，提高教学效果，还可以增强幼儿学习唱歌的兴趣，使他们真正感受到歌唱学习的快乐。

② 创设良好的音乐氛围感受歌曲美。

“环境是可以说话的”，幼儿只有处在一个令其身心愉悦的环境中才能主动快乐地学习。

首先，进行歌唱活动的活动室大环境布置应充满艺术韵味，让幼儿一走进来就感受到浓浓的艺术氛围。其次，开展活动的小环境创设，可以根据歌唱教学内容进行图片或者相关道具的摆放，使幼儿在美的环境中自觉地投入歌唱的学习中。再次，座位要根据教学内容、活动的需要灵活、别致地安排，要有利于幼儿的活动，提高他们参与活动的积极性，可以是半圆形、长方形、八字形，也可以将幼儿的椅子摆放成台阶式，增强幼儿演唱的趣味感和表演欲。最后，歌唱活动中听觉的享受十分重要，所以教师一定要关注音响设备的使用或自身弹唱技能的提高。

（三）教师歌唱教学法自我提升

1. 乐器使用能力的提升

幼儿园的歌唱教学活动中，边弹边唱是教师最基本的教学技能，这就要求教师必须熟悉不同乐器的特点，并熟练掌握不同乐器的弹奏方法。如会使用幼儿园中较为常见的手风琴、钢琴、电子琴等。

（1）自我提升过程中的技巧训练。

① 基础类技巧：包括音阶、琶音、练习曲及手指特殊训练等；

② 应用类技巧：包括乐曲中的主要部分、难点及一些不常见的技巧训练，要抓住重难点进行突破练习；

③ 综合类技巧：包括音色、音准、强弱变化以及对作品风格的掌握等多方面的训练，也是对基础性技巧和应用性技巧的检验，练习之前必须理解音乐的内涵，在一种从容的、清楚的、有条理的、积极有效的提升状态中，真正把握乐曲所要表达的情感；

④ 注重即兴伴奏：歌曲的即兴伴奏是器乐伴奏形式中一种最常用、最快捷的演奏技能，它要求伴奏者将钢琴演奏技巧、键盘和声手法、作曲理论知识结合起来，进行艺术的再创作。幼儿园歌曲的即兴伴奏不需要太复杂，否则会适得其反，影响幼儿对主旋律的倾听与感受。

（2）幼儿园歌曲即兴伴奏的要素。

① 掌握和声，根据旋律表现需要进行变化，伴奏音型的使用应在统一中求变化，单乐段可只用一种伴奏型，其他曲式可使用两种或两种以上的伴奏型，但切忌因伴奏类型太多而杂乱无章、弄巧成拙。

② 作品分析，具备一定的作品分析能力对于即兴伴奏的设计会产生更富于整体性的效果，主要针对作品的曲式结构及旋律的曲式规律进行分析。

2. *声乐方面的提升*

（1）发声练习。

幼儿园的歌曲虽然在技巧上难度不大，但从演唱者的歌唱中仍可以看出演唱者的发声技巧、情感处理等基本功底。因此教师必须加强自身气息、用嗓、口腔共鸣、吐字方式等方面的练习。另外要用心唱歌，注入情感演绎歌曲，增强演唱的感染力。

（2）读谱练习。

读谱能力的高低从某种程度上体现了教师音乐基本素质的水准。读谱练习应从节奏入手，先练习打拍子，其次对音高关系的听觉审美习惯也不容忽视，要合理地利用不同音律的通变性，对音准做出调整。掌握读谱技能的过程，实际上是理解、表现与鉴赏音乐的过程。

五、幼儿教师的舞蹈教学技能及训练

（一）幼儿舞蹈与幼儿成长

幼儿舞蹈是一种情趣的艺术体验，以培养幼儿的兴趣为主，从多方面让幼儿认识到舞蹈中的美。它与其他领域的教育不同，更注重幼儿的美的感受，是在告诉他们“漂亮的孩子是自信的”。幼儿园舞蹈教育对幼儿智力的发展、意志品质的培养、身体素质的提高、审美能力的培养等都具有无可代替的积极作用。

1. 在舞蹈艺术中培养幼儿的创造力

有人认为，舞蹈艺术教育教会幼儿几个舞蹈基本动作，表演几个“成品舞”就行了，殊不知，在舞蹈过程中，幼儿具有潜在的创造能力，如果只是追求幼儿的表演技巧而忽视幼儿的创编能力，那么在整个教育过程中，幼儿应该得到的能力就被忽视、抹杀了。有的幼儿在教师教的成品舞表演中动作准确合拍、优美自如，但让他们跟着一段陌生音乐舞蹈时，他们就手足无措了。这就说明，我们在进行教学时，在注重知识传播的同时轻视了对幼儿舞蹈能力的培养。

例如，在律动教学“猴子爬树”中，教师播放了一段音乐，要求幼儿边听边想乐曲所表现的猴子是什么样子的，它们是怎样玩耍的，然后告诉幼儿，一边欣赏音乐，一边展开想象，将活泼明快的旋律转化为一幅幅生动有趣的猴子玩耍的情景图。幼儿的想象是丰富生动的，他们聚精会神地听着，脸上露出各种调皮、充满生趣的神情，有的幼儿还做出各种模仿的动作来。接着，教师启发幼儿用语言来描述猴子的外形特征。幼儿都兴高采烈、争先恐后地描述着，他们边说边学做猴子的动作。有的幼儿学猴子爬树的动作；有的学猴子吃香蕉的动作；有的学猴子捉虱子的动作；有的表演猴子追逐打闹的样子。幼儿从模仿猴子的外形特征到逼真地表现猴子的玩耍动作都惟妙惟肖。

教师在平时的舞蹈教学中要注重幼儿舞蹈经验的积累，在舞蹈教学中改变过去一味传授、训练幼儿基本技能的方法，而应尽可能地提供一些引导幼儿自己去探索、想象、创造的机会，让他们进行动作的创编，并要求创编的动作不重复，以提升幼儿创造性思维的积极性，发展幼儿的想象力和创造力。

2. 在舞蹈艺术教育中培养幼儿的社会交往能力和合作精神

在教学中，我们经常进行一些集体舞、群舞的创作，在一般情况下，都是教师安排幼儿进行表演，较少考虑幼儿的自主选择权，其实这个问题在游戏舞蹈中可以得到最好的解决。游戏舞蹈内容大多数来自幼儿的生活，是幼儿最为熟悉的。如在开火车、猜拳、老鹰捉小鸡等游戏中提炼、加工出舞蹈动作，把幼儿无意识地在游戏中具有舞蹈性的动作与姿态变成有趣的舞蹈作品。在这个过程中，幼儿会无意识地自主参与，有意识地寻找伙伴商量、讨论舞蹈动作的创编。另外，幼儿舞蹈的普及，使幼儿生活增添了乐趣，同时也让他们懂得了如何与其他小朋友交往，无形中使幼儿的交往能力得到发展。幼儿在舞蹈中愉快的情绪和自主的彼此配合培养了他们的合作精神，这对于幼儿建立和谐的人际关系以适应未来的社会生活有着举足轻重的影响。

3. 在舞蹈艺术教育中增强幼儿体能的锻炼，开发其智力

舞蹈能使幼儿增长知识，陶冶性情和提高想象力，也能促进幼儿智力的发育。经常参加舞蹈活动，能使幼儿经常处于愉快的情绪中，同时又使幼儿的肌肉力量得到了锻炼和提高，使其身体的持久力、柔韧性增强，而舞蹈的动作和歌词的学习感受，也使幼儿提升了审美能力，使身心两方面得到协调发展。舞蹈的内容丰富多彩、形式多样、情趣盎然，真实地反映了幼儿的内心世界，具有丰富幼儿生活、开阔幼儿视野、增长幼儿知识的作用，因此对幼儿智力的发展也是一种促进。音乐、舞蹈能激发幼儿的想象力，想象力和创造性是密切相连的。由于音乐、舞蹈愉快活泼，适应了幼儿的心理特点，幼儿容易接受，可以使他们在欢乐的审美活动中自然地打开认识生活的大门，这也是提高幼儿智力、促进幼儿各种能力成长的重要途径之一。舞蹈作为一种艺术形式，是非常生动、具体、感人的，特别是对爱动的幼儿更具有强大的感召力。同时，舞蹈能帮助幼儿开发右脑，促使幼儿智力发展，增进幼儿的智慧。

4. 在舞蹈艺术教育中培养幼儿的表现力和自信心

幼儿在舞蹈的过程中可以扮演自己喜欢的角色，教师应鼓励每一个幼儿积极地展示自己，帮助能力弱的幼儿踊跃尝试，使他们的自信心和表现力得到提高。

（二）如何深入进行创造性舞蹈教学

1. 幼儿舞蹈教学误区

由于受到传统教育观念的影响，加上对幼儿的年龄特点、发展规律认识不足，现在依然存在以下的一些幼儿舞蹈教育的误区。

（1）片面追求舞蹈技能的学习。

一味要求幼儿进行枯燥的训练，这样既不利于幼儿的身心发展，也不能激发幼儿对舞蹈的兴趣，甚至会让师生间的关系变得紧张。

（2）教师过多地以成人的角度审视幼儿舞蹈，设计舞蹈动作。

活动中忽视了幼儿的主动参与意识，没有激发幼儿的想象力、创造力和主动探索的欲望。而且，如果教师设计的动作没有以幼儿年龄特点和发展可能性为基础，很容易使幼儿受伤。

2. 即兴创作舞蹈

引导幼儿进行舞蹈创作并不是一件容易的事，这需要幼儿在具备一定舞蹈技能的基础上进行。教师在培养幼儿舞蹈创造力上可以尝试以下几种方式。

（1）引导幼儿观察身边美好的事物，积累创作素材。

观察是创造的基础。身边一切美好的东西都是我们引导幼儿观察的对象。让幼儿观察可以作为舞蹈素材的事物，并试着用肢体语言来表现它们，是培养幼儿创造力的有效途径。教师的主要任务是引导幼儿掌握观察的方法，把观察的重点放在观察形态、动态、神态上。以前我们做各种动物律动往往采用一种固定的动作，如小猫捋胡子、小狗耷拉着耳朵等。通过观察会发现，一种动物除了有被大家都注意到的特点外，往往还有一些被人忽视了的显著特点。如小兔律动，大家多以双手竖在耳朵旁并蹦跳着来表现，全班的幼儿在教师带领下跳来跳去，虽然动作对了，形象也表现出来了，但缺少幼儿对事物的直接感受和体验。在幼儿自编小兔子律动时，教师应引导他们来观察小兔子的形态、动态和神态，让他们观察后再进行舞蹈创编，幼儿就可以根据自己的兴趣和理解，把兔子的不同特点糅合到自己的即兴表演中。

（2）提供充分的表现机会，让幼儿体验创造的快乐。

幼儿创造力的发挥要借助于充分的表演来实现。因此，除了在教育活动和日常生活中为幼儿提供大量的表演机会外，还应创设音乐角，在这里投放腰鼓、摇铃等小乐器，供幼儿自由选择；放音乐，让幼儿听音乐即兴表演。或几人一组创编新的舞蹈，在“六一”联欢会、新年联欢会、观摩课时，积极为幼儿提供更多感受成功、表现自我的机会。

（3）循序渐进，培养幼儿初步的艺术创造力。

为不同年龄阶段的幼儿选择不同的内容，尤其在培养幼儿即兴舞蹈表现和创编能力上，教师应特别注意由易到难的渐进过程安排。小班多选择音乐形象突出、易于表现、特点鲜明的律动，让幼儿听着欢快有趣的音乐进行即兴表演，如模仿大象、小兔、小鸭等。中班幼儿可以在理解歌词的基础上创编动作，如《郊游》《捕鱼歌》等。在歌曲的选择上要注意内容具体、叙事清楚，帮助幼儿实现再创编的目标。到了大班，可以选择一些无歌词音乐，请幼儿进行创编活动。幼儿在已有舞蹈基础的前提下，可以根据音乐形象、节奏、速度、情绪，创编出不同风格的舞蹈，如《白雪公主》等。教师指导时要注意目的明确、要求单一，因为幼儿在创编作品时，会存在动作节奏与音乐配合不当、音乐形象掌握不准、动作运用不适宜等问题。教师应每次只针对幼儿创编的一个具体问题进行剖析，并以建议的形式提出改进意见，才能既不挫伤幼儿的创编积极性，又能使幼儿真正有收获。

（4）尊重首创，使幼儿成为主动发展的人。

舞蹈创作是一个艰苦的过程，尤其是创编出与众不同的动作那就更难了。幼儿能创编出新动作，并且被其他幼儿所模仿，教师要像尊重专利技术一样，重视幼儿的首创。在每次创编活动总结时，都要对幼儿的首创动作给予肯定，从而增强幼儿的自信心，让幼儿乐于创新。在日常活动、游戏活动、节目排练中，应找机会让幼儿进行创编。有了宽松的环境，幼儿创编起来就会更自主、自由、自如。

（三）关于舞蹈教学能力的提升

1. 作为教师应用丰富的情感来带动幼儿

教师的感情对于幼儿具有强大的感染力。在舞蹈教学中，教师应用优美的动作感染幼儿，把舞蹈教学的气氛渲染得积极活跃。如在“小猫”音乐律动游戏的教学中，我们通过模仿小猫走路的模样，表现小猫的调皮机灵的特点，用形象化的手段和对音乐的理解带动全体幼儿积极地投入表演。又如在“两只老虎”律动教学中，教师首先示范老虎可爱滑稽的形象，在表演中教师用有趣的动作引导幼儿全身心地投入到学习律动游戏中。这样，幼儿在教师的示范影响下，个个兴致勃勃地随着音乐的变化而变化动作，沉浸在无拘无束的游戏氛围中。幼儿之间的互动也是情感性教学中必不可少的，这主要体现在分组结伴的舞蹈及律动中，如“剪刀石头布”“我们都是好朋友”“大家跳舞真快乐”等舞蹈教学活动。感情也是舞蹈的灵魂，但幼儿往往只注意舞蹈步伐和动作而表达不出感情。在教学和日常生活中，教师要启发幼儿的内心情感，提示幼儿通过眼睛来表达，让幼儿的眼睛随着教师所指的方向移动，在空间利用假设目标而转动，感受美、表现美的情趣，丰富幼儿的审美经验，体验表现和创编舞蹈的快乐。

2. 舞蹈教学的实战策略

（1）游戏情境的教学策略。

幼儿学习集体舞的终极目标在于愉悦的审美享受，最基本而有效的教学策略就是运用游戏情境的方式，设计特定的游戏情境作为集体舞流程的线索，激发幼儿参与的兴趣，使幼儿迅速进入审美享受的状态。

如集体舞《小白船》中有方形和圆形两种队形变化，动作也有一定的难度。在大班中进行这一集体舞教学时，教师可以设计一个“月亮船”的游戏情境，帮助幼儿在游戏的互动过程中完成整个舞蹈流程。音乐开始，男孩扮演桂花树，女孩扮演小兔双脚交叉蹲坐准备，前奏末句时，男孩做邀请动作，女孩回应并站立拉男孩手开始舞蹈游戏。根据句式和歌词，《小白船》里的四个乐句分别设计成上船、朋友见面、划船、游戏四个游戏场景，教师和幼儿一起设计舞蹈动作，并最终完成这四个情节。在集体舞表演过程中，幼儿两两结伴，运用动作和眼神进行交流，体验集体舞蹈的愉悦。集体舞的游戏性不仅仅体现在游戏情景的设计上，还在于舞蹈过程中师生之间、生生之间的情感交流，用眼神、表情及动作，让幼儿真正体验集体舞的乐趣。

（2）舞谱、道具的使用策略。

舞谱、道具的使用可以增添游戏的情趣，增强舞蹈的气氛，使舞蹈更具美感，同时还能帮助幼儿辨别动作方位，在和舞伴交换位置的环节中辨别队形路线，使幼儿很快掌握集体舞表演的方法。

（3）教师适时进入、退出的示范策略。

“教”是为了“不教”，集体舞教学中教师示范的适时进入和退出很关键。教师的示范一般在以下几种情况下进入：向幼儿示范他们从未学习过的舞蹈动作；当幼儿无法独立将动作或动作组合与音乐相匹配时；当幼儿无法理解教师用语言描述的操作要求时。退出则是指教师弱化对幼儿的支持。教师示范的适时退出有益于培养幼儿自我驾驭能力及相互学习的意识和能力，关键是教师要灵活把握示范中的进和退，做到放手但不放任。

以大班舞蹈《请你恰恰恰》为例。幼儿若是第一次接触恰恰舞，我们可以先请幼儿欣赏少儿恰恰舞的表演视频，让他们感受、体验这种舞蹈的风格及动作韵味。同时由教师重点示范基本舞步和动作，帮助幼儿迁移经验。在幼儿初步掌握这些之后，教师就采用退出的策略，鼓励幼儿自己根据音乐自由表演。在这个基础上，教师和幼儿共同编排集体舞。在教师退出之后，可以用固定的指令语，帮助幼儿在队形变化上和身体方向辨别中形成特定的队形和常规动作。

集体舞蹈最大的特点就是动作简单、重复，可以让所有的人都很快加入舞蹈的行列之中。从幼儿动作发展能力出发，我们在教学中应遵循以下三条规律。

① 从大的整体动作到小的精细动作。

② 从不移动动作到移动动作。

③ 从单纯动作到复合动作。

而以上有关舞蹈教学策略的运用，有效地提高了幼儿学习集体舞的效率，在享受舞蹈愉悦的同时，也促进了幼儿审美、交往等能力的发展。

六、幼儿教师的绘画教学技能及训练

作为一名幼儿教师，绘画技能是其必须具备的素质，除了要加强自身对各种绘画技法的学习之外，还要充分认识绘画活动对于幼儿成长的影响，要能运用绘画教学促进幼儿身心发展，把幼儿带入美术这个艺术殿堂，让他们感受美、表现美、创造美。

（一）绘画与幼儿成长

绘画作为一种视觉艺术，具有强烈的直观性，对幼儿有很大感染力。

绘画是幼儿运用色彩、线条和构图技法，在一个平面上创造出具有一定形状、体积、空间感的艺术形象的过程。幼儿在绘画中所创造的艺术形象既是对他们周围生活环境的反映，又是他们对事物主观的审美感受和评价。

1. 绘画是幼儿心灵的表达

幼儿期的绘画活动是幼儿自觉进行的游戏，也是用来表达认识、抒发情感的工具。它能更好地让幼儿表达内心世界，开启幼儿思维，激发幼儿自身的潜能，唤起幼儿创造的活力，培养幼儿多元的感受力和创造力，加深他们对自然、对社会的理解，也是他们获取人生经验的一种途径。具体来说，绘画对幼儿的成长具有以下意义。

（1）绘画帮助幼儿表达内心情感。

（2）绘画帮助幼儿感受生活。

（3）绘画记录幼儿的个性发展。

2. 绘画可以促进幼儿多方面的发展

（1）绘画开发智力。

当代心理学研究证明：儿童早期的绘画练习，可以提高其智商水平，因此，儿童画画的意义就不仅仅是画了。而且，研究表明：人脑的左半部主要负责抽象思维，右半部主要负责处理具体形象信息。而目前部分家长和教师重视的读写、算术等教育内容使幼儿左脑负担过重，右脑锻炼不足，这种现象不利于幼儿正常、和谐发展。艺术教育就是用有趣、新奇的刺激，启发和诱导幼儿去感知事物的外形、结构，这就要用到想象和形象思维能力，有利于幼儿右脑的发育。

（2）绘画发展幼儿的观察力、想象力和创造力。

观察是认识事物的基础，想象是将外界事物重新组合的过程，创造是通过思维再造出新形象的过程，幼儿绘画时，便能灵活地运用三者。观察力是重要的智力结构，它为想象力、创造力提供最直观的素材和初步印象，没有生活中的观察就没有艺术的想象和创造，因此，可以通过写生来培养幼儿的观察力。幼儿画中的想象是全方位的，一幅画的主题思想可以想象，物体形象可以想象，包括色彩都可以想象。想让幼儿有创造性的表现，培养其思维力显得尤为重要，思维是在观察认知的基础上产生的。陈鹤琴先生在《谈谈儿童绘画》一文中指出："儿童绘画的动机是受外界事物的刺激所致。我们教儿童画画，首先要扩大儿童的眼界，丰富儿童的经验。”如大班幼儿画春天，可以借助歌曲《春天在哪里》引发幼儿观察，在天空、草丛、花坛、树木等事物中寻找春天的特征。这样激发幼儿的兴趣，幼儿的想象也就随之产生。

(二) 教师如何有效地教幼儿绘画

1. 激发兴趣的策略

(1) 营造幼儿欣赏艺术作品的环境，培养幼儿感受美、表现美的欲望。

首先，教师要善于收集和筛选适合幼儿欣赏的绘画作品，如外国大师的杰作——凡·高的《向日葵》、夏加尔的《夏日午后的麦田》等，还有具有中国特色的美术作品，如水墨画、京剧脸谱、民间艺术品等，也可以选取幼儿自己创作的艺术作品。其次，教师要有意识地把这些作品投入班级环境中，形成良好的美术欣赏环境，使幼儿接受潜移默化的熏陶，加强美的视觉感受，培养幼儿对美的事物的敏感性，引发幼儿对美的向往。

(2) 选择幼儿感兴趣的绘画题材，激发幼儿创造美的激情。

教师在组织绘画活动时，选择幼儿感兴趣的绘画题材不仅能激发幼儿的创造热情，还能将幼儿的想象力、创造力充分地展示出来，使绘画活动成为幼儿表现、表达和展示自我的好形式。教师在具体选择时，应注意以下几点。

① 从易于表现的事物中选择。

形象生动可爱、特点鲜明、色彩亮丽、造型简洁明了的事物是易于表现的事物，幼儿会情不自禁地去关注、把玩，激发创作欲望。如千姿百态的花草、形状各异的树叶、各种图形等都是很好的素材。

② 从幼儿喜爱和熟悉的事物中选择。

幼儿正处于形象思维阶段，他们对于自己喜欢和熟悉的事物总会印象深刻，这些事物也能引起他们的联想，激发他们的表现欲望，这种兴趣促使幼儿主动将美的事物变成表现的对象。如许多动画中的人物、可爱的动物、各种交通工具等。

③ 结合主题活动，从内容中选择。

幼儿创造性地进行绘画活动不是凭空想象的，他们需要有对事物感知的经验，这些原型就是通过观察和认知习得的；幼儿园设置的活动主题要能够有效地帮助幼儿系统性地、有针对性地积累这些知识经验，有利于展开绘画教学活动。如在“我爱我的家乡”的主题活动中，教师通过引导幼儿实地游览、图片观察、互相交流和讲述等形式帮助幼儿了解家乡的美景，幼儿便不由自主地想画出来，想表达自己的所见所闻。有了这些前期经验，幼儿的创造活动就变得容易了。

④ 从幼儿生活中选择。

艺术题材本就来源于生活，小班的幼儿更需要实地感知触摸原型，这符合其认知水平及年龄特点。让幼儿去表达那些离幼儿生活较远的题材是有难度的，同时也会让他们失去创作的兴趣。如房子、水果、我的好朋友等都贴近幼儿生活，让他们有可画的形象在脑海里。

⑤ 从有想象和创造空间的题材中选择。

幼儿的思维没有成人那么多的约定俗成，他们认为好看的就是合理的，大脑喜欢想象也富于幻想。幼儿爱表现的，有贴近生活的题材，也有幼儿感兴趣的科学幻想题材。如幼儿把手套想象成摩天轮、鸟的翅膀等。教师在选取绘画题材时，要考虑物体的外形特征是否有想象和创造的空间。

2. 鼓励想象创造的策略

（1）改变模式化思维。

我们常常会看到，幼儿画的太阳、月亮、大树等物体都是固定的形态，有的幼儿每次作画时都要在画面上画上太阳、小草，形成了模式化思维，教师要想办法消除幼儿脑中的固定概念形象，这就需要让幼儿多感受生活，在生活中发现各种事物的多面性，通过欣赏不同绘画作品的表现方法来开阔眼界。教师要让幼儿知道“原来太阳还有这么多的画法”，逐渐消除对一种物体的模式化画法。启发幼儿运用喜欢的符号、图形进行组合、添加、联想，开启幼儿的想象思维，这样也可以打破模式化思维。

（2）引导幼儿掌握基本的绘画表现方法。

幼儿学画已经走出了成人临摹的框架，我们不是为教幼儿学习绘画技法而教绘画，而是让幼儿通过学习绘画技法提高他们对美的表现力、创造力。因此，教师帮助幼儿学习一些基本的绘画表现方法还是有必要的。

① 嫁接法：嫁接法是把两种不相干的事物结合起来，取两种事物的某一特征合二为一。

② 仿生法：通过模仿大自然中生物的形态和属性创造出绘画作品。

③ 添加法：在原有物象上增加某些零件和功能及图案，产生新的物体形象。

④ 重组法：就是把一个物体打乱拆散，然后重新组合各部件，这样一来一种新颖独特的物品就出现了。

⑤ 拟人联想：拟人联想是以动物或植物为题材，将其比拟成人物去联想，在儿童绘画中这样的例子很多。

⑥ 变形联想：是以一个物体为基础，把它变胖、变细、压扁、增添、减少的联想方法。

还有同类联想、不同类联想、科学幻想、生活联想等。

3. 引导观察表达的策略

绘画是视觉艺术，绘画的过程离不开观察，观察是表达的基础，技法则是桥梁。在教学中，教师要注重引导幼儿通过积极参与来感受、发现美术作品的形式美和内容美。教师可以启发幼儿用他们的眼睛、耳朵、手、鼻及全身去感受、发现周围的事物，并激起他们的好奇心，引发他们画画的欲望。同时，教师还要引导幼儿用语言来表达想画的内容，加深对观察到事物的形状、色彩、图案的印象。教师应该努力让幼儿学会赏画、说画，使之逐步成为幼儿学习绘画的一个习惯。如在“欣赏布老虎”的活动中，先将各色各样的玩具老虎摆在幼儿面前，让他们摸一摸、看一看、玩一玩之后，再提出启发性的问题，引导幼儿去表达老虎的外形特征。接下来观察作品的色彩、图案，感受民间美术作品大胆、不拘一格的表现形式，了解对比色的装饰效果、图案的对称性等特点，这些观察和表达更有助于幼儿的艺术创作。

（1）熟知适合幼儿绘画教学的材料和工具。

幼儿受年龄和认知特点的影响，选择的绘画材料和工具都会影响幼儿学习绘画的愿望与效果，因此教师要选择幼儿能够操作的材料和工具。对于不同年龄的幼儿选择适于他们接受的不同工具材料，不仅能提高幼儿的绘画兴趣，而且，通过对工具材料性能的探索还能提高幼儿的创造表现能力。教师要了解并熟知各种绘画材料和工具，下面对常用的材料工具的类型和使用方法做简单的介绍。

① 线画材料和工具。

笔：水性笔、记号笔、油性笔等。

纸：素描纸、彩色纸、卡纸、高丽纸等。

② 画线画的方法。

幼儿初学绘画时应选择油性笔或较粗头的记号笔作画，这样的画面效果醒目，易于建立幼儿学画的信心；还应选择不能涂改的笔作画，应一笔下去画到头，可以锻炼幼儿大胆、果断的作画习惯。线的排列要讲究疏密变化、粗细变化，使画面看起来不呆板，有节奏美感。

③ 色彩画的材料和工具。

笔：水彩笔、油画棒、水粉笔、油画笔、毛笔、荧光笔等。

纸：素描纸、水粉纸、宣纸、皮纸、卡纸、磨砂纸等。

颜料：水粉颜料、丙烯颜料、国画颜料等。

④ 色彩画的方法。

水彩笔、荧光笔和油画棒是幼儿学画时使用最多的绘制工具，这些工具使用很方便，能进行简单大面积的涂色。画水粉画和水墨画时都需要使用颜料，较为麻烦，因此教师在教绘画时要注意培养幼儿良好的用笔习惯。小班幼儿在学习使用工具作画时可以使用棉签、废纸团、海绵等作画工具，这比直接操作笔更适合他们。

（2）掌握引导幼儿观察绘画的方法。

绘画活动中，让幼儿先进行观察的目的就是要使他们的画中有物，为幼儿表现美、创作美打下基础。

① 调动幼儿观察兴趣的方法。

首先，新奇的环境和作品能引发幼儿观察的欲望。幼儿充满好奇，对新鲜事物感兴趣，教师在教室里结合绘画内容布置的相关环境会给幼儿的视觉带来冲击，使他们自发产生观察兴趣。其次，教师介绍观察物时可运用生动的语言、夸张的肢体语言调动幼儿观察的兴趣。

② 观察具体事物特征的方法。

首先，要随着幼儿的观察视线走，及时肯定幼儿观察到的结果，然后，教师继续引导幼儿观察还没有注意到的地方。幼儿的观察多是事物的大体形状，不能对其进行细微观察，也说不出具体特征，因此，教师要调动幼儿的多种感官参与观察活动，帮助幼儿既获得整体印象记忆又获得细微特征记忆，只有对事物印象深刻才能对其进行表征、联想、再创造。另外一种方法是引导幼儿、对物与物之间的异同进行比较——“哪儿是一样的”“哪些地方不一样”，这样的观察可以巩固幼儿的已有经验并帮助幼儿察觉事物细微之处的特点。

（3）灵活运用多种绘画材料和方式作画。

比如使用刮画纸和笔作画、在沙画纸上作画、用手印画等，用多种材料、不同形式作画，这能够增强幼儿对绘画的兴趣，教师要不断尝试、探索，灵活使用这些材料和方法，引导幼儿去感知和操作。

4. 注重欣赏评价的策略

要为幼儿创造展示自己作品的机会，引导幼儿相互交流、相互理解和相互欣赏。

教学中恰当运用评价，是为了激励幼儿对绘画活动产生浓厚兴趣，提高幼儿对美的感受力和表现力。美术活动结束后，幼儿的一幅幅作品“诞生”，教师可以立刻把它们贴在黑板上，或在教室里准备一块展示台，每次都把幼儿的绘画作品展示出来。这样不仅有利于教师和家长了解幼儿的进步，并给予肯定和鼓励，也能及时发现幼儿作画中存在的问题，并给予帮助。

需要注意的是，教师在欣赏幼儿作品时不要用成人的眼光来评价它们，对幼儿的作品应做出纵向评价，从用笔、色彩、想象等方面进行评价。对大班幼儿要鼓励他们相互交流评价，幼儿可以介绍自己的画，也可以欣赏别人的画，让幼儿评一评哪幅作品是自己最喜爱的，为什么喜欢。

（三）教师如何提高自身的美术技能

1. 技能训练

艺术是需要不断更新、创造的领域，因此，幼儿教师要在巩固已有艺术知识的同时不断更新美术学科的新知识，这需要教师有计划、有目的地充实自己。教师可以在培训机构进行系统学习，学习现代多种材料混合运用的新画法，如油水分离画、喷画、沙画等；另外，还要多欣赏了解大师的名画作品，只有教师自身具备赏画、作画、评画的素养，在绘画教学活动中才能游刃有余。

2. 技法训练

教师如果空有一身绘画本领，而没有教授能力，即便能创造出非常好的画作，也不代表他能教好学生。因此，教师还要提高自己的教学能力、掌握教学技法，多阅读绘画专业的书籍，向名师学习，并反思自己的教学行为对幼儿的影响，找到教育教学中的问题。还要有意识地尝试和运用多种绘画技法设计活动方案。总之，绘画技法的提高和教师教学技能的提高，全靠教师自己的严格要求和进步需求。

（四）手工制作与幼儿成长

手工制作活动是幼儿园常开展的活动，也是幼儿非常喜欢的一项活动。由于手工制作材料具有多样性以及可塑性等特点，能够激起幼儿参与活动及创作的兴趣，同时作品既好玩又好看，可以装点环境也可以作为幼儿的玩具，所以幼儿对手工制作情有独钟。

苏联教育家苏霍姆林斯基说过："手是思想的镜子，是智力才能发展的刺激物，是意识的伟大培养者，是智慧的创造者。"由此可见手的作用是多么神奇。只有让幼儿在操作中动手、动脑，让多种感官参与互动，才能使他们的智慧和能力得到最大限度的发展。而手工制作正是典型的手脑并用、手眼协调的活动，它有利于全面发展幼儿大脑，有利于全面发展幼儿的创造力。这种符合幼儿身心发展需求的特点决定了该活动的实用价值。

1. 手工制作是调动幼儿全部感官的创造活动

手工制作需要左右脑的同步合作沟通及全部感官参与活动来完成。在手工制作的过程中，幼儿会运用到耳朵、眼睛、手、口、脑等各种感觉器官。在教师进行讲解时幼儿需要认真倾听，而眼睛的观察促进幼儿了解、掌握事物的特征，在观察的基础上才能做到准确分辨材料及确定制作步骤。观察到的信息传送到大脑，大脑经过分析、判断后，再指挥、控制手进行捏、撕、粘、剪等动作，手指和手腕的协调配合等相关动作。在此过程中，有时还需要幼儿表达，与教师和同伴交流。在各感官协同运作下，才能完成一种手工制作。这样的活动既是左右手的合作训练，也是手与脑、手与眼的协调训练，幼儿在不断的实际操作中，各项生理机能都得到了发展。

2. 手工制作能培养幼儿良好的社会性品质

随着年龄的不断增长，大脑皮层进一步发育成长，幼儿大脑的活动能力逐步增强，兴奋过程与抑制过程中，他们需要付出更多的耐心、细心与专注。在这个过程中，幼儿的情感、意志力、个性品质都得到了发展，从而达到陶冶情操、启迪智慧、身心全面发展的目的。

在手工制作过程中，往往还需要幼儿之间进行相互配合和帮助，这会使幼儿的交往能力、与人沟通的能力和团结协作的能力得到锻炼。

3. 手工制作促进幼儿掌握一些日常生活用品的使用方法

手工制作就是让幼儿在学习的过程中，逐步掌握各种工具和材料的基本使用方法，在此基础上帮助幼儿形成技能，并将技能迁移到手工制作活动中去。因此，让幼儿了解和认识制作工具、材料的特征及用途，并掌握其使用方法是制作活动教育目的的关键所在。

幼儿在完成手工制作时，会接触到一些有安全隐患的工具和材料，教师要引导幼儿思考如何避免危险发生或者怎样工具、材料使用才既卫生又安全。

（五）手工制作特点及教学指导

1. 幼儿手工活动的分类

手工教学的内容丰富，形式多样。从空间占有形态可分为平面作品与立体作品两种，从手工制作材料的性质上可分为纸工、泥工、布工等，从作品的用途上可分为实用型、观赏型、技能型等。其中，平面纸工包括剪纸、剪贴、撕纸、染纸等。立体纸工有折纸、纸条造型、纸浮雕、纸花等。泥塑和缝、绣、织、钩以及废旧物的利用也是手工学习的重要内容。

2. 幼儿各年龄段手工活动的特点

幼儿手工活动属于幼儿艺术活动，幼儿手工创作水平的发展也经历了与绘画水平发展大致相同的过程，但幼儿手工是一种三维创作活动，有其自身的特征。教师应认清幼儿所处不同年龄阶段的特点，进行有针对性的指导和帮助。

（1）小班（无目的活动期）。

这个时期的幼儿由于手部小肌肉发育不完善，认识能力很有限，所以做手工时并没有明确的目的，只是一种纯粹的玩耍活动。他们对手工工具十分好奇，满足于对工具的摆弄和操作，感受着自由活动的快乐。他们喜欢涂涂画画、拆拆拼拼，并由此提高自己的动手能力。

在泥塑活动中，这一时期的幼儿还不能有目的地制作出具体作品。起初他们只是握拿、抓捏和拍打材料，在随意的摆弄的过程中，偶尔发现塑造的形状与生活中的一些物品相像，于是就给作品起名。有的幼儿说自己捏了一个大饼，也有的幼儿说自己做的是蛋糕，还有的幼儿在整个活动中始终沉浸于揉泥中。这一阶段后期，幼儿能用黏土制作出圆球，并用其代表某些事物，这与幼儿在涂鸦期画大大小小的圆来代表一些事物是一样的。

(2) 中班（基本形状期）。

这一时期大约相似于幼儿绘画中的象征期。幼儿由无目的的随意动作逐渐出现有意图的创作尝试，他们开始把生活中直接感知的东西，通过手工表现出来，常在制作开始时就能说出自己要做什么了。

到这一阶段后期，幼儿的棒状作品出现了粗细、长短的变化，之后还会使用厚纸片等物品来制作物体。但幼儿做出的粗细、长短不一的棒状作品和用厚纸片制作的物体，还仅是做出了所要制作物体的某一部分而已。即使有两部分形状的连接，也只是机械叠加，整体艺术感不强。

在教师的指导下，幼儿可以用一些废旧材料做出自己喜爱的玩具，如纸盒汽车、小家具，用报纸、挂历纸裁剪的布娃娃衣服，还可做一些面具、头饰等。

(3) 大班（样式化期）。

这一时期的幼儿，由于手部精细肌肉的发育，手眼协调能力的增强，又掌握了一些创作工具和材料的使用方法，因而他们的表现欲望很强烈，喜欢操作各种工具和材料，展现自己的创意能力。

大班幼儿在泥塑活动中塑造的主题、塑造的技能，都随着年龄的增长和知觉经验的发展而提高，其泥塑造型能力、对客观事物的概括能力、立体性的表现能力都逐步发展，运用泥塑表现情感的水平也大大提高了。他们会借助辅助工具来塑造物体的细节特征。所塑造的人物不仅更精细，而且已经有了动作和神态，有的作品还反映出他们对人物职业的理解。

在剪纸活动中，幼儿不仅能连续沿直线剪纸，还能双手配合着剪曲线。此时的幼儿已基本能剪出自己希望剪出的物体形状。

这一阶段的幼儿不仅能采用剪、挖、粘贴等多种技法进行创作，还能对作品进行细节的装饰，如涂色、添画图案等，力求创造更完美的作品。

3. 手工活动指导的基本原则

(1) 帮助幼儿积累相应的内在图式和表象。

心理学研究认为，想象是需要凭借物的。教师有意识地引导幼儿在日常生活中进行参观、旅行、散步、看书、讨论、对比、分享、分析等活动，让幼儿养成观察、思考的习惯，通过对各种有形事物的观察，丰富幼儿的感性经验；帮助幼儿对表象进行储存、积累、记忆，并内化成感性经验，为制作、创造活动提供素材。

（2）调动幼儿的各种感官来产生更多的体验。

提供更多不同材质且安全的手工材料，调动幼儿的各种感官来体验美的存在，通过摸一摸、看一看、闻一闻等多种渠道去体会与感知各种材质的不同，让他们产生更多的体验。每一次活动中材料不能堆砌太多，应根据幼儿的年龄采取逐步增添的原则，要提供有表现力的材料，为制作活动服务。

（3）教幼儿学习手工工具和材料的基本使用技巧。

在幼儿掌握了基本创作技法的基础上，激励幼儿进行自由的想象、创造、操作，以促进幼儿创造力的发展。在幼儿制作时采用启发式谈话、动作示范等方法，给幼儿技术上的支持。

（4）将手工活动与游戏活动结合起来，注重学科之间的联系。

教师既可以用游戏的形式来开展手工活动，让幼儿在游戏活动中进行手工制作，也可以把手工活动的成果当作游戏的道具，让幼儿感受学就是玩、玩就是学的乐趣。主要方法有师生互动游戏、同伴互助游戏、形象比喻游戏、儿歌游戏。

活动中应避免两种倾向：一种是教师一直做示范讲解，幼儿一味地模仿学习，被动地学习，这种倾向在传统教育中比较常见；另一种是受现代教育观影响，一味地放任幼儿想做什么就做什么，让幼儿盲目地创造，忽视教师的引导作用。教师要善于用商讨式、议论式、探究式的语言组织活动，使教师和幼儿之间不再是一种灌输与被灌输的关系，而是一种平等的对话式的双向交流关系。

（5）在手工活动中培养幼儿良好的操作习惯和卫生习惯。

每次活动要强调手工工具、材料使用和摆放的要求，使幼儿养成有序拿放的习惯；保持画面、桌面和地面的清洁，使幼儿形成良好的卫生习惯。

（6）正确评价幼儿的手工作品。

教师评价时应站在幼儿的视角看待他们的手工作品，从构思、创造性、材料的运用、技能技巧的表现等方面进行评价。教师要善于发现幼儿创作中的闪光点，用发展的眼光来评价作品。对于能力强的幼儿给予肯定，对于有进步的幼儿也要给予表扬，对能力差的幼儿当然也要进行鼓励，帮助他们树立信心，保持对手工活动的浓厚兴趣。

重视对幼儿手工作品的展示，使幼儿在欣赏交流中共同提高。在展示交流活动环节，我们要鼓励幼儿将自己的作品充分地展示给别人，并引导幼儿对作品进行个性化的描述。

要妥善处理幼儿的作品，如作为玩具使用、作为艺术品装点环境、作为礼物送给朋友或者亲人等，使幼儿的努力与创造体现出相应的价值。

保育安全篇

幼儿在幼儿园中的安全问题，是幼儿教育中的重大问题。本章从幼儿园一日常规工作的布置、安全工作要点着手，详细地阐释了如何保证幼儿园教育活动的安全，同时也着重介绍了幼儿园常用的急救措施。

第一节　幼儿园一日常规工作的基本原则和流程

一、幼儿园一日常规工作的基本原则

（一）季节性原则

季节性原则是指一日常规工作的制定要考虑季节的因素。作息时间、活动内容以及游戏方式应根据四季的变化做相应调整。

（二）园本性原则

园本性原则是指一日常规工作的制定要考虑本园的实际。例如，就餐的安排，应考虑幼儿园为幼儿提供服务的情况做出具体的安排，有的幼儿园是三餐三点，有的幼儿园是二餐一点或一餐一点。睡眠的安排也是一样，根据幼儿在园的时间制度而定，有的是半日制，有的是寄宿制，而睡眠的安排也应有所区别。保教人员的分工或职责由于园所人员配备的不一致也略有不同，有的是一教一保，有的是二教一保，教师和保育员的工作任务也有不同。

（三）年龄性原则

年龄性原则是指一日常规工作的制定要考虑幼儿年龄的因素。作息时间、生活常规和游戏活动要根据幼儿所处的年龄阶段精心设计，不能千篇一律。

二、幼儿园一日常规工作的流程和要求

各园根据本园的实际和教育行政管理部门统一规定的作息时间，制定出具有本园特色的一日常规工作流程和要求。下表所示为日托班一日常规工作流程和要求。

日托班一日常规工作流程和要求

活动内容	时间	幼儿常规	教师职责	保育员职责
入园及晨检活动	7:20—7:45（春、夏、秋） 7:30—7:45（冬）	1. 衣着整洁、愉快来园接受晨检，带手绢。2. 有礼貌地向老师、小朋友问好，向家长说再见。3. 进行简单的劳动，如擦个人桌椅、给花浇水	1. 做好室外清洁和室内通风工作。2. 提醒幼儿做简单的劳动	1. 带领值日生擦桌子、椅子，打扫室内卫生。2. 打开水，做好早餐前的准备工作
区域游戏	7:45—8:45（春、夏、秋） 8:00—8:45（冬）	1. 能按意愿进入区域活动。2. 情绪愉快，能积极参加游戏活动。3. 遵守游戏规则。4. 会正确使用玩具和材料，学习整理玩具和材料。5. 能与同伴之间友好交往。6. 遇事能积极思考，学习自己解决问题，学习处理与同伴相互关系的问题。7. 学习自理、自律	1. 指导幼儿进行区域游戏，指导应有重点。2. 预先做好活动准备工作。3. 保证充足的游戏时间，尊重幼儿意愿，开展游戏。4. 注意安全。5. 注意观察幼儿，参与幼儿游戏，积极引导。6. 激发幼儿共同游戏。7. 引导幼儿评价游戏	1. 协助做好准备活动。2. 协助指导游戏。3. 其他工作与教师相同
晨间户外体育活动、早操	8:45—9:20	1. 在教师指导下，既能积极参加集体游戏，又能参加自选游戏活动。2. 能听从教师口令，认真做操，动作到位	1. 组织幼儿开展体育活动，为幼儿提供丰富多彩的体育玩具。2. 组织幼儿做早操，精神饱满地领操	做好发放点心前的准备工作
点心	9:20—9:35（中、大班） 9:15—9:40（小班）	1. 认真洗手，方法正确。2. 能轮流排队，不拥挤。3. 不玩水，节约用水。4. 安静吃点心，坐姿良好。5. 吃完点心后，放好餐具	1. 组织指导幼儿洗手。2. 组织幼儿吃点心。3. 让幼儿随洗随吃，提醒正确姿势。4. 注意照顾个别幼儿。5. 创造愉快的气氛	幼儿吃完后清理桌子

（续表）

活动内容	时间	幼儿常规	教师职责	保育员职责
集体活动	9:35—10:40（中、大班） 9:45—10:40（小班）	1. 听从教师要求，积极参与活动。2. 坐姿自然、端正。3. 学习正确看书、握笔的姿势。4. 举手发言，不插嘴，不告状。5. 说话、走路、拿放东西时声音要轻	1. 做好活动前准备（包括活动内容、场地安排、材料）。2. 组织教育活动。3. 以游戏形式引起幼儿兴趣。4. 选材符合本班幼儿的年龄特点，容量适当。5. 为幼儿提供较充分的动手、动脑、动口的机会。6. 集体活动与小组活动结合，使幼儿相互影响。7. 注意卫生保健要求	1. 协助教师进行作业准备。2. 配合教育活动，给幼儿以必要的个别指导
如厕、喝水	10:05—10:40（中、大班） 10:00—10:10（小班）	1. 养成定时大小便的习惯。2. 学习自己擦屁股、穿好衣裤。3. 便后洗手。4. 需要时能随时如厕。5. 用自己的水杯按时喝水，口渴时随时喝水。6. 自己排队接水，不拥挤。7. 不浪费水，把水杯放在固定位置	1. 饭前、外出、集体活动前及入睡前安排、提醒幼儿如厕。2. 允许幼儿按需要随时大小便。3. 提醒幼儿便后洗手。4. 指导提醒幼儿用自己的水杯接水，不浪费水。5. 检查幼儿的饮水量	1. 准备好手纸。2. 其他工作与教师相同
午餐	10:50—11:40	1. 认真洗手，方法正确。2. 能排队轮流洗手，不拥挤。3. 不玩水，节约用水。4. 安静进餐，坐姿良好。5. 正确使用餐具。6. 文明进餐。7. 干稀搭配吃，菜与饭就着吃。8. 吃完后漱口、擦嘴	1. 组织指导幼儿洗手，提醒正确的顺序和方法。2. 组织幼儿进餐，提醒正确姿势。3. 注意照顾个别幼儿。4. 创造愉快安静的进餐气氛，餐前、餐中不处理问题	1. 去食堂拿饭菜。2. 指导幼儿漱口，帮幼儿倒好开水。3. 根据幼儿饭量随时添饭，不催食。4. 其他工作与教师相同

（续表）

活动内容	时间	幼儿常规	教师职责	保育员职责
餐后游戏	11:40—12:00	1. 餐后参与游戏。2. 在指定范围内自选游戏玩具	1. 餐后安排轻松安静的活动，如室内游戏、散步。2. 与个别幼儿谈话等	收拾餐具、餐桌，清理地面，进行卫生消毒等
午睡	12:00—14:15	1. 安静进入寝室。2. 按顺序脱衣，将衣服折叠好并放在固定位置。3. 安静入睡。4. 不带小玩具上床。5. 养成良好的睡姿和睡眠习惯	1. 预先拉上窗帘。2. 指导或帮助幼儿脱衣，提醒正确的顺序和方法。3. 检查幼儿的盖被情况，纠正不良睡姿。4. 随时检查幼儿的睡眠情况，值班人员不得离岗	1. 配合教师照顾幼儿午睡。2. 整理被褥，整理寝室
起床、午检 盥洗、午点	14:15—14:45（大、中班） 14:15—15:00（小班）	1. 按时起床。2. 正确穿衣穿鞋。3. 学习整理床铺、叠被。4. 接受午检。5. 如厕。6. 盥洗。7. 喝水。8. 安静用午点	1. 做好起床准备工作。2. 指导或帮助幼儿穿衣、整理床铺。3. 午检并检查幼儿着装，可组织幼儿互相检查	1. 预先领好午点。2. 配合教师工作。3. 整理被褥，整理寝室
室内外游戏	14:45—15:45（大、中班） 15:00—15:45（小班）	1. 能按意愿进入区域活动。2. 情绪愉快，能积极参加游戏活动。3. 遵守游戏规则。4. 会正确使用玩具和材料，学习整理玩具和材料。5. 与同伴之间友好交往。6. 遇事能积极思考，学习自己解决问题，学习处理与同伴相互关系的问题。7. 学习自理、自律	1. 指导幼儿进行区域游戏，指导有重点。2. 预先做好活动准备工作，可组织、指导中、大班幼儿帮助准备。3. 保证充足的游戏时间。4. 注意安全，并进行相应的教育。5. 尊重幼儿意愿，开展游戏。6. 注意观察幼儿，参与幼儿游戏，积极引导。7. 激发幼儿共同游戏。8. 引导幼儿评价游戏	1. 协助教师做好准备活动。2. 协助指导游戏。3. 其他工作与教师相同

（续表）

活动内容	时间	幼儿常规	教师职责	保育员职责
离园	15:50—16:00	1. 安静进行自选游戏。2. 收拾整理好玩具。3. 穿戴衣帽。4. 向家长问好，向老师、小朋友说再见	1. 安排幼儿自选玩具、图书，安静活动。2. 提醒幼儿收放玩具。3. 检查幼儿穿戴。4. 提醒值日生第二天工作。5. 与家长简单交谈，有计划地与家长谈话，做家长工作	与教师相同

【知识拓展】

幼儿园管理的常规（节选）

一、备课制度

1. 坚持提前备课制度。根据教学实际科学地处理并创造性地使用教材，结合实际准备出详细教案，每周五前完成下周教案，并经保教主任审阅。

2. 拟定主题教学活动安排。掌握主题活动的具体内容和要求，合理确定课时、教学内容、教学重点和教学难点，设计教学方法。每周向家长公布教育教学内容。

3. 教师应充分理解、分析、熟悉教材内容，科学设计教育活动方案。示范动作要熟练、准确。教育活动方案于前一天写好，要认真详细，步骤齐全，书写整齐，突出重点、难点。

二、科研工作

1. 充分发挥教研组的作用。教研组在幼儿园的保教管理组织系统中处于贯彻落实幼儿园保教管理工作各项要求的执行层，要充分发挥其承上启下的中介和桥梁作用。

2. 教师应按时参加园内的教研活动和业务学习，提高保育员和教师的理论水平。

3. 教师应大胆进行教育、教学研究和改革，积极承担教研课题并组织实施，根据课题实验进展情况及时写出阶段性总结或实验报告。

4. 幼儿园有健全的教研网络体系：班级教研、年段教研、园本教研。

5. 要结合实际有针对性地开展经常性教研活动。年级、园每两周开展一次教研活动，教研活动要做好记录（记录要求：有时间、内容、教师发言）。

6. 定期开展保育和教育的实践观摩、交流活动。教师每人每学期应讲一节园内公开课，成绩作为教学能力评价的依据之一。除此之外，教师要开放课堂，互相观摩，互相学习。公办幼儿园、省级示范幼儿园以及乡镇（街办）中心示范幼儿园每学期要向一定范围内的幼儿教师开展示范教学活动。

7. 按规定完成个人听课任务。园长每学期听课 20 节，主管教学的副园长每学期听课 40 节，教师要根据工作实际互相交流听课。各园要有统一的听课记录本，听课记录要详细，并对所听活动课给予中肯的评价。

三、家园共建管理

1. 幼儿园与家长之间应建立教育伙伴关系，及时交流和探讨保教问题。每学年家访一次，每学期面访一次，幼儿生病一天未来园，教师须打电话询问，幼儿请假两天以上则要登门看望。

2. 根据幼儿园（班）实际情况，每学期至少召开全园家长会和班级小型家长会各一次。

3. 实行家长开放日制度（每学期不少于 2 次），并成立家长委员会。

4. 做好家园联系栏的布置更换工作（每月至少更换 1 次）。

5. 认真填写家园联系册，并建立相关档案。

第二节　幼儿园安全工作概述

幼儿特有的身心发展特点，使幼儿园安全工作既具重要性又具复杂性，但任何事情都有其发生的原因，都有规律可循。因此，分析幼儿安全事故发生的原因，探寻幼儿安全工作的规律，明确保教人员开展安全工作的原则，尽可能减少幼儿在园事故，坚决杜绝恶性事故的发生，既有可行性又具必要性。

一、幼儿在园安全事故分析

1. 幼儿在园安全事故的主要类型

幼儿在园安全事故是指幼儿在园期间由于客观或主观因素导致的幼儿伤害事故。这里的“在园”不只是一个空间概念，更重要的是一个责任概念，应理解为幼儿在园方看护下的全部时间和空间。客观因素主要指环境因素或保教人员不经意给幼儿带来的伤害，主观因素是指幼儿被同伴、保教人员或其他人员有意实施的伤害。因此，所谓幼儿在园安全事故应该包括幼儿在园方看护期间发生的园内园外的、有意无意的各类伤害事故。

按照造成事故的直接原因，可以将幼儿在园事故分为五类：幼儿园对幼儿管理不善造成的幼儿安全事故、幼儿园对设施设备管理不善造成的幼儿安全事故、幼儿园保教人员或其他人员对幼儿故意伤害造成的幼儿安全事故、幼儿自身疾病导致的幼儿安全事故、自然灾害造成的幼儿安全事故。这种分类也是相对而言的，并不十分严格，因为有些事故是由多种原因造成的，如幼儿磕碰事故，有幼儿自身的原因，有保教人员管理幼儿不善的原因，也可能有幼儿园设备不完善的原因。

(1) 幼儿园对幼儿管理不善造成的幼儿安全事故。

幼儿走失事故。所谓走失，是指幼儿在教师不知道的情况下独自走出幼儿园，失去成人的看管和保护。走失的原因一般为保教人员对幼儿的管理出现疏漏、幼儿园大门管理疏漏或者幼儿园围墙等设施存在问题。幼儿走失后，极易发生意外伤害或被人领走等事故，非常危险。

幼儿被冒领事故。是指幼儿监护人及其委托的接领人之外的人，冒充监护人的委托人接领幼儿，以达到劫持人质、拐卖幼儿等目的。冒领事故一旦发生，会给幼儿身心造成极大伤害。

接送车内死亡事故。是指幼儿被长时间遗忘在接送车内，由于高温中暑而导致的死亡事故。早晨接送车将幼儿接到幼儿园门口后，司机和保教人员不认真清点幼儿人数、查看幼儿是否全部下车，把幼儿遗忘在车内，被发现时一般在下午，时间达 5～10 个小时，幼儿长时间处于高温环境，导致中暑死亡。

幼儿食物中毒事故。幼儿食物中毒是指幼儿食用了被有毒、有害物质污染的食品，或者食用了含有毒、有害物质的食品后出现的急性、亚急性疾病。食物中毒分为细菌性食物中毒、真菌性食物中毒、动植物性食物中毒和化学性食物中毒四类。对幼儿园而言，主要应该预防的是细菌性食物中毒、动植物性食物中毒和化学性食物中毒。

幼儿烫伤事故。烫伤事故在幼儿园时有发生，一般是幼儿被开水或热汤、热粥烫伤。幼儿被烫伤主要有两种情形：一是保教人员提着开水或热汤容器，不慎与幼儿相撞，开水或热汤洒在幼儿身上使幼儿被烫伤；二是保教人员打来开水或热汤后，放在幼儿经常经过的地方，幼儿不慎撞到被烫伤。

（2）幼儿园对设施设备管理不善造成的幼儿安全事故。

磕碰事故。幼儿磕碰事故主要有骨折、皮肤裂伤、脑血管出血、内脏破裂等，需要及时到医院检查、治疗。皮肤裂伤多见于头面部和四肢，如果裂伤部位为脸部，最好去资质较高的医院缝合治疗，不至于留下明显的疤痕；骨折一般经过 3 个月左右痊愈，一般不会给幼儿造成后遗症；幼儿发生头部磕碰或内脏被撞击后，要及时送往医院检查，以免贻误治疗时机。

滑梯勒死幼儿事故。幼儿在脱离保教人员看护的情况下玩滑梯，衣领或连衣帽被滑梯滑道起始处的突出物和缝隙挂住或卡住，幼儿的脖子被勒紧，时间过长，导致幼儿窒息死亡。

触电事故。幼儿在园发生触电事故的主要原因是电源插座位置过低，幼儿能摸到。因此，幼儿园建筑标准规定，幼儿园电源插座应安装在离地面 1.7 米以上的位置。

火灾事故。导致幼儿园火灾的主要原因为电源短路，电源短路后导致电器起火或周围易燃物起火。幼儿园要严把电力设备质量关，加强教职工用电安全管理。另外，对火源管理不善也容易造成火灾。

房屋倒塌致幼儿伤亡事故。房屋倒塌致幼儿伤亡的事故近年来常有发生，主要发生在农村。原因是房屋年久失修、恶劣天气或大梁折断等，造成幼儿伤亡。

（3）成人故意对幼儿实施伤害造成的幼儿安全事故。

烫伤幼儿事故。由于某些幼儿园管理混乱，加之极个别保教人员丧失职业道德，一旦幼儿不听管束，便采取各种极端手段对幼儿进行体罚。如有的保教人员用电熨斗、烫发棒或火钳子等烫幼儿的脸或胳膊，给孩子造成极大的身心伤害。

针扎幼儿事故。有的幼儿园教师采取极端手段，迫使幼儿守纪律。如云南某幼儿园教师用针扎伤20名幼儿；又如某幼儿园教师因为幼儿不肯睡午觉，屡次用签字笔扎破幼儿脚心。

掐拧幼儿事故。有的保教人员对不听话的幼儿倍感气愤，又缺乏有效的教育方法，便用掐幼儿的胳膊、肩膀或大腿的手段来惩罚幼儿。

猥亵幼儿事故。有的幼儿园管理混乱，保教人员没能尽职尽责，给心怀歹意的男性员工或其他人员带来可乘之机，致使幼儿遭到性侵害。

暴力侵害幼儿事故。是指幼儿园外部人员暴力侵害幼儿的事故。这些人员对社会有不满情绪，通过对弱势群体的伤害来报复社会，发泄不满情绪。

（4）幼儿自身问题造成的死亡事故。

幼儿自身疾病造成的死亡事故主要发生在午睡时段，因此被称为“幼儿午睡死”。是指幼儿在幼儿园午睡过程中死亡或午睡起床时保教人员发现幼儿身体异常，将其送入医院，幼儿经抢救无效死亡。近年来，每年都有媒体报道幼儿午睡死亡事件。按幼儿午睡死亡的直接原因分类，主要有以下几种情况。

吸入性窒息死亡。一般情况是，孩子吃午饭时没有将饭菜全部咽下去，在保教人员的催促下上床睡觉，导致吸入性窒息死亡。

口腔、鼻腔捂堵窒息死亡。一般发生在低幼孩子身上，幼儿的口腔和鼻腔等呼吸通道被被子捂住，造成幼儿窒息死亡。

脑血管破裂死亡。或许是出于幼儿从床上摔下来等原因，教师没有及时将其送往医院接受检查和治疗造成。

心脏性猝死。造成幼儿心脏性猝死的原因有多种，如幼儿患有先天性心脏病等。

喉部急性水肿窒息死亡。原因可能是幼儿喉部有炎症或是对某种药物过敏等。

内脏破裂导致死亡。可能是幼儿在活动时摔伤或被击打造成内脏破裂，因失血过多导致死亡。

不论何种情况，幼儿在死亡前的呼吸、表情等肯定有异常反应，有较长的身体不适的过程。保教人员的责任在于精心观察和照料幼儿的生活，能够早发现、早治疗，更多地赢得救治时间。

（5）自然灾害对幼儿造成的伤害。

自然灾害主要有地震、洪水、雷击等。虽然自然灾害等不可抗拒的原因对幼儿造成的伤害园方责任较小，但幼儿园完备的预案能够使自然灾害对幼儿的伤害降低到最低程度。

2. 幼儿在园安全事故的主要原因

人们习惯将幼儿在园事故称为意外事故，有让人意想不到的意思。但任何事物的发生和发展都有一定的过程，有其形成的原因和规律。因此，各种事故看似偶然发生，但仔细分析都有其必然性。所以，探求幼儿在园事故发生的原因和规律，更好地引导保教人员树立安全意识、规范他们的安全行为，避免或尽可能减少各类事故的发生，既具可行性又具重要性。

有人总结了一个公式：危险状态＋危险行为＝事故。这有一定道理。对于幼儿来说，危险状态应该包括幼儿园环境中存在的可能给幼儿造成伤害的安全隐患和保教人员对幼儿安全管理的疏漏，危险行为是指幼儿（或其他蓄意实施伤害的成人）在危险状态下出现的行为。例如，幼儿园电源插座安装在 1.7 米以下是一种危险状态，幼儿拿铁丝等导电体触碰插座的插孔是危险行为，幼儿园用电危险状态和幼儿的触碰行为相结合就会发生幼儿触电事故。又如，保教人员不严格核实接领人的身份是一种危险状态，有人蓄意冒领幼儿是一种危险行为，二者结合就会发生幼儿被冒领事故。从这个角度讲，要想避免幼儿在园事故的发生，应该从消除危险状态和避免危险行为两个方面努力。当危险状态和危险行为两个加数均为零时，和自然为零，幼儿在园事故就不会发生。

可见，幼儿在园发生事故主要有三个原因：一是幼儿园环境存在安全隐患；二是保教人员在幼儿安全管理方面存在疏漏；三是幼儿出现危险行为。

（1）幼儿的身心发展特点决定了容易发生幼儿在园事故。

对幼儿来讲，出现危险行为是难以避免的，这是幼儿的身心发展特点决定的。

幼儿的知识经验不足。幼儿知识经验不足使幼儿辨别是非能力差，有时意识不到危险状态的存在。例如，幼儿玩滑梯时应该从上往下滑，但有些幼儿偏爱从下往上攀，有时会被从上面急速滑下来的幼儿踹伤。

幼儿的自控能力差。幼儿的神经系统发育不成熟，注意的稳定性差，容易转移和分散注意力。而且幼儿有活泼好动、爱跑爱跳的特点，很容易脱离保教人员的视线，发生磕碰等事故。

幼儿的好奇心强。幼儿对新异刺激容易感兴趣，探究欲望强，常常身不由己地用手触摸感兴趣的物体，这也是幼儿感知世界、认识世界的独特方式。例如，幼儿常常会用手拍打一下幼儿园墙壁悬挂的镜框，通过拍打感知镜框的硬度、光滑度和温度，从而对镜框获得了感性认识。但是，由于幼儿的知识经验不足，对处于危险状态的物体也会进行触摸，如可能触摸裸露的电源开关等，导致事故发生。

幼儿的自我保护能力较差。由于幼儿的知识经验和个人力量不足，一旦发生危及自身的状况，他们不知道如何保护自己，或者没有力量保护自己。如某幼儿园曾经发生 6 岁女童由于钥匙绳被滑梯缝隙卡住被勒死的事故。这是因为，当孩子被绳子勒住颈部后，不知道赶紧用手抓住滑梯的其他部位或想办法翻身使自己得以解脱。

幼儿的抵抗能力差。由于幼儿身体发育不健全，造成身体机能较差、免疫能力低，同样的外力抗击或细菌感染，成人不会出现问题，幼儿则难以抵御。如幼儿骨骼发育不健全，容易发生骨折事故；幼儿消化系统发育不健全，容易食物中毒等。

由以上几点可以看出：一方面，幼儿好奇、好动、好触摸的心理特点决定了幼儿容易接触危险状态；另一方面，幼儿的知识经验不足、自我保护能力差和抵抗能力差等特点又决定了幼儿在危险状态面前非常脆弱。所以，幼儿是容易受到伤害的人群。这就凸显了幼儿园安全工作在幼儿园整体工作中的重要性，凸显了幼儿园保教人员对幼儿开展安全教育和对幼儿进行精心保护的必要性。

(2) 幼儿园环境安全隐患是伤害幼儿身体的“隐形杀手”。

幼儿园环境中的安全隐患导致幼儿在园事故，主要有以下原因。

安全隐患排查不及时。幼儿园安全隐患是一个动态系统，今天没有问题不意味着明天没有问题。因此，幼儿园应该形成安全排查机制，如园内各处安全隐患由谁来排查，多长时间排查一次，如何对排查情况进行有效考评等。只有这样，幼儿园安全隐患才能得到及时排查。例如，2010 年某幼儿园发生 4 岁女童玩滑梯被勒死的事故，主要原因就是滑道起始端附近有一颗较长的横着的螺丝钉，导致一名幼儿的连衣帽被挂住，加之当时教师不在场，造成该名幼儿窒息死亡。如果幼儿园的相关人员能够尽到排查责任，及时拔掉这颗螺丝钉，悲剧就不会发生。

安全隐患排查不细致。幼儿好奇、好动等身心发展特点决定了幼儿容易接触危险状态。幼儿园的角落没有幼儿触摸不到的，一些成人难以发现的隐患都有可能成为伤害幼儿的罪魁祸首。因此，排查幼儿园的安全隐患时一定要全面、细致，不能有疏漏。

安全隐患整改不迅速。排查出幼儿园的安全隐患之后应该迅速进行整改，即使不能及时整改，也应该及时控制，不让幼儿靠近。否则，即便排查出安全隐患，也等同于没有排查。

(3) 保教人员安全责任缺失使幼儿失去了应有的保护。

保教人员负责幼儿的一日生活和学习，是幼儿安全管理的直接责任人，是幼儿安全管理的主体。因此，保教人员树立高度的安全意识、养成良好的安全行为习惯显得尤为重要。保教人员在安全工作方面主要存在以下问题。

安全意识淡薄，存在侥幸心理。在我国，幼儿园安全工作起步较晚，幼儿园安全工作真正被重视起来不过只有五六年的时间。许多幼儿园缺乏健全的安全管理组织、安全管理制度和安全管理机制，没有形成浓厚的幼儿园安全文化，致使保教人员安全意识淡薄。例如，对幼儿游戏场地有碎玻璃、开水桶放置在幼儿出入通道等摆在眼前的安全隐患，保教人员却视若无睹，不能及时排除。有的保教人员不能做到将每个幼儿的活动都纳入自己的视野，总认为事故没有那么容易发生，致使幼儿出现危险行为时不能及时制止和纠正，导致事故发生。

安全知识和技能欠缺。幼儿园保教人员一般注重幼教专业知识和技能的学习，而忽略安全知识和技能的学习。对用电安全、消防器材的使用、幼儿特殊疾病的照顾等知识匮乏，对大型玩具等幼儿园环境中存在的可能给幼儿带来伤害的安全隐患估计不足，出现问题时不能做出快速反应，致使事故发生。例如，中秋节主题活动中，保教人员邀请家长来园开展亲子做月饼活动，活动形式很好，但是有的保教人员同时将几个大功率电饼铛接在同一个电源插座上烙月饼，由于电线发热，导致电线和插座燃烧，幸亏发现及时，没有造成人员伤害。许多保教人员对各地发生的滑梯勒死幼儿、幼儿午睡死亡、幼儿被陌生人冒领劫持等恶性事故案例毫不知晓，其他幼儿园的惨痛教训不能对其产生警示作用，非常令人遗憾。

对自己的安全职责不清楚。幼儿园的安全责任主要有掌握安全知识技能、安全法规和幼儿园安全制度的责任，安全隐患排查整改责任，对幼儿精心看护的责任，对幼儿进行安全教育的责任，发现问题及时报告的责任及指导新教师的责任等。由于幼儿园安全教育不到位，保教人员又疏于主动学习安全知识，因此，许多保教人员对自己究竟担负哪些安全责任不太清楚。例如，有些保教人员往往注重看护幼儿的责任，而忽视对幼儿进行安全教育的责任；注重自身履行安全职责，而忽略对幼儿进行安全教育的责任；注重自身履行安全职责，而忽略对本班新保教人员的指导责任等。

缺乏对幼儿生命安全高度负责的职业精神，没有养成认真负责、精心保教的职业习惯。幼儿的身心发展特点决定了保教人员必须精心呵护幼儿的安全，即所谓“在家靠父母，在园靠老师”，保教人员的责任十分重大。这就要求保教人员养成认真负责、精心保教的职业习惯，呵护好每一名幼儿的安全。仍以某幼儿园女童在滑梯上勒死的事故为例，事发当天上午11:00左右，当时保教人员带领幼儿到户外活动，11:18保教人员带领幼儿回活动室吃午饭，直到12点多保教人员才突然发现少一名幼儿，12:06找到这名幼儿时，孩子已经死亡。从该案例可以看出，事故的发生并不容易，需要“闯”过许多道关口，其中任何一道关口能被守住，事故就不会发生。如果滑梯上横着的螺丝钉能够被园方及时拔掉，如果保教人员带领幼儿回活动室时认真清点幼儿人数，惨剧就不会发生。但遗憾的是，一个一个的“如果”都没有成为现实，死神最终降临在孩子面前。可见，幼儿的安全只需保教人员再认真一些，再精心一些，就会把事故挡在门外，幼儿便会免受伤害。

教育观念不正确，职业道德出现问题。儿童心理发展研究表明，幼儿的认知是在自己的各种感官与客观世界的相互作用中不断构建和发展的，而游戏是促进幼儿发展的重要方式。《纲要》指出，幼儿园的教育活动，是教师以多种形成有目的、有计划地引导幼儿生动、活泼、主动活动的过程。但一些幼儿园存在小学化现象，幼儿在园的学习方式主要为上课。这种学习方式要求幼儿听讲、背诵、书写和计算，孩子活泼好动、天真烂漫的天性受到压抑。于是，一些保教人员认为孩子不认真听课就是故意捣乱，个别保教人员为发泄自己的气愤情绪，采用各种极端方式对幼儿进行体罚，使幼儿身心受到严重伤害，并造成恶劣的社会影响。

二、幼儿园开展安全工作的原则

1. 预防为主的原则

幼儿园安全工作的根本目的是不出事故、少出事故、坚决避免恶性事故，切实保障幼儿的生命安全，为幼儿健康成长营造安全的环境。事故一旦发生，就会不同程度地给幼儿及其家庭带来痛苦，尤其是发生群体事故和恶性事故，后果更不堪设想。因此，保教人员应该把安全工作的着眼点放在如何预防事故的发生上。

（1）树立安全第一的思想

《规程》指出幼儿园应实行保育与教育相结合的原则，对幼儿实施德、智、体、美等方面全面发展的教育，促进其身心和谐发展。这就表明了身体发展在幼儿全面和谐发展中的重要性。无论是从幼儿的发展还是从家长的关注度而言，安全工作在保教人员的全部工作中都居于首要地位，保教人员对此应该有基本认识。同时，保教人员应树立安全意识：对幼儿来讲，生命不保，何谈教育，我们的良心也会终生受到谴责；对幼儿园而言，出现恶性事故不仅牵扯幼儿园领导和保教人员应负的责任，也会使幼儿园的声誉受到严重影响，甚至遭到毁灭性打击。应该说，幼儿在园一日活动的各环节中，都应有安全工作在其中，保教人员应该牢记自己的安全职责，始终绷紧安全这根弦。

（2）清楚一日活动的危险点

危险点是指幼儿园一日活动中容易给幼儿造成伤害的环节。例如，晨间活动中，家长与保教人员交接幼儿环节容易导致幼儿走失，幼儿来园时可能带来危险物品，家长为幼儿带来的药物存放不当或服用方法不明确等。应该说，幼儿一日活动中的每个环节都有各自的危险点，尤其是过渡环节的危险点就更多了。对此保教人员应该做到心中有数，只有这样，才能有针对性地采取防范措施。

（3）树立防范事故隐患的意识

在安全工作方面，有的保教人员存在侥幸心理，虽然发现了安全隐患，但是对隐患可能给幼儿带来的伤害缺乏充分的考虑。我们仍以某幼儿园滑梯勒死女童事故为例，如果有人发现了滑梯横着的螺丝钉，并且联想到它有可能导致幼儿被勒死的恶性事故，肯定会及早地将螺丝钉拔掉。所以，发现安全隐患后，只有具备高度的安全警觉性和敏感性，事故隐患才能及时、彻底地被排除。在安全隐患面前，不要怕别人说我们是小题大做，只要是为了幼儿的安全，怎么细心都不为过。

（4）养成良好的安全工作习惯

由于幼儿园安全工作的复杂性，许多保教人员天天提心吊胆，心理压力大。但是我们应该看到，受独立活动能力的限制，幼儿在生活和学习等方面对保教人员有很大的依赖性，幼儿在园的安全可控性比任何阶段的学校安全工作都容易开展，只要保教人员认真研究幼儿园安全工作的规律，形成良好的安全工作习惯，防范措施到位，就不容易发生安全事故。日常的磕磕碰碰难免发生，我们不能因噎废食，通过采用限制幼儿自主活动的方法达到不出事故的目的。只要保教人员遵循幼儿园安全工作的规律，形成良好的安全工作习惯，安全工作就没有那么难了，保教人员的心理压力也就减轻了。保教人员在日常工作中应该养成四个习惯。

养成排查安全隐患的习惯。例如，每天早晨来到班级门口，先查看一下窗户是否被人打开，是否有被盗等现象；户外活动时先查看一下幼儿活动区域是否有危险物品、滑梯是否正常等。总之，只要活动进入一个新环节，保教人员都要习惯性地查看一下是否有安全隐患。保教人员的这些动作是在很短的时间内就可完成的，不会耗费很大精力。

养成把幼儿的活动纳入视野内的习惯。尤其是在户外环境或陌生环境中活动时，保教人员应该使幼儿的活动区域相对集中，两名保教人员明确区域分工，将每个幼儿的活动都纳入自己的视野，眼观六路，耳听八方，幼儿一旦有危险行为，能够及时制止或纠正。

养成收集事故案例的习惯。各地发生的幼儿事故有很大的警示作用，保教人员可以在电脑里专门建一个事故案例文件夹，有时间就浏览一下，增强自己的安全意识，提醒自己更好地防范类似事故的发生。

养成安全教育的习惯。每进入一个新的活动环节，保教人员应该用简练的语言告诉幼儿应注意的安全事项。

养成以上几个习惯，有助于增强保教人员的安全意识，消除幼儿园的危险状态，避免安全事故的发生。

2. 家园合作的原则

幼儿安全工作是一个长期的过程，也是一个潜移默化的过程。只有家园协同一致，密切合作，才能提高幼儿安全保护和安全教育工作的效果。幼儿园保教人员要认识到，幼儿园是专业的早期教育机构，对幼儿的安全保护和教育应具有专业性，在家园合作中发挥着主导作用。日常工作中，保教人员既要履行好自己的安全职责，保护和教育好幼儿，又要通过各种方式对家长进行安全工作指导，取得家长的积极配合，形成家园安全教育合力。指导过程中，应该让家长认识到，家长是幼儿的监护人，对幼儿的安全管理和教育有义不容辞的责任，具有幼儿园不可替代的作用，并不是孩子在幼儿园出现这样或那样的事故，家长一点儿责任都没有。针对安全意识的建立，家园合作的形式主要有以下几种。

（1）新生家长会。

新招录的幼儿入园前，幼儿园对家长进行安全培训十分重要，此举会给幼儿家长以深刻印象，为家园共同做好幼儿安全工作打下良好基础。培训的主要内容一般为幼儿安全管理制度、需要家长配合的主要事项等。

（2）签订安全责任书。

对于需要家长知晓和配合的安全事项，幼儿园要以书面形式通知家长，履行好安全告知责任。要请家长在安全责任书上签字，确认家长已经被告知。幼儿园也可以与家长签订安全责任协议，明确双方安全工作的权利和义务，增强家园共育的严肃性和规范性。

（3）班级家长会。

班级家长会的主要任务是针对近期幼儿安全工作的问题或班级安全工作重点，与家长进行沟通，以便取得家长的理解和配合。

（4）家长学校。

家长学校的主要任务是聘请有关专家为家长举办安全专题讲座，转变家长的安全观念，增强家长的安全意识，丰富家长的幼儿安全管理知识，并提高家长的幼儿安全防护技能。

（5）亲子安全游戏。

班级每学期可以邀请家长来园开展一次亲子安全游戏活动。活动内容可以涉及家庭防火、防诱骗、防溺水和防触电等安全防范和自救知识，以儿歌、故事、情景剧和小游戏等活泼有趣的形式开展家园共育活动。

（6）班级安全提示墙。

幼儿园各班组可以在家长园地中开辟一个“安全小卫士”角，保教人员与家长共同参与，定期发布幼儿安全知识和信息。

另外，各班组还可以通过班级博客、幼儿园网站、园报等途径向家长宣传幼儿安全知识。

3. 保护与教育相结合的原则

幼儿安全保护与安全教育的关系可以表述为以下三个方面。

（1）从发挥作用的角度，可以表述为“保护是底线，教育是根本”。

保教人员要保护幼儿的生命安全，至少要确保幼儿在园内不出现恶性事故。但最根本的还是要让幼儿学会识别危险、远离危险和安全自救，这才是幼儿安全工作的上策。

（2）从度的把握角度，可以表述为“保护要适当，教育要经常”。

我们强调幼儿园安全工作的重要性，但不能因噎废食，把幼儿的手脚捆绑起来，限制幼儿的自由活动，这也不让摸，那也不让碰，这样只会使幼儿变得缩手缩脚、唯唯诺诺，束缚幼儿的发展。相反，应该在教师的看护和引导下，鼓励幼儿大胆冒险和尝试，培养他们坚强勇敢的性格、聪明机智的应变能力与防护自救能力。事实上，那些容易发生磕碰事故的幼儿，往往不是爱跑爱动的孩子，而是那些行动缓慢、动作不协调的孩子。在对幼儿进行安全教育方面，保教人员既要在每学年、每学期、每个月开展有计划、有目的的系统安全教育，又要坚持在日常保教活动中及时对幼儿当下活动进行安全提示。

（3）从着眼点的角度，可以表述为“保护为当下，教育为未来”。

幼儿教育的目的，一是为幼儿提供丰富的、宽松的成长环境，使幼儿拥有快乐、美好的童年；二是指向幼儿的未来发展、为幼儿终身发展奠定良好基础。对幼儿的安全保护就是为了幼儿能够健康、快乐地成长，对幼儿的安全教育则主要是着眼于幼儿的未来发展，从小培养他们的安全意识和安全习惯，使他们学会生存的本领。因此，保教人员要充分认识到，对幼儿的安全教育不是幼儿园教学的分外之事，不是可有可无的内容，而是幼儿园课程的重要组成部分，在促进幼儿全面和谐发展中发挥着不可替代的作用。保教人员要了解幼儿安全教育的内容，创新安全教育的方法，开拓幼儿安全教育的途径，扎扎实实、卓有成效地对幼儿开展安全教育，助力幼儿的一生发展。

4. 坚持经常性原则

对保教人员来说，幼儿安全工作是一项长期的、不间断的工作。没有保教人员对幼儿进行经常性的安全管理，幼儿健康发展就没有保障。因此，保教人员坚持安全工作的经常性非常重要。

（1）坚持安全隐患排查的经常性。

幼儿园安全隐患是一个动态系统，因此，保教人员要坚持每天且随时随地进行安全隐患的排查，消除幼儿活动环境中随时出现的各种危险状态。

（2）坚持班组教育经常性。

由于幼儿园保教人员每天承担对幼儿的教学和生活管理任务，加之家长工作、环境创设、专业学习等各项任务，保教人员的日常工作十分繁杂和紧张。在这种情况下，保教人员的安全意识很容易淡薄。因此，建议班组成员坚持每个月至少开展一次安全专题会议，保教人员坐在一起互相交流和提醒，做到警钟长鸣，不断加强安全意识。

三、如何保证幼儿在园安全

（一）保证幼儿在园安全工作概述

生活活动在幼儿生活中占有重要的地位，幼儿身体各个器官的生理机能尚未发育成熟，身体素质还较薄弱。同时，幼儿期是生长发育十分迅速、新陈代谢极为旺盛的时期，由于幼儿知识经验缺乏，缺乏独立生活能力和自我保护能力，很容易发生一些安全问题。教师必须摆正态度，明确工作要点，才能为幼儿的生活、学习创设良好的安全环境。

保证幼儿在园安全的工作主要包括以下几个方面。

1. 喝水

教育幼儿喝水讲文明，遵守纪律，不要相互争抢、嬉闹，喝水前让幼儿洗净小手，安静有序地排队取水，喝完水后将水杯放回原位。

教育幼儿喝水时不说笑，不打闹，不跑动，防止呛咳。

教育幼儿喝水不能过急、过量，剧烈运动后不应马上喝水。

为幼儿提供的饮水器的高度要适合幼儿身高，桶内水量充足，水温适宜，避免烫伤幼儿。

2. 如厕

保持厕所地面干净，防止幼儿滑倒、摔伤。

组织幼儿分组、有秩序地如厕，做到“五不”，即不奔跑、不拥挤、不争抢、不打闹、不在厕所逗留。

检查幼儿衣着情况，防止绊倒。

保证每名幼儿都在教师的视线范围内，降低安全风险。

3. 午睡

午睡前对寝室进行安全检查，确保无安全隐患。

午睡前检查幼儿身上携带的小物品，防止异物进入幼儿的口腔、鼻腔、耳腔，危害幼儿生命。

教育幼儿不能在床上玩耍、打闹，防止从床上摔下。

指导和帮助幼儿养成正确的睡眠姿势（侧卧或仰卧），不咬被角，不蒙头睡觉。

随时观察、巡视，发现问题，如发现幼儿玩小物品、吮吸手指、咬被角或饰物时，要及时制止，并做好记录。

起床时教育幼儿穿好衣服，没系好鞋带前不能跑动。

4. 盥洗

时刻保持盥洗室地面干净、无积水，防止幼儿滑倒、摔伤。

组织幼儿分组、有秩序地排队洗手、洗脸，不妨碍别人，不在盥洗室内追跑嬉戏，不互相拥挤碰撞，洗净后立即离去。

禁止幼儿玩水、玩肥皂。

将洗洁精、消毒液放置在幼儿拿不到的地方，以防损伤幼儿皮肤或使幼儿因误食中毒。

5. 进餐

教育幼儿饭前饭后半小时不宜做剧烈运动。

盛热菜热汤时要注意避开幼儿，以免烫伤幼儿。

提醒幼儿进食前吹一吹，避免烫嘴、烫手，进餐时要细嚼慢咽。

教会幼儿剔除骨头、鱼刺的方法，防止扎伤咽部。

教育幼儿安静进餐，不要边吃边说或边吃边笑，以防食物呛入气管；不玩勺、筷子等用具，更不能把这些东西置于口中走动和打闹。

（二）保证幼儿午睡安全工作细则

1. 安全操作规程

在幼儿园午睡环节，幼儿园应根据人员配备要求，合理分工安排，做到工作有序，配合默契，切实做好幼儿午睡环节的准备、组织、消毒等工作。

第一步：睡前准备。

午睡的房间必须保持空气流通。寒冷季节，保育员应在午睡前半小时关窗，以保持寝室温度；其他季节，全天开窗通风。午睡前拉好窗帘，为幼儿创设一个良好的睡眠环境。

根据季节及时更换幼儿被褥，为体弱和易生病的幼儿准备较厚的被褥。保教人员要相互配合，做好睡前的准备工作：保育员必须先清扫地上的垃圾，用半干的拖把擦净灰尘，待地板干燥后铺上小床。床铺上不应有杂物（特别是一些有可能伤害儿童的物品，如别针、发卡等）。

每位幼儿的床铺、被褥、枕头均有统一标志，保证寝具专人专用。床铺的标志在床体右上角，标志清晰；被褥、枕头均绣有幼儿姓名，便于教师、幼儿分辨。

合理安排幼儿午睡的床位，体弱的幼儿应安排在背风处，体质较好、怕热的幼儿可安排在通风处（但不能吹过堂风）。易尿床和活泼好动、爱说话的幼儿睡在教师照顾得到的地方，咳嗽的幼儿最好与其他幼儿保持一定的距离。

组织幼儿在睡前进行散步、听音乐、听故事或儿歌等安静的活动，不宜让幼儿做活动量大的游戏，以保证幼儿安静入睡。

检查幼儿口腔内是否有食物残渣，督促幼儿饭后漱口。

提醒幼儿睡前小便，不带发卡、玩具等物品入寝室。值日生要摘下值日生牌。

做好睡前的教育工作，每天针对午睡保育目标提出相应要求。

第二步：睡间管理。

提示并指导幼儿先将鞋袜整齐地脱放在床下，将外衣、外裤按要求分别叠放整齐，并放置在固定位置（上衣放在裤子上面，穿衣时方便）。

幼儿睡间起床小便时，为幼儿准备好小拖鞋，春秋季应准备单背心，冬季准备棉背心，避免幼儿感冒。

让幼儿按小组分批入睡，教师每天提醒幼儿右侧卧躺下，及时纠正幼儿不良的睡姿。特别注意幼儿不能蒙头睡，遇到蒙头睡的帮助其拉下被子，起床后及时对其进行教育。

对一时不能入睡的幼儿可用面部表情和手势提示，或轻轻抚摸劝慰，让幼儿体会教师的爱和要求，引导其入睡。

如保育员看班，教师应及时做好交接工作，详细说明应特别关注的情况。

值班老师不能擅离班级，要做好每15分钟一次的巡回检查，保证在第一时间以最快速度到达发生意外的幼儿处。

及时检查幼儿是否有异常情况发生，天冷时特别注意为幼儿盖好被子，夏天为爱出汗的幼儿擦掉头上、颈部的汗。

值班人员动作轻盈，说话轻声，保持寝室安静，并加强午睡观察，特别是对发烧应吃药的幼儿，及时做好午睡观察记录。

个别护理：(1) 对体弱的幼儿要多加关心，可让其先入睡，爱出汗的幼儿可在睡前为其背部垫上干毛巾，被汗浸湿的毛巾要及时拿掉。(2) 让易哭闹的幼儿最后入睡，对个别入睡难的幼儿，应随时调整教育策略，可让其晚睡或早起。(3) 咳嗽的幼儿如难以入睡，教师应提醒幼儿喝水，并及时提醒幼儿小便。(4) 对于尿多、睡前喝过药的幼儿应提醒其小便，防止尿床。若如厕时间超过2分钟，教师应去盥洗室察看情况。小班幼儿如厕应由教师跟随。(5) 采取分区照看制，值班人员尽量靠近入睡难、生病、吃药的幼儿，以利于观察。

第三步：起床管理。

幼儿起床前关好窗户，以免着凉。夏天也要避免吹对流风。

教师可用播放轻音乐、故事等多种手段叫醒幼儿，可让幼儿分批起床，对个别起床难的幼儿应到其身边轻拍，轻声唤醒。

夏冬季节，幼儿起床前活动室应提前20分钟开空调，调整温差。

冬季穿衣服时幼儿应先坐在被窝里穿上衣，再起身穿裤子，防止感冒。

有秩序地组织幼儿起床，教师应检查幼儿的衣服、鞋袜，避免幼儿出现穿反鞋子、穿错衣裤、不穿袜子的情况。

起床后要做好午检，摸幼儿额头试温，观察他们的精神状态并检查身体情况，根据当日气温为幼儿增减衣服，及时组织幼儿分批如厕。

起床后指导每位幼儿喝一大杯水，补充水分。

第四步：睡后整理。

在幼儿全部穿好衣服，如厕、盥洗、喝水、用午点后，保育员将幼儿床铺整理好，保证床面整齐无褶皱，幼儿枕头全部放在床的右面。

起床后，一名教师组织幼儿活动，另外一名教师给女孩梳头。

幼儿全部离开后打扫寝室卫生，保持空气流通。

2. 从危机管理视角谈幼儿午睡安全事故的预防策略①

目前幼儿园管理中，“安全第一”的提法非常普遍，在当代社会激烈竞争的背景下，要确保幼儿园的可持续发展，必须将“安全第--”的狭窄观念扩展到“防范危机”的层面，树立全体员工的危机意识是幼儿园管理面临的新任务。

幼儿园发生的安全事故，是导致幼儿园发展危机的关键因素之一。制定有效的幼儿园安全事故预防策略，就成了构建和谐幼儿园的基础与保障。而午睡安全事故是绝对不可轻视的幼儿园安全事故。幼儿园若缺乏有效的防范措施，后果将不堪设想。

案例一

湖南省浏阳市幼儿园，2007 年 3 月 3 日下午 3 点左右，小宝（2 岁零 5 个月）的小姨受姐姐之托去幼儿园接小宝回家，发现小宝侧卧在幼儿园的床上，面色青紫，遂与教师施某之兄将小宝送到浏阳市第六医院，但到达医院时，小宝已死亡。

质疑：

① 值班教师有没有认真执行午睡巡视？

② 教师为什么不及时纠正孩子不正确的睡姿？

③ 教师的责任心何在？

案例二

妈妈为让 3 岁的小婷婷高高兴兴地上幼儿园，给她戴了一串漂亮的小彩珠手链。午睡时教师没有发现，她玩来玩去，不知怎么就把手链弄断了，把一粒粒的小彩珠塞到了耳朵里，自己拿不出来，大哭起来。教师发现后把她及时送到医院，取出了彩珠，化险为夷。

质疑：

① 家长对孩子有没有安全防范意识？

② 教师有没有对幼儿进行午睡前的安检工作？

③ 教师为什么没有及时发现并阻止孩子的危险行为？

类似的午睡安全事故频频发生，为何不能引起幼儿园管理者足够的重视？从上述案例中可概括出以下几个主要原因。

---

① 本部分文字来自王建荣《从危机管理视角谈幼儿午睡安全事故的预防策略》一文，作者单位为山东大学第一幼儿园。

（1）教师和家长的安全危机意识淡薄。

（2）幼儿园没有完善且行之有效的午睡管理制度。

（3）幼儿园缺乏行政督查。

（4）教师离岗聊天，职业道德缺失。

（5）幼儿园对教职工的职业教育管理方面存在问题。

（6）家长缺乏对孩子的安全防范意识。

本着防微杜渐的危机管理原则，将一切有可能发展成危机事故的情况消灭在潜伏期，降低危机事件发生的可能性，必须制定幼儿园午睡安全事故的预防策略。

（1）强化安全管理意识，夯实防微杜渐思想。

增强幼儿园管理者的危机意识，是幼儿园发展的前提。管理者应不断增强自身的危机意识，时时绷紧危机这根弦，并将这种意识渗透到工作的每一个环节中。除了了解、熟悉幼儿园安全管理的工作要求、工作内容、管理办法、相关的安全知识和法律基础知识之外，还要认真细致地做好幼儿园管理计划、布置、检查、总结等工作，使安全管理成为幼儿园管理的重要组成部分。

增强教职工的安全管理意识。警钟时时敲，安全天天讲，组织培训学习，用事实教育教职工要时时绷紧安全弦。针对全国各地发生的典型安全事故案例，组织教职工分析事故发生的原因，探讨预防事故发生的措施，不断强化全体教职工的安全意识，增强教职工对安全事故后果的预见性，牢固树立预防为主的思想和高度的责任感。

增强幼儿和家长的安全防范意识。幼儿园可以通过设置安全宣传栏、安全标记墙，将安全知识、幼儿在日常生活中可能遇到的意外伤害以及预防措施、常见安全标记等，以图文并茂的形式呈现出来，让家长和幼儿在轻松自然的环境中接受安全教育并形成安全防范意识。

（2）建立应对危机的训练机制。

有组织、有计划、有步骤地将处理危机的程序和要求化作教育的内容，定期对教职工进行安全事故应急处理办法的培训，让相关人员掌握简单的应急技能，避免在事故面前束手无策，失去急救的最佳时机。要使危机意识警钟长鸣，使应对危机的能力成为幼儿园里人人掌握的基本技能。

（3）建立午睡安全管理制度。

履行职责，建立完善的午睡安全管理制度，是做好安全工作的有力保障。

（4）加强行政监督。

行政人员轮流进行幼儿园的午睡巡查，一方面督促教师有效执行午睡制度，另一方面可以及时协助值班教师处理发现的问题。

引入危机意识管理，坚持防微杜渐原则，强化安全行为，建立幼儿园午睡安全事故的预防策略，把安全危机事故消灭于萌芽之中。

（三）保证幼儿进餐安全工作细则

报纸和电视上有过这样的报道：有两个小女孩因为吃果冻时不小心把果冻呛到了气管里，其中一个失去了生命，另一个因此成了植物人。前几年，在泰安某地有一个5岁的小男孩，把花生米呛到了气管里，死在了抢救的途中……类似这样的例子有很多，许多孩子因为吃东西时不注意发生了悲剧，甚至失去了幼小的生命，给家庭带来了严重的心理创伤和无法抹去的悲痛。《纲要》中明确指出，应把幼儿的安全问题放在工作的首位。安全进餐问题不容忽视，因此幼儿园应开展“小朋友吃饭时应注意什么”的主题活动。

1. 幼儿安全进餐活动的具体步骤

（1）帮助幼儿了解食物的消化过程。

单纯地对幼儿讲吃饭时不要讲话，显然是既空洞又索然无味的，也是很肤浅的。我们要从引导幼儿了解食物的整个消化过程入手，由表及里、由浅入深地开展活动。

可以通过谈论“食物哪儿去了”来激发幼儿的探究兴趣。是不是吃进去的东西在肚子里混合后又出来了呢？是不是喝进去的水经过身体又流淌出来了呢？然后出示课件或图片，演示食物进入人体后的整个消化吸收过程。

（2）创设问题情境，引导幼儿建立明确的概念，形成初步的安全进餐意识。

针对一般会出现的两种现象，我们可以设计两种问题情境。

第一种：小朋友在吃饭时应注意什么？下面的做法对不对？为什么？请你说说看。

① 和旁边的小朋友边说边笑边吃饭。

② 为了争第一，大口大口很快地吃饭。

③ 安安静静地吃饭，细嚼慢咽。

第二种：遇到了自己不喜欢吃的饭菜怎么办？下面的做法对不对？为什么？请你说说看。

① 悄悄地扔到餐桌底下。

② 告诉老师，寻求帮助。

③ 自己先试着吃一点。

(3) 引导幼儿欣赏与安全进餐主题相关的儿歌等，进一步使幼儿理解正确进餐的重要性，强化安全进餐意识。

(4) 鼓励幼儿自己或和家长合作，创编、仿编与安全进餐主题有关的故事、儿歌、绘画等各种形式的作品，进一步增强幼儿的安全进餐意识，提高幼儿的自我保护能力。

2. 幼儿园加餐、进餐环节安全操作规程

幼儿园应根据人员配备要求，对加餐、进餐环节合理分工安排，做到工作有序，配合默契。

桌面消毒工作：用桌面专用抹布以 1∶200 的 84 消毒液清洁，再用清水擦拭第二遍，使桌面干净、无残留物。

第一步：餐前准备工作。

(1) 教师与保育员分别进行餐具准备工作，将已消毒的餐具、餐巾放在指定位置，夏季注意做好防蝇措施。

(2) 盛放食物的器皿必须加盖以保证卫生，并将其放在班级固定分餐区域，冬季应注意饭菜保温，盛饭后及时加盖；夏季注意散热，避免饭菜烫伤幼儿。

(3) 教师创设安静、自主的进餐环境，便于幼儿自助取用食物（小班上学期前两个月除外）。

(4) 教师组织值日生有序地协助教师，进行力所能及的餐前准备辅助工作及报餐等工作。

(5) 主班教师负责核实个别对某种食物有过敏史的幼儿，提前进行食物更换调控。

第二步：进餐组织工作。

(1) 教师组织幼儿有秩序地盥洗。

（2）教师随时提醒幼儿用正确的方法洗手，洗后用自己的毛巾擦手，能相互谦让、节约用水，并保持地面清洁，注意幼儿盥洗安全。

（洗手的顺序：撸袖子—打开水龙头湿手—关水龙头并打香皂—手心、手背、手指间搓一搓—开水龙头冲洗手—冲洗水龙头—关上水龙头—手在水池边甩三甩—用自己的毛巾擦干净。）

（3）根据就餐室布局，合理组织幼儿自主取餐，及时提醒幼儿，避免碰撞、撒饭、滑伤，让幼儿能根据自己的需要取用食物。

（4）教师认真巡视，随时指导幼儿文明进餐（坐姿端正，餐具使用正确，专心进餐不浪费，保持餐桌、地面、衣物整洁），根据幼儿身体发展需要调控进食量。

（5）对进餐慢的幼儿、肥胖幼儿和体弱幼儿，教师应及时提醒其进食速度，合理添减调配进食量，并做好记录，及时与家长取得联系，做好沟通。

（6）进餐过程中或餐后提醒幼儿正确使用餐巾：打开餐巾—左擦一下，合起餐巾—右擦一下，合起餐巾，放在指定位置。

（7）餐后提醒幼儿漱口：第一口水左右漱三下—吐掉—第二口水前后漱三下—吐掉。提醒幼儿避免将水溅到身上。

（8）进餐后，提醒幼儿将果皮或食物残渣倒入垃圾桶，将餐盘、餐巾等餐具分类轻放于指定位置，离开就餐区，不影响其他幼儿进餐。

第三步：餐后组织整理工作。

（1）保育员及时做好餐后清洁整理工作，保持室内桌椅、地面整洁，无饭渣、不油腻。

（2）保育员按照消毒要求及时对餐巾、餐具进行清洗、消毒、晾晒。

（3）教师注意观察幼儿进餐后的精神状态，做好个别幼儿观察记录。

（4）教师合理组织幼儿餐后活动，避免幼儿剧烈活动。

四、幼儿园安全事故预案

（一）幼儿意外伤害与突发疾病处置预案

幼儿意外伤害是指突然发生的事件对幼儿身体造成的损伤。幼儿意外伤害事故主要包括窒息、中毒、烧伤、气管异物、外伤（坠落、跌伤、撞伤）等。

突发疾病包括以下两种情况：① 发病前教师不知幼儿患有疾病，发病前未进行过任何针对疾病的治疗，疾病突然发生。② 幼儿患有先天性疾病、间歇性疾病，如心脏病、癫痫、抽动症、痉挛等，幼儿已彰显症状且家长也已知晓幼儿得病。

1. 指导思想

意外伤害、突发疾病对幼儿身心健康的危害日益增大，已经成为幼儿死亡、伤残的最主要原因。幼儿意外伤害、突发疾病的发生与幼儿园安全管理以及家庭的教育方式有着密切的关系。因此，杜绝意外伤害与突发疾病的发生，最大限度地减少疾病给幼儿带来的痛苦，保证幼儿的身心健康发展，必须做好幼儿意外伤害事故、突发疾病的预防及处置预案。

2. 组织机构及职责

幼儿园应成立意外伤害事件应急小组，负责组织指挥应急救援工作。

组长：幼儿园第一安全责任人，负责应急救援工作、组织协调和对外信息发布工作。

副组长：主管安全的副园长，负责协调有关方面人力、物力的调配，稳定师生情绪。

组员：安全科长、保健医生、保安及各班负责教师，负责采取有效措施对事态进行控制，迅速对事件的起因进行调查分析研究；对受伤害幼儿进行及时救治。

3. 幼儿意外伤害与突发疾病应急处理程序

(1) 幼儿意外伤害与突发疾病事故发生后，幼儿园应根据现有条件和能力尽快救护受伤幼儿，做好初级救护。需送医院的尽可能送专科医院或拨打120求助。

(2) 及时通知受伤害幼儿的父母或其他监护人。

(3) 争取在第一时间做好现场知情人员的笔录，了解当时真实情况。

记录的内容要实事求是，无诱导性陈述；调查人员和被调查人员要签名。

(4) 如属重大伤害事故与突发疾病，事故应急小组要及时开展工作。

幼儿园要尽快与受伤害幼儿家长联系，通报情况，安抚好家长。

幼儿园要召开相关教师会议，及时通报情况，稳定教师情绪。

事故应急小组要及时研究处理意见，确定对策，和各方面沟通，每天要有专人记录工作进度。

幼儿园可帮助家长解决实际问题，派一两名教师进行陪护，帮助家长照顾好幼儿。

(5) 待幼儿伤、病情好转后，幼儿园与家长协商解决事宜。

(6) 幼儿意外伤害与突发疾病的事故报告。

属于重大事故（死人、群伤且伤情严重）应当立即报上级教育局；发生较大事故（伤情严重），幼儿园应在24小时内报告上级；一般事故3天内报告上级并备案。

报告分口头和书面两种。在事情还未了解清楚时可先打电话口头通报情况，待事情了解清楚后再做书面报告。

书面报告中要写清楚当事人的姓名、性别、出生年月、家庭住址、父母情况及工作单位。另外还要写清楚事故发生的时间、地点、事情的起因及目前情况。

幼儿园应及时与有关保险公司联系赔偿事宜。

(二) 幼儿食物中毒处置预案

为了有效应急处理幼儿园内可能发生的食品卫生安全事故，确保事故处理工作高效、有序地进行，最大限度地减轻事故造成的损失，切实保障幼儿的生命安全，维护幼儿园和社会稳定，促进幼儿健康发展，结合幼儿园实际，特制订本预案。

1. 指导思想

提高认识，加强领导，把维护幼儿健康和生命安全放在首位。做好幼儿园食品卫生安全工作，预防群体性食物中毒的事件发生，保障幼儿的身体健康和生命安全，保证正常教学秩序，维护社会稳定，切实承担起教育、管理和保护幼儿的职责。

2. 组织机构及职责

(1) 成立食品卫生安全工作小组：由主管食品卫生问题的副园长、采购员、库房管理员、食堂管理员、医护人员、配膳师组成。

领导小组下设办公室，由办公室主任为负责人，各班班长为组员。根据工作计划和领导小组的指示，有计划、有组织地开展食品卫生安全的宣传预防工作，并组织人员对食品安全情况进行定期和不定期的监督检查，及时向领导小组反馈检查情况，提出阶段性工作目标。

职责：当发生食物中毒事故时，协调指挥各方力量进行应急救援；保护现场，并报请地方卫生行政部门及教育部门依法采取紧急措施；统一组织事故善后处理工作，落实整改措施，尽快恢复幼儿园正常教育教学秩序。

（2）成立监督检查组：由主管食品卫生问题的副园长、医务人员、配膳师组成，负责日常的安全卫生检查工作。

（3）成立医疗救护组：由医务人员负责。当发生食品卫生安全事故时，立即向就近医疗机构发出医疗求援，拨打120急救电话。要及时果断地将中毒人员送到医院抢救。主动向上级有关部门报告发病情况，做好秩序维持工作。

3. 食物中毒时的处理程序及应注意的问题

（1）在食品加工、供应过程中或用餐时发现食品感官性状可疑或有变质可疑时，经确认后，立即撤收处理该批全部食品。

（2）当同时有三名或三名以上幼儿出现同样的症状，如呕吐、腹泻等情况时，应马上向园长和保健医生报告。

（3）发生食物中毒事故后，立即停止食堂的生产活动，由班级教师和保健医生及时带患者去医院就诊，同时保护好厨房的现场，保留留样食品，了解中毒原因。

（4）园长应迅速向上级教育部门和上级卫生防疫部门报告，并积极主动配合防疫部门进行调查，按要求如实提供有关材料和样品。食堂负责人要协助卫生部门做带菌检查和取证工作，按照卫生部门的要求如实提供有关材料和样品。

（5）配合卫生行政部门进行调查，落实卫生行政部门要求采取的其他措施，把事态控制在最小范围。

（6）通过卫生行政部门的调查，如发现有主观故意的投毒迹象，可拨打110报警，由公安人员对案件进行刑侦调查。并马上通知还未出现中毒症状的幼儿家长，发现孩子有胃肠道不适症状应马上去指定医院就诊，如发现在园幼儿有疑似中毒的，应马上送至医院救治，不耽误救治时间。

（7）幼儿园在事故发生后，做好随访工作，安排专人做好幼儿家长的安抚工作，及时解答家长提出的问题，力所能及地为家长做好服务工作，防止家长出现过激行为。

（8）保健医生做好食物中毒事件的登记、统计工作，记录好事故的具体情况（包括班级、人数、发病日期、主要症状、就医情况等）。

（9）分析原因，根据现场调查和技术鉴定的情况进行综合分析，确定事故原因，吸取教训，制订整改措施。

4. 责任追究

（1）由于食品的原料过期变质或所购食材等不符合要求，而造成食物中毒事故的，追究食堂管理员的责任。

（2）因食堂食品验收不严格而导致使用了不新鲜的食物，并造成事故的，将追究食堂管理员的责任。

（3）由于食堂工作人员违规操作而造成幼儿食物中毒事故的，追究食堂班长和违规操作人员的责任。

（4）食堂从业人员因隐瞒腹泻、高热、外伤感染等症状而带病操作造成事故的，追究食堂班长及从业人员本人的责任。

（5）发生食堂食物不留样或是留样量不足，从而造成留样食物取证困难的，追究食堂班长的责任。

（6）因食堂管理不严，使犯罪嫌疑人有机可乘，造成投毒事件的，追究幼儿园第一责任人、主管食品卫生问题的副园长、食堂班长的责任，严重者追究其法律责任。

（7）因园长管理不当而造成食品卫生事故的，则应追究园长的责任。

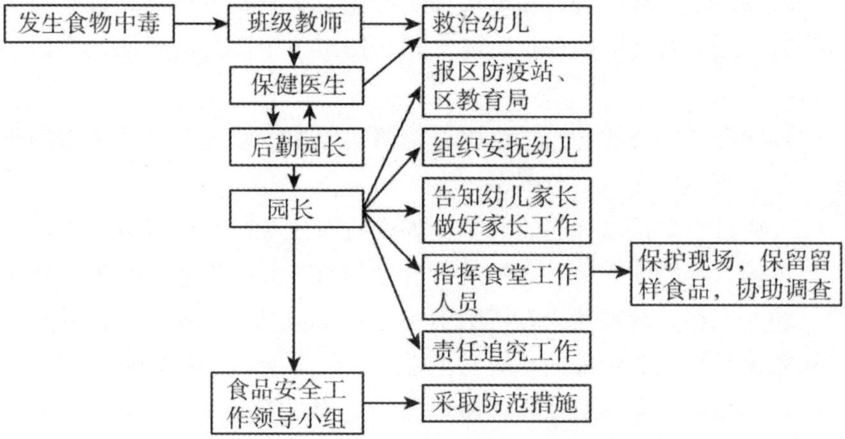

食物中毒事故应急处理流程图

（三）幼儿走失处置预案

为进一步加大幼儿园安全管理工作的力度，把加强幼儿人身安全防范工作落到实处，有效防止、及时处理幼儿走失事件的发生，确保幼儿的生命安全和幼儿园的安全稳定，让家长放心，结合幼儿园实际，我们制订了幼儿走失处置预案。

1. 指导思想

牢固树立"安全第一，责任重于泰山"的指导思想，提高认识，加强领导，把维护幼儿生命安全放在首位，切实承担起教育、管理和保护幼儿的职责，对幼儿走失事件做到早发现、早报告、早控制、早解决，防患于未然，把问题解决在萌芽状态，保证幼儿园正常的教学秩序，维护社会稳定。

2. 组织机构及职责

成立幼儿走失突发事件工作领导小组，由主管园长或副园长负责组长工作。

成员包括办公室主任、安全科长、教师（每班保证有一个安全小组成员）。

幼儿走失突发事件工作领导小组职责：

（1）组长要经常检查保安人员是否按要求执勤，没有人员经过时是否紧锁大门，是否做好来访人员登记等工作。

（2）要经常组织小组成员学习，进行实地考察，了解幼儿所经路途上的岔路口和危险信号，加强幼儿安全意识教育，并时刻关注在园幼儿。

（3）各班安全小组成员要了解本班幼儿家庭住址的大致方位，教师可以把班级幼儿的家庭住址绘制成图，以便以后查找。

3. 幼儿走失事故的处理程序与应注意的问题

（1）发觉幼儿走失后，迅速在全园各个角落查找，并查看当日监控录像，确认幼儿是否已走失。

（2）一旦确认发生幼儿走失事故，知情人员应及时将情况报告给该班负责教师和幼儿园办公室，办公室负责人要将情况向园领导汇报。

（3）询问老师、小朋友并查看交接记录，了解当日是否有人来探望过幼儿或是有人接走幼儿。

（4）幼儿走失突发事件工作小组迅速做出反应。

查看监控录像，查清幼儿走失的时间与原因，确定幼儿是自己走失还是被陌生人带走。

若确定由陌生人带走，应立即拨打110报警。

如果是幼儿自己走失，应根据幼儿家庭住址及幼儿园通向各个方向的道路，迅速派多名教师沿各条路线排查，展开辐射式寻找，一有消息迅速向组长汇报。

与家长取得联系，了解幼儿是否已回家或到爷爷奶奶、姥姥姥爷等亲戚家里。发动家长及亲戚共同寻找。

向幼儿园附近、路口的清洁工人及小摊贩等人员询问，清楚描述幼儿特征，以找到幼儿走失线索。

与当地派出所、附近警察联系，并拨打110报警，紧急寻求帮助。

幼儿园领导应召开会议，向走失幼儿班的小朋友、老师、家长了解走失幼儿的思想状况和精神状况，并向警方提供有价值的线索。

幼儿园领导、教师的手机应24小时开机，保持电话畅通。

找到走失幼儿后，要立即通知家长并向公安局和教育局报告。

（5）在寻找无果的情况下，园领导要在2小时之内上报上级主管部门，并以书面形式报告教育局办公室，情况严重时应立即上报。

（6）到当地派出所备案，扩大寻找范围，寻求走失幼儿。

（7）寻找走失幼儿时，也要警惕在园幼儿的安全。

（8）针对幼儿走失事件，领导小组迅速找出原因，提出相应的整改措施并组织全园教师学习，防止此类事故的再次发生。

4. 责任追究

根据查明的事故原因以及事故情节的严重性，对涉及的工作人员进行安全教育，并在全园大会上进行通报批评，让全园教职工引以为戒，严防此类事故的再次发生。同时，对具体责任人进行严肃处理：（1）通报批评；（2）大会检查；（3）扣发工资；（4）辞退；（5）情节严重者依法接受刑事处罚。

附：造成幼儿走失事故的主要原因

1. 犯罪分子或对社会不满的犯罪嫌疑人，针对弱势群体——幼儿进行专门作案。

2. 家庭矛盾、邻里纠纷等引发的针对孩子的报复性活动。

3. 幼儿年龄小，判断能力差，容易被坏人哄骗，缺乏对危险的预估。

4. 幼儿情绪不稳或受到委屈不愿意来幼儿园，在老师疏忽的时候，自己走出幼儿园回家或找父母，迷失方向，导致走失。

（四）幼儿园火灾处置预案

为规范和加强幼儿园消防安全管理，确保各项安全措施的有效落实，做到在发生火灾时能沉着冷静指挥，迅速报警，很好地扑灭初起火源或控制火势，安全疏散全园师生，最大限度地减轻火灾带来的危害，确保师生平安，特制订本应急预案。

1. 指导思想

本着及时有效、尊重科学、责任到人的原则，切实落实安全责任制，对安全隐患做到早发现、早报告、早解决，确保幼儿的生命安全和幼儿园的安全稳定，维护好正常的教学秩序。

2. 组织机构及职责

（1）成立由园长、后勤分管副园长、消防安全员、保健人员、各班负责教师组成的火灾处置领导小组。主要职责：负责全园的消防安全、安全疏散等各项工作的指挥与协调。

（2）成立由后勤人员组成的灭火行动组。主要职责：火灾初起时，立即切断电源，尽快到相应地点取下灭火器进行扑救。如发现现场人员需要救护，则应尽力想办法救人。

（3）成立由各班教师、保育员组成的疏散引导组。主要职责：当火灾发生时，立即组织指挥本班幼儿按预设的次序和通道，有序、迅速、安全地撤离火灾现场。

（4）成立由保健医生协助医护人员组成的救护组。主要职责：当火灾发生时，如有受伤和被困人员，应协助灭火行动组和消防人员采取救助措施，及时进行现场救护。

（5）成立由办公室人员组成的通讯联络组。主要职责：负责与疏散、救护各组联络，利用校园广播，指挥有关人员到指定地点，并根据火灾情况报警求助，同时把事故上报区教育局办公室。

3. 火灾事故的处理程序与应注意的问题

（1）发生火灾时，应立即拨打 119 火警电话。在报警电话中，要说明以下情况：起火单位、位置、着火物、火势大小、火场内有无化学物品及化学物品类型、着火部位，报警人姓名、单位及所用电话等，并派人员在醒目位置等候消防车。

(2) 迅速组织幼儿按平时消防逃生演习线路安全撤离火灾现场，负责人及时向园长办公室报告火情。

(3) 园长办公室接到火灾报告后，即刻通知所有人员撤离，向全体人员通告着火位置及撤离路线，切断电源，并组织人员扑救。

(4) 在指挥人员尚未到达的情况下，火灾现场内的工作人员就近利用消防水源和灭火器材迅速扑灭初起火源，减弱火势对人员的威胁，尽力控制火势蔓延，为人员疏散争取更多的时间。

(5) 疏散引导组原则上按安全疏散图，带领幼儿安全有序撤离。如遇特殊情况，可根据火灾发生的地点，临时果断做出寻找新的疏散路线的决定。

(6) 灭火行动组应分秒必争，迅速行动，找准着火点，果断扑救，抓住时机，为继续开展全面深入的扑救工作打下良好基础。

(7) 如发现有人员被火势围困，应先救人，后救火；如发现有易燃易爆危险物品受到火势威胁时，应迅速组织人员将易燃易爆物品转移到安全地点。

(8) 在接到火灾报警信号时，保健医生要迅速准备好抢救器械、药品等，快速赶赴火灾现场，一旦有人受伤紧急实施抢救。如有人受伤或中毒，应根据伤势情况处理，必要时拨打 120 救护电话。

(9) 火被扑灭后，要全面检查现场，消灭遗留火种，并派人保护好火灾现场，等待公安人员对火场进行现场调查。

4. 火灾逃生演习预案

幼儿园每学期都要组织幼儿进行逃生演习。

(1) 准备工作。

① 给幼儿上消防安全课，让幼儿了解消防逃生知识。

② 告诉幼儿要进行消防逃生演习，让幼儿有心理准备，以免造成恐慌。

③ 各班教师带领幼儿熟悉逃生路线，为消防演习做好准备。

④ 准备制造浓烟的木柴。

⑤ 为每个幼儿准备好可以迅速拿到的毛巾。

⑥ 成立火灾逃生演习领导小组：

设消防演练总指挥：一般由主管副园长担负相应职责。

成立演习消防队：由队长、成员组成。

成立演习救护组：由医护人员组成，准备医药箱（急救药品）、担架等。

成立演习疏导组：由各班班长组成。

成立信息联络组：由办公室人员组成。

⑦ 检查消防通道是否畅通，消防器材能否正常使用。

（2）消防演习程序。

① 制造浓烟，表明已经着火。

② 由信息联络员通过小喇叭、话筒等向大家报告“火灾”案情，并迅速“拨打”119 火警电话。

③ 疏导组负责疏散楼道里各班幼儿，要做到有序疏散，防止幼儿踩踏、摔伤，让幼儿迅速安全逃离现场。在逃离过程中要提醒幼儿注意用毛巾捂住口、鼻，弯腰沿着墙壁迅速离开。

④ 救护组迅速到各班查看是否还有未逃离的幼儿和教师，有受伤幼儿应快速送往安全地带及时救护。

⑤ 消防队就近用水管里的水或灭火器灭火。

⑥ 各班教师清点幼儿人数，并向总指挥汇报。

（3）演习结束。

确定演习结束，计算全园安全撤离时间，总结演习结果，找出问题，总结原因，提出改正意见。

附：可能引发火灾事故的原因

1. 幼儿园电路老化或乱接临时线。

2. 超负荷或违章使用电器。

3. 食堂违规操作或操作不当。

4. 违章点燃明火或乱扔烟蒂。

5. 油路或排烟系统堵塞。

6. 储油罐等易燃易爆物品保存不当。

（五）幼儿园暴力事故处置预案

为有效预防和控制校园暴力事件的发生，及时处置危及师生安全的各类伤害事件，切实保障广大师生生命与国家财产的安全，采取切实有效的措施，高效有序地组织抢险援助工作，最大限度地减少人员伤亡和财产损失，特制订本预案。

1. 指导思想

有效防范幼儿园发生暴力事件，提高对暴力恐怖事件的应急处理能力，保障师生人身安全和国家财产安全、幼儿园财产安全，及时处置侵害师生安全的恶性事件，切实维护幼儿园教育教学安全和稳定。

2. 组织机构及职责

（1）成立应急指挥领导小组：组长由主管园长担任，副组长由安全科长担任，成员由幼儿园办公室主任、年级组长等组成。

主要职责：全面行使指挥权。负责报警和向上级报告、传达指令、物资调配等工作。

（2）成立保卫组：由保安、安全科长、司机以及幼儿园身强力壮的教师组成。

主要职责：与犯罪嫌疑人斗争，或对犯罪嫌疑人进行劝说，以拖延时间；保护全体幼儿及园内职工，将他们护送到安全地点；控制事态恶化，维持现场秩序，防止其他事故发生，协助警方做好善后处理工作。

（3）成立抢救组：由医务人员和部分教师组成。

主要职责：救护和转运伤病员，采取预防紧急措施，稳定师生情绪。一旦发生伤害事故，以最快的速度将伤员送往附近医院进行抢救。

（4）成立信息传达组：由办公室主任、年轻教师组成。

主要职责：保证信息上传下达，信息传递及时畅通，按应急指挥领导小组指令行动。

（5）各班负责教师的职责：服从指令，统一行动，快速组织，及时疏导，清点人数，稳定师生情绪，确保幼儿安全。

一旦发生幼儿园暴力事件，务必以保护幼儿的生命安全为主要任务。

3. 暴力事件的处理程序与应注意的问题

（1）保安应严格管理出入园人员，一旦发现不法分子应严格控制，不得放行。

（2）如来人已强行闯入园内，保安未来得及制止，应及时按响警铃，通知各班教师紧闭房门、窗户，并立即采取如下措施。

对闯入者进行劝阻，拖延时间，并由其他教师迅速报告园长与园内负责人。

立即拨打110报警电话。

迅速组织在户外活动的幼儿远离危险地带，撤回到教室，并防止强行闯入者进入班级对幼儿造成伤害。

（3）由保安和应变能力强、口才较好的教师以及身体强壮的教职工与强行闯入者周旋，进行劝说，安抚其情绪，掩护师生撤离。

（4）因幼儿园教师大多是女性，因此必要时可使用钢叉、辣椒水等安全物品，对闯入者实施武力，非特殊情况不要伤其性命。

（5）一旦发生伤害事故，应以最快的速度将伤员送往就近医院进行抢救。

（6）保护现场，配合警方调查。

（7）在警方的指导下维持秩序，进行善后工作。

4. 组织指挥信息及工作程序

（1）信息传达形式

应急指挥领导小组可分三种形式传达信息：广播传达、手机传达、人员口头传达。如果第一种方法因故不能采用，则用第二种或第三种方法，保证指挥信息畅通无阻。

（2）工作程序

应急指挥领导小组发出启动预案的指令后，各组人员各就各位。

各班负责教师指挥幼儿安全有序地进入教室坐定，不得跑去事故现场围观，做好稳定幼儿情绪的工作；指挥组与保卫组在与暴力分子周旋的同时秘密安全地转移事故现场内的可转移的师生；指挥组人员与上级各组、各室保持信息畅通，及时掌握情况，根据上级指示，从全局利益出发发布各项指令；各组、各室根据自己的任务职责，做好各项工作，尽最大的努力减少损失，保护师生安全。

当指挥组下达撤销指令后，各组、各室全部回到日常工作组织和常规工作程序中。有关善后处理工作按幼儿园安全工作有关制度执行。

附：引发幼儿园暴力事件的主要原因

1. 不法恐怖分子造成的破坏性行为。

2. 由各种因素引起的对社会不满的极端分子的恶性行为。

3. 歹徒在被追捕过程中的威胁性行为。

4. 成人之间因严重利益冲突而引发的报复性行为。

5. 精神病人的严重失控行为。

6. 离异家庭子女因归属及探视问题引发的矛盾。

（六）幼儿园传染病处置预案

幼儿园是人群高度密集，接触频繁，容易导致爆发流行性疾病的场所，所以幼儿园的传染病预防是各场所传染病防控的重点。为进一步预防和控制各种传染性疾病的发生，确保正常的教学秩序，保障幼儿的身体健康和生命安全，根据《国家突发公共卫生事件相关信息报告管理工作规范（试行）》《学校和托幼机构传染病疫情报告工作规范（试行）》《中华人民共和国传染病防治法》及其实施办法，结合幼儿园实际，特制订此预案。

1. 指导思想

坚决贯彻执行“早预防、早发现、早诊断、早治疗”的工作原则。强化“教师与家长相结合、分层管理、层层负责”的处置原则，务实、高效、科学、有序地预防和控制各种传染病蔓延。

2. 组织机构及职责

成立预防传染病管理小组：组长由主管卫生保健的副园长担任，负责园内传染病防治的全面工作。

副组长由保健医生担任，负责传染病防治过程中的技术指导工作。

成员由各班班长组成，负责班级消毒监督、情况摸底、上报园领导及家园网络沟通工作。

3. 传染病的应急处理程序与应注意的问题

（1）教职工或幼儿一旦出现手足口病、流感、风疹、麻疹、腮腺炎等传染性疾病，应及时就医并向幼儿园请假，不得带病来园上课上班。经医院诊断排除传染病后才能来园。

（2）教职工或幼儿在园内出现传染病，在管理小组的统一安排下，传染病患者应立即戴防护口罩、手套，到幼儿园隔离室休息，并由幼儿园安全管理人员或保健医生立即通知传染病医院，立即送患者到传染病医院。幼儿出现传染病症状，班上老师应立即通知其家长，由家长陪同去医院，家长不能到园的，由班上老师护送幼儿去医院，护送人员都要穿（戴）好防护服（口罩、手套）。

（3）在园内发现传染病的幼儿或教职工，幼儿园应急小组领导立即亲临现场指挥，在第一时间利用幼儿园隔离室进行隔离观察，并由幼儿园安全管理人员或保健医生马上拨打120急救电话，送定点传染病医院诊治。

（4）幼儿园对传染病病人所在班级教师或办公室及所涉及的公共场所进行消毒，对与传染病病人密切接触的幼儿、教职工进行隔离观察。迅速切断感染源，防止疫情扩散。

（5）传染病病人在医院接受治疗时，禁止任何人员前往探望。

（6）幼儿园师生中发现传染病病人，立即上报上级教育部门、卫生行政部门并对病人做跟踪了解。如传染病属烈性感染，请示上级教育部门和卫生行政部门，决定是否实行全园停课。并采取一切有效措施，迅速控制传染源，切断传染途径，保护易感人群。

（7）立即封锁所在活动室或所在办公室，暂停幼儿园一切活动。停止园内人员相互往来和与外界往来，等待卫生行政部门和上级教育部门的处理意见。如园领导已被隔离，由中层干部等组成临时领导班子，负责处理日常工作。待疫情解除后，园领导班子方可开始工作。

（8）对幼儿园所有场所进行彻底消毒（可请防疫站操作），消毒结束后对室内场所进行通风换气。

（9）幼儿园密切配合疾控中心进行流行病学调查，对传染病病人到过的场所、接触过的人员，以及患者家庭的成员、邻居同事、同班幼儿进行随访，并采取必要的隔离观察措施。

（10）召开家长会，通报事件经过，稳定家长情绪，做好传染病的防治宣传工作，增强家长的卫生防疫意识，提高师生的自我保护能力。

第三节　幼儿园常用急救措施

安全工作是幼儿园工作的重中之重，为了增强教师的安全意识，增长教师的急救知识，使教师能在幼儿园突发事件中运用一些简单易行的急救方法进行急救工作，降低幼儿受伤害的程度。各班很有必要通过开展安全教育，引导幼儿牢固树立安全意识，掌握基本的、必备的安全和自护自救知识，机智地处置遇到的各种异常情况或危险，从根本上预防和减少幼儿意外伤害事故的发生。

以下举例最常见的意外伤害及处理措施。

一、烧伤

（1）孩子烧伤时有衣服等附着物附着在患处，要剥去附着物。如附着物贴在儿童的皮肤上，千万不能强行撕下。

（2）用冷水冲洗冷却患处 30 分钟左右或用冰块敷患处。

（3）不要自行用任何药膏或药水涂抹患处，只能用无菌纱布覆盖所有的患处，以避免感染。

（4）将孩子的烧伤部位抬高，使患处的血流量减少。

（5）如果烧伤较严重，要让孩子平躺在床上，并抬高孩子的下肢，让孩子的头部倾向一侧，以保证血能流向重要器官，防止孩子休克。

二、碰伤

（1）如果孩子受到的碰击不是很严重，患处没有出现肿胀或活动困难等症状时，可以在皮肤的瘀血斑处进行一小时左右的冷敷。

（2）如果伤口出血，要用一块消毒的棉垫或卫生纸压迫伤口十分钟以上。如果伤口不大，在止血后，用冷开水洗干净患处，用创可贴盖住患处。

（3）如果伤口较大，或碰击物可能带有破伤风杆菌，应当马上带孩子去医院对伤口进行处理，必要时要注射破伤风抗毒素，以防止破伤风病的出现。

（4）如果症状较重，患处出现肿胀或活动困难，或碰伤的部位是头部或胸部，尤其是出现了头晕、呕吐、意识丧失、耳鼻有淡黄色的液体或血流出时，必须立即将孩子送往医院救治。

三、扭伤

（1）让扭伤的孩子平躺在床上，抬高患处，进行冷敷，以减轻患处的肿胀、疼痛。

（2）在患处垫上棉花，再用绷带将患处捆绑起来，注意不要使绷带绷得太紧，这样不利于血液循环。

(3) 不要触动受伤的关节。如果孩子的患处畸形或有剧烈的疼痛，说明孩子病情不只限于扭伤，可能发生了骨折，这时应马上送孩子去医院治疗。

四、烫伤

(1) 应立即用冷水冲洗30分钟以上，降低局部温度，减少创面的进一步损伤，减少疼痛。

(2) 如果起疱，对小疱可以不做任何处理。对黄豆大小的水疱，如果创面也比较浅，可以用消毒剪刀剪开水疱，用消毒棉球或纱布蘸干。为避免感染，最好还是到医院做进一步治疗。

(3) 由于小孩皮肤特别娇嫩，耐受力较差，烫伤后往往皮肤受损比较严重，容易发生感染引起并发症。因此，最好不要自行用药，应尽快到医院就诊。

附：错误处理

1. 用麻油、酱油涂抹伤口。
2. 用牙膏涂抹伤口。
3. 在没有医生的指导下，涂抹药膏。

五、流鼻血

(1) 用手蘸冷水拍打额头部位。

(2) 捏紧鼻腔，安静地伸长下巴用口进行呼吸，数分钟后鼻血便可停止。

(3) 止血后不要在短时间内再大力地捏擦鼻腔，以免再度流血。如双鼻腔流血，将双手举起；如左鼻腔流血，将右手举起；如右鼻腔流血，将左手举起。此种方法可迅速止血。

(4) 不要用脱脂棉花或草纸等堵塞鼻腔，因为使用这些多纤维素的东西堵塞时，会因鼻中留下的纤维素物引起再度出血的现象，所以最好用卷扎好的纱布塞入鼻孔。

六、切割伤

(1) 伤口不深，只是划破皮肤少量出血，只需用清水（或淡盐水）和肥皂清洗好患处，消毒后用创可贴或消毒纱布敷盖患处就可以了，这样可防止伤口感染。在清洗伤口时要确保已将所有的脏物从伤口处洗掉。

（2）不要将棉花或其他绒毛状的物质敷盖在伤口处，因为他们会粘在伤口上面阻碍伤口愈合。

（3）在包扎伤口时要保证伤口有较好的透气性，不能包扎得太紧。

（4）每天都要换一次敷料，夜间可以让患处暴露在空气中，有利于伤口的愈合。

（5）如受伤严重，应立即送孩子到医院请医生处理。

七、中暑

孩子中暑时，体温可达40℃以上，一般伴有皮肤干燥、面色潮红、无汗、头晕、口渴、恶心、呕吐、烦躁、精神恍惚等症状。有的因出汗过多而丢失大量盐分引起肌肉酸痛甚至痉挛，严重的会出现抽风、昏迷、血压下降、皮肤出血等症状。

（1）孩子中暑时，应尽快将孩子移到阴凉处，脱去孩子的衣物，注意保持孩子呼吸通畅；可用冷水、冰块或酒精给孩子擦拭身体，或用低于体温3℃～5℃的温水给孩子洗澡。或在孩子的腋下、腹股沟处放冰袋。给孩子进食冷饮，使其体温降至38℃以下。如孩子有呕吐或意识不清的情况，不要喂食任何东西，以防意外事故发生。

（2）设法降低室温。可以用电风扇或空调等降低环境温度。

（3）多让孩子喝水。可给孩子服用藿香正气胶囊等祛暑药。

（4）重症者赶快送医院治疗。

八、惊厥

惊厥是由于大脑反应性异常引起的一种突然发生的晕倒症状，患者会出现短时间内全身抽搐或局部肢体抽搐的症状。惊厥发生前孩子可能大声哭闹，接着意识丧失，全身发紫，呼吸不畅，几秒钟后四肢开始出现节律性屈曲抖动，也可能伴有大小便失禁状况发生。这种症状可能持续几分钟之久。惊厥在4岁以下儿童中多见，可分为有热惊厥和无热惊厥两类。小儿因高热引起的惊厥较多见，常常发生在体温骤然升高的第一天，39℃以上的高热时最容易发生。

碰到孩子惊厥，我们往往惊恐万分、束手无策。下面简要介绍发生惊厥时的紧急处理方法。

（1）一名教师一手把孩子平抱在膝盖上，让孩子的头偏向一侧，解开衣领，使孩子呼吸通畅。另一只手用大拇指捏压孩子的人中穴。

（2）另一名教师赶紧取一支筷子（最好外面包一层清洁的布或纱布），插在孩子两侧或一侧上下大牙之间，以防止舌咬伤以及舌后坠引起的窒息。如果来不及，教师可先把自己的手指塞进孩子的口中（被孩子咬时，有些疼要忍住），同时用另一只手捏住孩子手上的虎口穴并用劲掐压。

（3）取冷湿毛巾大面积敷于孩子的额头，5～10 分钟换一次，以迅速散热降温。

（4）打电话给家长，让家长迅速带孩子去医院做进一步检查，及早查明病因，针对病因进行治疗。

九、昆虫进入耳道

昆虫等生物性异物，多在孩子睡眠时进入外耳道。昆虫类异物因爬行骚动而使孩子产生难忍的疼痛和不适，孩子会哭闹、烦躁不安，偶尔会有眩晕及耳鸣症状，严重者可致鼓膜损伤，影响听力。

（1）可用酒精或油类液体滴入外耳道内，将进入的昆虫淹死，再固定孩子，用耳镊将异物取出，然后用棉签擦净耳道。

（2）如用此方法难以取出昆虫，应立即送孩子去医院。

十、眼内有异物

（1）仔细观察异物是否植入眼内。

（2）如果异物没有植入孩子的眼睛，可以翻开孩子的眼睑，让孩子向下看，用消过毒的棉签轻轻地将异物拨去。

（3）如异物植入眼内，千万不要去动它，用一块消毒的纱布垫盖在孩子的眼睛上，并用纱布或布条加以固定，立即送孩子就医。

十一、呼吸道、气管异物阻塞

（1）孩子呼吸道被异物阻塞后，应该先检查口腔并设法将异物取出；如果孩子还能说话、哭叫或咳嗽，并能配合大人的指令，应鼓励其尝试用力咳出异物。

(2) 若有异物，用手挠舌根部，使其呕吐。引起窒息的异物多卡在喉咙，特别像薄膜、果冻类异物，通常只有部分被吸入喉腔，还有部分在声门外，这时用手挠舌根部，有时可将异物咳出。

(3) 让孩子俯倾并拍其背。如怀疑异物吸入孩子气道，应将气道呈倒立状态，头部下垂，抢救者用手用力拍打其背部，借助重力，促使异物排出。

(4) 挤压腹腔喷出异物。有时咳嗽后，气体咳出而不能吸入，肺内气体渐少，咳出气流很小，这时需借助压腹和膈肌上升的冲击力，加大咳出的气流，将异物喷出。做法是让孩子站立前倾，抢救者在其后用双手重叠拢在孩子的上腹部，冲击性挤压，使其腹压增高，膈肌抬高，加大胸腔压力，促使肺内产生强大气流，将异物从气管内冲出。

(5) 如果异物去除，阻塞缓解，但孩子的呼吸、心跳已停止，应立即进行人工呼吸和胸外心脏按压。

十二、食物堵塞声门或气管

发生噎食情况时具有以下特征。

(1) 进食时突然不能说话，并出现痛苦表情。

(2) 孩子通常用手按住颈部或胸前，并用手抠口腔。

(3) 如为部分气管阻塞，可出现剧烈咳嗽，咳嗽间有哮鸣音。

预防噎食，除了及时治疗生理诱因，还应做到“四宜”：食物宜软，进食宜慢，心宜平静，食宜适量。如万一发生噎食，可采用以下急救法。

(1) 可让孩子坐着或站着，抢救者站在孩子背后，双臂环抱孩子，一只手握拳，使拇指掌关节突出点顶住孩子的腹部正中线脐上部位，另一手的手掌压在拳头上，连续快速向内、向上推压冲击6～10次（注意不要伤其肋骨，噎食严重者可仰卧）。抢救者按上面方法冲击脐上部位，这样冲击上腹部等于突然迅速增大压力，肺内空气被迫排出，使阻塞气管的食物上移，并被驱出。

(2) 如无效，可几秒钟重复一次，造成人为咳嗽，使阻塞食物冲出气道。再无效，立即送医院处理。

十三、休克

休克是一种很危险的症状，如果患者未能得到及时的救治，有可能致命。

（1）必须尽快设法与医院取得联系，或请医生来急救，并马上联系家长。

（2）让孩子平躺着。除头部外伤者外，要注意让孩子取头低脚高位，以使脑部有足够的血液供应，否则一旦脑部缺氧3～4分钟，就会对脑部造成永久性的损伤。

（3）注意保证孩子的呼吸道畅通。千万不要给孩子进行热敷，因为热敷会使血液迅速从体内的器官中流出，造成危险。

（4）随时检查孩子的脉搏，密切注意孩子病情的变化。

环境创设篇

幼儿园的环境创设为开展教育活动提供了必要条件，是幼儿园教育活动中不可或缺的环节。本章从环境创设的基本原则、创设环境的材料准备等方便，详细介绍了如何创设有利于幼儿发展的环境。同时，还举例说明了七种区角环境的创设方法。

第一节　区角环境创设的基本原则及材料准备

一、基本原则

区角是幼儿园需创设的主要环境，区角活动是幼儿园教育的一种组织形式。教师如果没有正确的指导思想，那么区角活动只能流于形式，其优越的教育功能也就难以发挥。因此，教师在开展区角活动时，必须树立正确的儿童观、教育观，掌握好创设区角必须遵循的基本原则。

（一）目标性原则

目标是创设区角和评价效果的依据，只重形式不重目标的区角活动是盲目的，无法有的放矢地促进幼儿的发展，为此，教师在创设区角、投放材料、调整内容时都必须做到心中有目标。而目标又是如何制订的呢？首先应以《规程》和《纲要》提出的教育任务、教育目标为幼儿园区角活动的总目标，在此基础上，结合各阶段幼儿的年龄特点和本班幼儿的能力水平，制订阶段性目标。应根据阶段目标和近期教学主题，将操作性强的内容设计成区角活动。须强调的是，阶段目标要相对具体明确，具有可检性，且须在幼儿活动中不断地调整，使目标适应幼儿的发展进程。区角活动以积累经验、培养良好的习惯为主要目的，相比较其他活动而言，区角活动的学习更注重学习方法、学习能力及良好品质的培养，在制订区角活动目标时应体现这些鲜明的特点。

在实施目标的过程中需要注意以下几点。

（1）一个目标可以通过创设不同区角来实施。如为发展幼儿的口语表达能力，可以设置角色区，让幼儿在扮演角色的过程中，练习口语对话；也可以在语言区中开展玩具交流会，让幼儿介绍自己的玩具，表达自己的愿望；还可以在表演区内投放木偶，让幼儿边表演边讲故事，从多角度提高幼儿的口语表达能力。

(2) 设置一个区角可以达到几个不同的目标。如在美工区既可以训练幼儿的美工技能，又能让幼儿感受美和表现美，还能培养幼儿的想象力和创造力，美工区中作品的展示与交流活动又培养了幼儿的语言表达能力。此外，同一活动也可以达到几个不同层次的目标，如“开锁”活动，低层次目标是要求幼儿能用一把钥匙开一把锁；中层次目标要求幼儿从多把钥匙中找到合适的钥匙开锁；高层次目标要求幼儿学会开密码锁。总之，教师可根据区角活动的目标，在环境创设和指导中有所侧重，发挥其多种教育功能的作用。

(3) 不要求幼儿同步达到目标。在实施目标时，幼儿往往呈现出明显的个体差异，教师不应该用预先确定的目标去限定幼儿的发展，而应预计幼儿活动中可能产生的困难、需要得到的帮助等，允许不同水平的幼儿达到目标的时间有先有后。对于个别难以达到目标的幼儿，可重点指导或请家长配合，在家中创设相应的区角内容，增加幼儿锻炼的机会，促进其水平的提高。

(4) 区角活动目标需要经多次活动的积累而逐步达成。区角活动目标的达成不同于集中教学目标的显性与即时性，因而，区角活动目标的实现在时间上是长久的。教师和家长应该摒弃急躁心理，耐心陪伴孩子自然成长。

(二) 主动性原则

幼儿是在主动与环境相互作用的过程中获得发展的，幼儿参与活动的动机特征应是“我要玩”，而不是“要我玩”。“我要玩”是来自幼儿的内部动机，而不是来自教师的外部指令，因此最能调动幼儿学习的积极性。怎样激发幼儿活动的主动性呢?

首先，教师为幼儿创设的区角、提供的材料要符合幼儿的能力水平，满足幼儿的兴趣需要，使幼儿产生参与活动的愿望。兴趣是最好的老师，幼儿感兴趣了就会主动积极地去参与，因此，教师要善于捕捉幼儿的兴趣点和社会热点，适时地调整和补充区角内容。区角活动的内容应随着幼儿能力水平的变化而变化，如果环境的变化能与幼儿的兴趣点相一致，那么环境的教育功能就会更加凸显出来。其次，要给幼儿自主活动的空间。让幼儿自主选择活动区角，自主选择活动内容，自主选择活动伙伴。活动时教师不应过多地干预，只有当幼儿遇到困难和问题需要教师帮助时，教师才应适当介入，并适时适度地提供帮助。给幼儿以充分的自由，让幼儿自己去学会，比教师教会更有意义。

需要说明的是，提倡自主活动并不等于对幼儿放任自流。“放羊”式的活动并没有从真正意义上理解自主活动的内涵，也是教师在活动开展过程中容易进入的误区，应加以注意。区角活动应当使幼儿在主观上获得对活动的自主体验，这种体验包括行动的自由感、对活动内容的兴趣感、对玩具材料的支配感、对自身行为的胜任感。有了这些引起幼儿活动的积极感受，才能赢得幼儿对区角活动的肯定，才能不断吸引幼儿投入活动，使幼儿的自主性得到充分的发挥。

（三）探究性原则

杜威说过，儿童有调查和探究的本能，好奇、好问、好探究是儿童与生俱来的特点。好奇心和探究欲是人类认知活动的原动力、内驱力，不仅能提高认知活动的有效性，还能使认知活动成为快乐的事。对幼儿而言，探究学习主要是在日常生活和教师提供的环境中主动进行的一种边做边想、动手动脑、发现问题和寻找解决问题的途径的过程。因此，活动区特别是科学区的材料提供与环境创设要以激发幼儿的好奇心、满足幼儿的求知欲为重要前提。如在做陀螺的活动中，教师可以先投放不同形状（如锥形、椭圆形、半圆形、大半圆形）的陀身，让幼儿比较哪一种更好转，转起来有什么变化。当幼儿在探究比较中得出结论后，教师可重新调整材料，将相同形状的陀身、不同长短的中轴提供给幼儿，让幼儿在玩中探究。接下来还可让幼儿在不同光滑度的板上比较陀螺在哪一种板上更好转等。材料的不断变化，引导着幼儿的探究步步深入。由此可见，成功的材料投放应是可让幼儿持续探究的、感兴趣的。幼儿在自主探究、解决问题的过程中，逐渐学会学习，也初步形成科学的态度和解决问题的能力，这正是培养创造型人才所不可缺少的。值得一提的是，幼儿探究能力的培养既不能脱离他们的年龄特点和发展水平，也不能脱离他们的生活经验，所以教师应尽可能从他们能够耳闻目睹的身边的事物和日常现象中挖掘可探究的内容，提供可探究的材料，满足幼儿不断探究的愿望。

（四）差异性原则

只有适合幼儿生活经验与能力水平的区角才能吸引幼儿，因此，设置区角时要注意以下几点。

（1）不同地域的差异。幼儿的活动很大程度上依赖于他们的生活经验和已有知识技能。幼儿园开设的区角要多反映当地的文化背景和地方特色。如城市幼儿园可创设“超市”“动物园”“美容厅”，农村幼儿园则可创设“集市”“饲养场”“理发店”。只有贴近幼儿的生活，才能使区角活动生动而有内容。

在制作材料的选择上，可以根据农村自然资源丰富、城市废旧物品易得的特点，因地制宜，就地取材。如运动区中“舞龙灯”用的“龙灯”，城市幼儿园可用可乐瓶制作，农村幼儿园则可用竹子或稻草制作；而“踩高跷”用的“高跷”，城市幼儿园可用铁质易拉罐制作，农村幼儿园则可用竹节制作。

在活动内容的设计上，可以根据城市幼儿的玩具多、游戏场地小以及幼儿小肌肉动作发展较好、大肌肉动作发展较差的特点，多设发展大肌肉的运动区；农村幼儿活动范围大，大肌肉动作发展较好而小肌肉动作发展相对差些，则应多设操作区。针对不同生活环境中幼儿的薄弱之处，在区角创设上予以加强，也是非常有必要的。

（2）不同年龄段的差异。不同年龄段的幼儿在兴趣爱好和能力水平上存在着较大的差异，教师应根据幼儿的年龄特点设置区角。如小班幼儿的技能技巧和感知觉比较差，但好模仿，应多创设贴近幼儿生活经验且游戏性较强的区角，如生活劳作区、感观区、娃娃区等；大班幼儿各方面能力较强，也接近入小学年龄，则可多创设学习性区角。

不同年龄段的差异还体现在材料的投放上。如发展幼儿精细动作的夹珠活动，小班可投放花生、豆荚等容易夹起的东西；中班可投放木珠、果核等难以夹起的东西；大班则可提供玻璃珠、豆子等夹起难度更大的东西让幼儿练习。再如串珠活动，小班幼儿可用电话线串，中班幼儿可用塑料线串，大班幼儿可用棉纱线串；珠孔可由大到小；珠的颜色和形状可从单一到多样，排列可由无规律到有规律。总之，应根据幼儿的年龄特点与发展水平由易到难地投放操作材料。

（3）不同水平的差异。实际上，同一年龄段幼儿的能力水平也各不相同，教师应针对幼儿的个体差异提供不同的材料，为能力强的幼儿准备操作难度大的材料，为能力弱的幼儿准备操作难度小的材料，让各种水平的幼儿都有所选择。教师还应利用区角活动的时机，有针对性地对幼儿进行个别指导，促进每个幼儿都有不同程度的提高。

（五）安全性原则

安全是幼儿园各项工作的基本要求，区角活动以幼儿自主活动为主，所以更应关注其安全性。教师在准备区角活动材料时应注意玩具、工具的卫生和安全，如织毛线的针要短些，剪刀要买平头的，各种废旧物品要清洗干净。在组织活动时，应制订工具和材料安全摆放和使用的规则，如织毛线的针、剪刀用完后要平放在盒内，缝衣针要插在厚布块中。尽量将各种不安全因素考虑在前，防患于未然。在注意安全的同时要注意保健的需要。此外，教师还要注意培养幼儿的安全意识和自我保护意识，教给幼儿安全使用工具的技能。

二、材料准备

（一）材料设计

区角活动的材料也称玩教具，它是幼儿活动的物质基础，确切地说是幼儿游戏的道具、操作的工具、探索的学具和娱乐的玩具。什么样的材料就可引发什么样的活动，达到相应的目的。可以说，活动材料直接关系到幼儿发展的速度和方向。区角活动的材料是达到目标的阶梯，在活动区中起着举足轻重的作用，教师要做到活动渗透目标，材料隐含目标。教师要在了解幼儿的能力水平和兴趣需要的基础上，根据教育意图选择活动内容，并把学习内容物化为操作性强且科学耐用的玩教具。教师设计制作或寻找的玩教具材料是否适合幼儿，需要在实践中进行检验，教师可以将设计出来的玩教具放到区角中，观察幼儿是否喜欢去玩，从幼儿的活动情况看材料投放的适宜性。如果材料操作难度大了，就要考虑降低难度；如果太容易了，就要适当增加难度。只有适合本阶段幼儿能力水平又具有一定的挑战性，能满足幼儿的兴趣和发展需要的玩教具才是最好的玩教具，才能最大限度地发挥材料的教育功能，保持区角的吸引力。

为幼儿准备的材料还应是低结构的，那些指向明确的太逼真的玩具往往会束缚幼儿的想象力和创新意识。教师应鼓励幼儿在活动中多角度地去摆弄材料，尝试同一材料的多种玩法，而低结构材料恰恰符合这一特点。虽然材料本身是静态的，但教师可以通过对低结构材料的添加、组合产生变化来体现材料的多功能性，实现一物多玩，既可促进幼儿创意的构建行为，又能减轻教师投放材料的工作量。其实，幼儿有着丰富的想象力，一根竹子在他们眼中既可以是“枪”，也可以是“马”，还可以是“金箍棒”。因此，教师为幼儿准备的游戏材料不必太逼真，而应该是有多种功能的替代性材料。有时幼儿在活动中会创造出材料的新玩法，发现材料的新用途，教师应及时给予肯定，并加以推广。

开展区角活动需要大量的玩具材料，为减少寻找和制作材料的工作量，教师可考虑资源的共享和利用，同时挖掘材料的多用性，创新材料的新玩法，如美工区制作出来的作品就可作为角色区、表演区的道具。当幼儿对一种材料的玩法熟悉后，教师可在原有基础上增加难度来创新玩法，还可将各班闲置的材料，在年段或全园范围内互换使用。此外，还可以设立玩具分享区，鼓励幼儿将家中玩具带到幼儿园与其他小朋友分享。

区角活动倡导幼儿独立自主学习，因此教师在提供玩教具时，可在托盘上贴上操作程序示意图，或借鉴蒙氏教具中“错误控制”的做法，设计一个可供幼儿检验正误的材料，或活动参照卡、答案对应卡等，让幼儿进行自我校正，达到独立操作、自主学习的效果。

（二）材料来源

区角中的材料可以是购买的、实物利用的，也可以是自制的。无论是购买的、利用的还是自制的，都需要教师在观察幼儿的基础上，根据近阶段教育的需要和幼儿的兴趣，用充满智慧的眼光去发现或制作有教育价值的材料。

1. 购买

购买的材料如蒙台梭利、福禄贝尔等系列玩教具，以及与教材配套的学具，商店里出售的拼图、棋类、精品小挂件等玩具，均可用于区角活动。购买的玩教具要既精美又耐用，可以大大减轻教师制作玩教具的工作量，让教师腾出更多的时间和精力去思考和设计出更好的教育方案。

2. 利用

生活中的日常用具和自然物也可以巧加利用，如厨房的锅、碗、瓢、盆等均可以成为劳作区、角色区的活动材料。真实的材料可以让幼儿学以致用，迁移生活经验，获得真切感受，但要注意工具要适合幼儿安全使用。

农村自然资源丰富，只要教师做个有心人，处处留心，就会发现身边的大自然不仅有着取之不尽的材料，也是天然的活动区。教师可以带幼儿走出幼儿园，到安全的小溪捡石子、练投掷、玩小纸船，到小山坡登山，到田埂上练平衡力，到沙滩挖坑、掏洞、堆垒，到野外玩“娃娃家”。总之，可以利用大自然得天独厚的环境和材料使幼儿的区角活动丰富多彩。

3. 自制

自制玩教具是幼儿教师必备的技能，当现有的材料不能满足活动需要时，就要求教师自制玩教具。自制玩教具的原材料可以是购买的，也可以利用安全无毒的物品或当地的自然资源和废旧物品，如树叶、毛竹、石子、贝壳、可乐瓶、泡沫板、包装盒等。为收集原材料，教师可以在班级或幼儿园的一角，放置一个大纸箱，贴上“废物收集箱”或“百宝箱”等字样，发动家长把家中废弃且还可利用的物品，如矿泉水瓶、易拉罐等，清洗干净，投放到幼儿园的“百宝箱”中，这样活动区的原材料就能源源不断地得到补充。自制的玩教具往往不够耐用，教师可以想办法将其加固，如将纸质棋盘用过塑机过塑，使之经久耐用。

宝鸡市宝桥幼儿园——自制跑跳障碍

宝鸡市千阳县幼儿园——自制沙包

要自制玩教具需要添置一些制作工具，如电动切割刀、锯子等；有些现代办公用品也可以成为自制玩教具的工具，如打孔机可成为薄塑料板、纸板等材料的打孔工具，花样打孔机可以用来制作小部件等。

自制活动区材料需要动一番脑筋，教师可按活动的需要设计，也可以模仿现有的玩教具设计制作。自制玩教具是一种创意工作，它既可满足活动开展的需要，又可巧妙地利用废旧物品，节约经费开支。

幼儿自制玩具本身就是一种活动，它不仅能培养幼儿的动手能力，而且能使幼儿更加珍惜玩具。如果发动家长参与玩具的制作，则可发挥家长的特长，形成教育的合力，同时能教给家长以有效的育儿方法。

（三）材料投放

如何有效地将丰富的活动材料提供给幼儿呢？

1. 按份投放

大部分区角活动材料都须一份一份地用小盒、小框或托盘装好，整齐地摆放在敞开的玩具柜里供幼儿选择。过去教师不太注意材料的份化分类，只是简单地把材料堆放在一个筐里，结果是幼儿不太明确要怎么做，怎样才算做好了。幼儿有时会边做边担心材料被别的小朋友拿走而不够用，从而产生浮躁心理。有时为了保证自己有足够的材料完成一项工作，有些幼儿干脆事先占了一大批材料，别的小朋友不够用时就会与他们发生争执。把材料份化了以后，以上问题就能迎刃而解，幼儿的活动也会变得更加有序。

托盘不仅是装玩教具的容器，也是小型活动材料操作的托垫，可以直接把小玩具放在托盘内操作。

在一个班级里，区角材料的种类一般不需重复，一种材料只需投放一份，但幼儿人数较多的班级中，新介绍或新投放的材料可多设一两份，以满足幼儿及时活动的愿望，适当减少等待的时间。区角材料的份数应是班级幼儿数的两倍以上，以保证每位幼儿随时都能找到自己感兴趣的活动材料。

2. 按类摆放

活动材料须按类型分别摆放在相应的区角里，为了便于幼儿归类收放，各区玩具托盘与本区玩具柜最好贴上相同的标记，便于用后放回。标记可随幼儿年龄大小而变化，如小班使用小图标，中班使用数字，大班使用字母等作为标记。幼儿活动后往往会将玩具放错橱柜或丢失小配件，教师应在幼儿入园前或离园后对区角材料进行归类整理和补充，确保下次活动的顺利进行。

3. 投放要循序渐进

区角活动的材料必须由易到难、循序渐进地分步投放。如“给图形排队”的材料，可以按难易程度分阶段投放，如第一阶段按形状排序，第二阶段按形状和颜色排序，第三阶段按形状、颜色和数量排序。随着幼儿水平的提高适时增加难度，才能使材料的运用恰到好处。

4. 适时更换

更换材料是保持区角吸引力和满足教育需要的重要一环，教师一方面要根据教育目标的递进、教学主题的需要，以及幼儿活动的深入，逐步调换区角材料，另一方面可根据幼儿活动中生成的新内容和新的兴趣点，补充新材料。如果某些材料无人问津，教师可以从两方面分析：一是幼儿对这些材料是否已驾轻就熟，没有新的拓展玩法，从而失去兴趣；二是是否因操作材料时难度大，幼儿虽然努力尝试但仍无法完成，只得选择放弃。对于那些幼儿不感兴趣的区角材料要及时撤换，而对于幼儿尚喜欢的材料，即使活动主题换了，材料也可继续保留。总之，教师应根据具体情况适时对区角材料进行调整和补充。

第二节　区角环境创设实例及分析

一、益智区

串珠子、拼图案、挑小棒、下棋……幼儿一般都乐意投入这类生动有趣的活动中。在他们的手里，一把牙签、一盘珠子、几颗石子、几枚螺丝、几个瓶盖，经过拼、摆、旋、串等操作，能变化无穷、妙趣横生。事实上，正是这类平时看似不起眼的小活动，开发着他们的潜能，启迪着他们的智慧。正如皮亚杰所说："儿童的智慧源于操作。"幼儿是在对材料的具体操作摆弄过程中学习、认知的。幼儿园开设益智区，能为幼儿提供一个动手动脑的活动环境，让幼儿在操作与练习中学习分类、配对、数数……提高他们的思维能力，在手脑并用的学习过程中促进其触觉、视觉、听觉以及手眼协调能力和手指肌肉的发展，达到让幼儿手巧心灵的目的，可见，在幼儿园开设益智区是十分有益的。

（一）操作游戏

（1）条形拼摆：提供麦秆或火柴梗、小竹棒、芦苇秆等，让幼儿自己想象或依图样拼摆成各种图案。

（2）圆形拼摆：将大小不一的毛竹、塑料瓶（矿泉水瓶、可乐瓶）等横断成圆环，让幼儿自由选择大小不同的圆环，根据图案或自己的想象，拼摆成一定的图案，还可借助橡皮泥将图案黏合固定。

（3）拼图：将一幅完整的图剪成若干小块，打乱顺序，让幼儿拼成原图。提供的图可以是有图案的包装盒，也可以是废旧的图书、画报等。还可将图形绘制在若干根雪糕棒上，然后打乱顺序，让幼儿根据范图拼摆。

（4）开锁、关锁：先提供一把挂锁和一把钥匙，让幼儿学习开锁、关锁。待幼儿学会后可提供一些不同形状、不同大小的挂锁及钥匙，让幼儿学习配对开锁。如果有难度，可分别在配套的锁和钥匙上贴上相同的数字或几何图形，让幼儿一一配对。为提高幼儿的活动兴趣，还可提供带锁的盒子，里面装进小礼物，让幼儿进行开锁比赛，比一比谁开得最快、拿到的礼物最多。此外，还可提供门锁、密码锁、古代锁和现代高科技的指纹锁等让幼儿练习开锁、关锁，拓展幼儿视野，培养幼儿生活技能。

（5）互补拼摆：将各种颜色的硬纸板剪成三角形、正方形、圆形等图形，然后将每一种图形任意分解成两半，让幼儿任意取一图形，通过目测寻找其另一半图形拼配。

（6）嵌石子：在纸盒盖上挖出大小不一的孔，让幼儿根据孔的大小，选择相应的石子嵌在孔中，或镶嵌进盒里。

（7）螺丝配对：提供各种大小不一、零散的螺丝和螺母，让幼儿配对旋上。

（8）串珠：提供算盘珠、门帘珠、木珠、塑料珠等多种珠，让幼儿分类装进小瓶，还可以根据珠的颜色、大小、形状按一定的规律排序串珠。若用细铁线串小粒珠子，还可将铁丝弯折成各种造型。

（9）快速抓握：一幼儿坐，一幼儿站，坐着的幼儿手握空拳，站着的幼儿要尽量将火柴棒或小石子投入空拳中，坐着的幼儿要快速地接抓投下的东西，抓住为胜，落地为输。

（10）弯图形：提供可自由弯曲的彩色电线或铝芯电线，让幼儿将其弯曲成各种图案，还可适当地提供一些参考图，让幼儿看图操作。

（11）翻贝壳：提供洗净的小贝壳，让幼儿猜拳决定翻贝壳的先后顺序。先翻者抓起一把贝壳撒在桌上，然后将凹面朝上的贝壳用食指在贝壳边缘处轻轻一按，如果能使它翻过来凹面朝下，即可放在自己的面前。如果翻不过来或翻到地上就得换其他幼儿进行相似操作。依次轮换，翻得最多者为胜。

(12) 玩酒瓶盖：在酒瓶盖上贴上红方、蓝方的将军、士兵的图案，让幼儿展开联想，拼摆布阵指挥战斗。

(13) 快板：提供不同大小、长短的竹片和不同材质的绳索（细铁丝、细绳、粗毛线等），让幼儿试着用各种材料自制快板，探索哪种绳索更适合制作快板，绳索的长度多长才好用，不同大小的竹片制作的快板声响有什么不同。

(14) 找影子：提供各种动物的卡片，将动物的外形描绘在纸上，涂成黑灰色作为动物的影子。让幼儿按照影子找到该动物，并把对应的卡片放上去。

(15) 套筒：用各种颜色不同的卡纸卷成一个个大小不同的圆形纸筒，让幼儿按从大到小的顺序一个一个地往里套，也可以按从小到大的顺序一个一个地往外套，直到所有的纸筒套完为止。还可以让幼儿利用纸筒从大到小或从小到大进行排序；也可到市面买现成的彩色套筒、套环，供幼儿使用。

（二）感官游戏

(1) 触觉箱：在较大的纸盒上方挖个洞，洞的大小以幼儿小手能伸入为宜，把幼儿熟悉的物品（如几何积木、水果等）装入箱中，让幼儿通过手的触摸感知盒内的物品，并说出物品名称，或说出物品是什么形状的，是硬的还是软的，是光滑的还是粗糙的。

(2) 选“宝石”：精选各种光滑程度不同的石子，让幼儿通过触摸进行比较，并将石子从粗糙到光滑依次排列，把最光滑的一颗选为“宝石”。

(3) 闻香瓶：将药棉沾上各种香精或无毒有气味的液体，如香水、酸醋等，放入小瓶，制成闻香瓶，每种味道制作两瓶，让幼儿旋开瓶盖闻香辨味并配对，看哪两瓶是一样的。

(4) 听声辨音：录下小动物的叫声，播放给幼儿听，让幼儿判断是哪种小动物的叫声。

(5) 猜方向：七八个幼儿围成一圈，中间站一位蒙上眼睛的幼儿，从外圈的幼儿中选一位做指挥，指挥的人不出声，只能用手指，被指到的幼儿拍手，圈中负责猜的幼儿听声音指出拍手的方向，猜对了则换一个幼儿继续游戏。

(6) 瓶子琴：找八个大小相同的玻璃瓶，在瓶内装入各种不同颜色的水，每个瓶内的水量按顺序递增，用小棍敲击，玻璃瓶会发出不同声响。此瓶子琴也可放到音乐区做打击乐器。

(7) 贴“鼻子”：在纸上或白绒布上画一个没有鼻子的小丑头像，在鼻子的位置粘上棉花，用吹塑纸剪一个长三角形当“鼻子”，在“鼻子”背面粘上子母粘粗糙的一面。参加游戏的幼儿用手绢蒙住眼睛，从 2 米远的地方走向“小丑”，给“小丑”贴上“鼻子”。此外还可进行贴“耳朵”“眼睛”“嘴”等游戏。

(8) 看谁记得多：提供各种玩具、学具，让幼儿看一会儿后，将材料全部用布盖住，让幼儿说出自己记住的东西，比比哪个幼儿记得多。

（三）棋牌游戏

棋牌游戏寓娱乐与教育于一体，是幼儿园大班教学中不可缺少的活动，也是中班和小班幼儿乐意参加的活动之一。棋牌可从商店里购买，也可配合教育教学内容自行设计。幼儿棋牌游戏的设计，关键在于设计内容和玩法，教师可根据教育目的或教学内容（如儿童文学作品、科学常识、行为习惯等）设计棋盘内容、制订玩法规则。棋盘可用硬纸板制作，也可用较厚而有韧性的纸制作，再过塑或用宽透明胶带加以塑封，使之经久耐用。棋子可用石子、扣子、瓶盖、贝壳等物品替代，棋子应涂上或贴上不同颜色，以便区分。有些棋需要用骰子决定走的格数，骰子可到商店购买，也可用木块或橡皮擦制作。有了这些材料即可进行棋类游戏。玩牌能激发幼儿对数字、符号的兴趣。最常用的牌是扑克，教师也可利用各种材料自制，自制牌的材料中最常用的是硬纸板，此外还有塑料板、竹片等。下面介绍几种棋牌游戏。

(1) 五子棋：双方各选一色围棋，两人轮流下子，既要使自己的棋子排成五个连续的一行（横排、竖排、斜排均可），又要想法阻隔对方的棋子，使之不能成行，谁先排列出五个连续成行的棋子即可成为胜者，游戏重新开始。

(2) 交通棋：此棋供二至四人玩，每人持一种颜色的棋子，用“锤子、剪刀、布”的猜拳形式，决定掷骰子的先后，然后轮流掷骰子，骰子朝上的一面点或数是几就前进几格，遇到有图处，须按提示要求进行操作，接近终点时，所掷点数必须刚好到达终点，否则，超过几点就要后退几格，先到达终点者为胜。此外还可根据故事的情节设计棋盘，玩法类似。

（3）“小蝌蚪找妈妈”棋：玩法如交通棋。

（4）抽“乌龟”：需两人以上参加的牌类游戏。先将扑克牌随意抽出一张盖住当“乌龟”，并把牌逐一分给参与者；然后各人整理好自己手上的牌，两张数字大小相同的牌为对子，抽出放在一边；再以顺时针方向轮流在邻座的牌中抽取一张，若这张牌能与自己手中的牌结成对子，就放在一边，不能成对则插入自己的牌中；直至剩下最后一张牌，将“乌龟”亮出，持有与“乌龟”成对的牌者，即是输者。

（5）猜牌：在如扑克牌大小的卡片上，分别画上鸡、鸭、猫、狗、猴、马、熊、兔等动物（或其他物品），玩时先将牌面朝上任意排成两排或三排，幼儿有意识地记下各种动物牌的位置，然后将所有的牌在原位翻过来，背面朝上。两位幼儿轮流猜牌，甲幼儿猜牌时乙幼儿翻开检查，若甲猜错了，乙可提示，如说出这种动物（或物品）的特征或作用，但不能说出名称。若甲说对了卡片归甲，若说错了，将牌翻过来正面朝上，放在原处。甲、乙轮流猜牌，最后获得最多牌者为胜。此游戏可根据不同年龄和不同水平增减牌的数量。

（四）数的游戏

（1）滚骰子：取两个较大的骰子，其中一个骰子的六个面为1～6的数字或1～6个小圆点，另一个骰子的每一面贴上各种物品图案，两个骰子一起掷。然后说出一个骰子面上的数字与另一个骰子面上的物品，如“三个苹果”。说对了可得雪花积塑一枚，最后比一比谁的雪花积塑多。此游戏也可放在语言区中进行。

（2）找一找：用印章印制相互交错的图案（如三角形、圆形等），让幼儿细心寻找，说出图案的种类和数量。

（3）相邻数：将蝴蝶图形或可以分成三部分的图形，画在厚纸板上，按左、中、右的顺序，写上三个相邻的数，剪成三部分，让幼儿根据数字的大小按照规定的顺序将三个部分拼成一个完整的图形，并指读上面的相邻数。

（4）挂房号：在泡沫板或卡纸上画一座房子，将每个房间标上房号，再取些卡纸或塑料卡剪成小长方形写上房号，如101、102、201、202等，做成房号卡让幼儿把房号卡放在相应的房间上。

（5）跳跳盒：在衬衫包装盒的盒底画上草地和池塘，用纸折出10只小青蛙或把装饰成小青蛙的纽扣放入盒中，盖上透明盒盖并封好。幼儿上下晃动盒子时，小青蛙会随之跳动，待停下后让幼儿数一数有几只小青蛙跳到了草地上，几只跳到了池塘里，以此练习数的组成、分解。小班幼儿年龄小，可减少青蛙的数量。

（6）数树叶：提供10片小树叶，吹一口气，让幼儿数一数还剩几片叶子，或随便抓走一把，让幼儿看看还剩几片叶子，以此练习10以内数的减法。

（7）找瓶盖：将各种小瓶和瓶盖分别贴上算式和得数，然后旋开打乱，幼儿通过计算小瓶上的算式去寻找瓶盖，若算对了就能将瓶盖和瓶子配对旋上。

（8）测量：提供直尺、卷尺、线、记录纸等材料，让幼儿测量场地的大小或物体的大小，布娃娃或人体的身高、胸围等，并记录下来。待幼儿有一定的测量经验后，可让他们目测估算。

二、语言区

语言是表达与交流的工具，也是幼儿从蒙昧走向智慧的阶梯。爱因斯坦在研究了语言和思维的关系后，曾下结论说："一个人的智力发展和他形成概念的方法，很大程度上取决于语言。"语言是智力发展的第一要素，它伴随人的一生，也服务于人的一切活动。幼儿期是语言发展的关键期。对于成长中的幼儿来说，语言发展尤其是口头语言的发展是十分重要的。在幼儿园中设置语言区，为幼儿创设一个丰富多元的语言环境，融听、说、读、写于快乐的游戏活动中，不仅有助于幼儿语言表达能力的提高，而且有利于拓展幼儿的生活经验和想象空间，为幼儿进一步学习语言打下良好的基础。

语言区是将语言学习与游戏有机结合的区域。它选择适于幼儿感知、认读、描述、书写的内容，将幼儿语言培养目标物化为一个个生动有趣的操作活动。为了便于幼儿自我纠错，每份玩教具还可配上相应的错误控制卡，增强游戏的自主性和自律性，让幼儿在轻松愉快的游戏中自然地习得语言。

发展幼儿语言的关键不是让幼儿强记大量的词汇，而是要引导幼儿乐意与人交流，注意倾听对方讲话，能清楚地说出自己想说的事，喜欢听看图书，能听懂和会说普通话。幼儿的语言学习不只是通过语言课来实现，也不仅局限在语言区内，幼儿的一日生活中也包含着语言教育内容，我们应让语言教育从教学中走出来，走向幼儿的生活，走向幼儿的交往。

生活离不开语言，幼儿园、家庭和社区为幼儿提供了真实而丰富的语言学习环境，而家长和教师则是幼儿语言学习的重要引领人。幼儿对语言的理解与掌握依赖于真实的语言情境，不断的语言刺激和正确的示范是幼儿学习语言的重要途径。因此，教师在与幼儿交往的过程中，要加强自身的语言修养，做到言辞达意、生动形象，给幼儿以潜移默化的正确示范。家长则应做到利用一切机会和孩子亲密交流。孩子依偎在父母身旁，倾听着父母温柔的话语，既感受了亲情，又体验了语言的美妙。家长的表达要尽量准确规范，不要说“儿语”。第一次说某个难懂的新词时家长可以即时解释，或通过举例子帮助孩子理解。在家中，为幼儿提供儿童文学作品和音像资料，创建文字阅读环境，选择适合幼儿学习语言的电视动画节目，指导和帮助幼儿多听、多看、多学。此外，生活中处处都可以是幼儿学习语言的场所，家长要做个有心人，随机对其进行教育。如外出时引导幼儿观察大街上的各种标志和图示，激发幼儿观察文字的兴趣。

值得提醒的是，家长不要认为孩子识字写字才是学本领，其实幼儿阶段写字并不重要，过早学写字往往会使幼儿因小手肌肉尚未发育好而握不好笔，以至握笔姿势不正确，终身难改。幼儿阶段所说的前书写是指入小学前的书写准备，重在培养孩子的书写兴趣和正确的握笔方法及坐姿。因此，家长不要让幼小的孩子过早写字，帮助他们感受和积累语言文字才是重要的。

（一）阅读指导

阅读区一般创设在班级安静的一角，配备一些舒适的坐垫、桌椅、书架、台灯等。为使幼儿聚精会神地阅读，教师不妨在图书角贴一些幼儿专心读书的图示、照片，营造一种温馨安静的阅读氛围。幼儿阅读的主要目的是培养观察力、理解力及对图书的兴趣，因此，阅读材料要多元化，除了适合幼儿阅读的图书、画册外，还可以是各种包装盒、相册、宣传单等，以引发幼儿以视觉为主的多维感知趣味阅读。教师还可以结合教学主题在阅读区投放与主题相关的阅读材料，引导幼儿带着问题、带着兴趣阅读。为保持阅读区的吸引力，所选的图书不要一次性全部陈列，可分批投放，并根据幼儿的兴趣及教学内容的变化，及时更换新书。新书投放时，可以先向幼儿介绍内容，教师讲述时，可直接从书架上取出一本书讲给幼儿听，让幼儿知道好听的故事就在书架上的图书里，激发幼儿阅读的兴趣。平时还可请幼儿带一些自己喜欢看的书，并向同伴们讲述书中的故事。图书要一本一本封面朝外摆放，以便于幼儿选择。图书角还可为幼儿提供剪刀、透明胶、胶水、纸等，让幼儿学着修补图书。

宝鸡市宝桥幼儿园的阅读区

宝鸡市千阳县幼儿园的阅读区

阅读区的活动需要幼儿集中注意力，调动思考力。因此，在幼儿倾听故事或阅读图书时，教师不要在幼儿面前频繁走动，或是随意与幼儿讲话，以免干扰幼儿。当幼儿提出问题时，教师要蹲下身来认真倾听，与幼儿的目光接触，并轻声给予引导或解答，因为此时教师的语态、声调、表情也是一种示范，都将直接或间接地影响幼儿的阅读。

图书的阅读指导应包括指导幼儿认识封面、页码等，引导幼儿逐页翻阅，根据图序进行阅读。小班幼儿在阅读时，教师不妨走过去看看他们是否把图书拿倒了，是否在一页一页地看，是否将书页一把抓起翻得皱皱的。倘若出现这些现象，教师可坐在幼儿身边一起看书，边看边示范正确的翻书方法。对拿倒书的幼儿，教师可以悄悄地提醒他，如“你书中的汽车轮子怎么朝上啦?”以此暗示他把书拿倒了。对缺乏耐性的幼儿，可以让他们带着任务去读，读后请他们讲给教师或同伴们听，不论他们讲得如何，教师都要给予肯定，如教师可以这样说：“彬彬，你看书很认真，葫芦兄弟斗恶魔这一段可好听了，我特别爱听，你再认真看看，讲给我听，好吗?”为了得到教师的赞赏，幼儿一定会认真地再看一遍，渐渐地，幼儿阅读的专注力和持久性就会得到增强。

除幼儿阅读区外还可开辟亲子图书角和家长图书角，投放家教类图书和亲子读物，吸引家长参与到快乐的阅读活动中，给幼儿树立榜样。

（二）听说游戏

听是一种接纳信息的活动，说是一种口头语言表达的活动。听和说具有传达信息、交流情感、表达要求等功能。发展幼儿语言的关键是创设一个能使幼儿想说、敢说、喜欢说、有机会说并能得到积极应答的环境。听说游戏区活动以培养幼儿良好的倾听习惯和运用语言、道具大胆地表达为目标。教师要根据区域的功能提供相应的设备，如提供 VCD 播放机及影碟、木偶台、玩偶、道具等。教师在指导中应努力营造一个平等、融洽的环境，关注每一个幼儿，特别要关注性格内向或有语言障碍的幼儿，鼓励幼儿进行积极的语言交流。

（1）小喇叭广播：播放幼儿故事、童谣，也可将幼儿自己讲的故事录制下来播放。

（2）“打电话”：提供两部玩具电话或报废的电话，通过互相“打电话”培养幼儿的听说能力与表达兴趣。

（3）“录音播放”：两人一组面对面坐好，一人当“播音员”，一人当“录音机”。“播音员”说完一句，按一下“录音机”的“按键”（幼儿的手），“录音机”即将句子完整地“播放”（重述）一遍。

（4）听指令做动作：两人或数人一组，一位幼儿当指挥，其他幼儿听指挥做动作。如指挥者说“鼻子”，其他幼儿就用手指鼻子；指挥者说“请你拍拍肩”，其他幼儿就要做出拍肩的动作。指挥者可越说越快，其他幼儿的反应也要随之加快。

（5）传话游戏：幼儿坐成一排，第一位幼儿做发令者向下一位幼儿下达指令（说一句话或一个词），幼儿一个接一个地将指令悄声往下传，直至最后一位幼儿将指令说出，看看是否传得准确。

（6）猜猜他是谁：全班幼儿每人说一句话（或讲故事、读儿歌、唱歌等），教师将其录下来，在语言区播放，让全班幼儿仔细听一听，辨认都是谁的声音。

（7）听故事找错：讲故事时故意讲错一些地方，并录下来，请幼儿仔细听并找出其中错误的地方。

（8）“小老师”：为幼儿创设一个简易“教室”，里面摆放几张椅子、一块黑板、若干近期教学用的彩色挂图或贴绒教具，让幼儿当“小老师”给其他幼儿上课。

（9）沙盘讲述：提供一个沙盘，在沙盘上设置一些故事的场景。将一些故事中的角色图片剪下，背后安上一根竹签，即可在沙盘上边操作边讲述故事。

(10) 表演：幼儿在熟悉故事、儿歌的基础上，利用头饰、服装、道具等进行场景创设，对故事或儿歌进行生动的表演与再现。

(11) 亲子自制图书：幼儿在家长的帮助下制作阅读教材，一张画面配上一句话，自己动手描绘故事，再放到图书角；或让幼儿将家庭相册放在语言区，教师请幼儿讲述自己的家庭故事。

(12) 翻翻乐：在废旧扑克牌正面贴上图片，供两位以上幼儿进行游戏。游戏时先将所有的牌反扣在桌上，采取“锤子、剪刀、布”的方式决定谁先翻牌。翻牌的幼儿翻开牌后要说出图片的内容，说对了，可将牌放在自己面前；说错了，则重新将牌反扣，最后以获得牌多者为胜。

（三）认读游戏

孩子对文字的关注在3岁左右逐渐凸显，4岁以后是孩子对文字的敏感期。在这个时期如果能够以幼儿喜闻乐见的形式让幼儿感知和认读文字，对激发幼儿学习文字的兴趣、丰富幼儿的词汇非常有益。幼儿对文字的学习不应是孤立的、单调的、重复的练习，它必须借助真实的情境，在生动有趣的语言活动和操作游戏中，自然而然地习得。

(1) 提供图片和与图片相对应的字卡，让幼儿玩“找朋友”游戏，进行图、字配对。字卡不仅可以在语言区使用，还可以在幼儿生活环境中呈现，如可以在门、窗、家具、花草树木等物体上贴上名称字卡，让幼儿经常接触，便可自然掌握。

(2) 将语言教材内容投放到语言区，供幼儿温习阅读。

(3) 在语言区投放蒙台梭利识字“三段卡”，让幼儿自主识字。

(4) 让幼儿在报纸上找出认识的字，用笔将认识的字圈起来，并读一读。

(5) 让幼儿以串联的形式将自己认识的字卡串起来，在操作中不断地感知与认读这些字。

(6) 选择幼儿学过的儿歌，用较大的字号打印出来，贴在墙上让幼儿认读。也可制作相同字卡或词组卡片，让幼儿在桌面上对应摆字。

(7) 设计一个格子棋盘，再准备一些瓶盖，在瓶盖内部贴上幼儿熟悉的文字，将瓶盖倒扣放在棋盘上。这是一个两人游戏，以“锤子、剪刀、布”的方式决定谁可以任意翻开一个瓶盖，认读瓶盖上的文字，读对了，则赢得这个瓶盖，读错了，将瓶盖重新盖上。比一比谁会认读的字多，以赢得瓶盖多的一方为胜。

(8) 在扑克牌正面贴上图案，配上相应的文字或一句话，其中可随意指定一张牌为“地雷”。游戏时，将牌反盖，然后随意翻牌，认读上面的文字。会认读的可将牌翻过来，直至翻到“地雷”，游戏停止，数一数自己会认读的牌有多少。此游戏可让幼儿独自玩，也可由两名及两名以上幼儿一起玩。

(四) 前书写游戏

随着识字量的增加，幼儿对书写活动便产生了兴趣，即进入书写敏感期。他们虽然有书写的欲望和心智准备，但由于小手肌肉发育尚不完全，不宜过早地书写。对幼儿而言，感知汉字的笔画、临摹、拓印、触摸、连线、涂色等活动都是书写，它与小学生规范的书写文字是有区别的，这就是我们培养幼儿前书写的技能，却不提倡幼儿写字的原因。幼儿的前书写活动是为今后正式的书写文字所做的准备。在写之前，首先要为幼儿创设良好的书写条件，如符合幼儿身高的桌椅，质量好、格子较大的纸张，书写明显的2B以上的铅笔或出水顺畅的彩色笔、水笔。书写前首先要帮助幼儿掌握正确的握笔姿势和坐姿。正确的握笔姿势是拇指与食指握在笔尖斜面上部，其他三指藏于笔后，起支撑作用。如果幼儿握笔有困难，不要急于让他书写，可先让其学习扣纽扣、夹珠子、握筷子、拧毛巾等，锻炼手指肌肉的精细动作，为顺利书写打基础。初学握笔时可用“三指抓”的方法帮助幼儿正确握笔，其方法是笔尖朝自己放在桌面上，右手拇指、食指、中指向下抓握住笔尖上方→手腕抬起→左手将笔杆压至右手虎口，此时中指自然托在笔杆下方。正确的握笔方法应要求幼儿一开始学习握笔时就要掌握，以免产生不正确的握笔姿势将来难以纠正。初学握笔时，可让幼儿画横线、竖线、斜线，或曲线等，以便幼儿将注意力集中于握笔姿势。

为增加趣味性，可以把握笔姿势编成儿歌教给幼儿：一棵大树站不住，手指全家来帮助，爸爸妈妈夹住树，三个孩子树下住。

然后向幼儿解释：儿歌中“爸爸”是指拇指，“妈妈”是指食指，“三个孩子”是指中指、无名指、小指。

下面提供一些写前准备的游戏活动，希望对教师有所启发和帮助。

(1) 幼儿认识田字格方位后，教师可提供一些画有田字格的纸。一位幼儿当发令员，发出“××（方位）格”的指令，听指令的幼儿即指向相应的格，如发令员说“左上格”，听指令的幼儿即指左上格。发令员指令越发越快，不停变换，听指令的幼儿也要迅速反应、准确指向相应位置。幼儿可轮流当发令员。此游戏可以为幼儿入学后学习汉字打下良好的基础。

（2）提供印有四线三格的纸或将长方形纸折三折备用，再提供一个小瓶盖，让幼儿摆一摆、看一看，说一说瓶盖在四线三格的哪一格、哪一线。

（3）提供画有许多小点的纸，运用两点成一线的原理让幼儿自由地连线。也可以给汽车画线路，谁画的线路直，谁的汽车就开得快。还要提醒幼儿画线的顺序，如要从上到下、从左到右地画，帮助幼儿提高运笔能力。

（4）两位幼儿以“锤子、剪刀、布”的方式决出胜负，赢者每次在纸上写出一个笔画，然后两人分别写带有这一笔画的字，看谁写的字多。

（5）做些偏旁部首、笔画或独体字长方形卡片，让幼儿拼合成新的字，并根据不同幼儿的知识水平提供拼字图卡、文字示范卡等。

（6）用彩色碎纸片、彩色米、彩钉、彩笔等材料，采用粘贴、刺嵌、涂色等方式装饰空心文字，让幼儿感知文字。

（7）在矿泉水瓶上部刺一个小孔，装满水，旋紧瓶盖，用挤的方法，使水从小孔喷出，洒在地上进行书写和绘画，体验不一样的书写乐趣。

（8）提供毛笔和水，让幼儿在地上、黑板上或黑色大理石上用毛笔蘸水写字。

（9）提供各种笔，让幼儿认识书写工具，并尝试用各种笔书写。

三、科学区

我们周围的世界生机勃勃、变化万千，对幼儿充满吸引力，也是他们的知识之源。孩子天性好奇，从婴儿时喜欢睁眼四处张望，到幼儿时惊奇地叫“老师，您看!”时的神情，就能知道人类生来就在自发地探索世界。科学区的创设为幼儿提供了探索与实践的机会。他们可以在这里学习用观察、实验、概括、比较、分类等科学的方法去探索问题，获取感性的知识与经验，养成善于观察、勤于思考、乐于探索的好习惯。

科学领域包罗万象，凡是幼儿平时能接触到的东西，身边看得见、摸得着的东西，皆可作为科学区探究的内容。科学区探究的内容要注意以实践为主，与大自然的节律合拍，种植的植物、饲养的动物要尽量选择能反映季节特征的东西。

科学区的场所设置也较灵活，既可在室内也可在室外。有条件的幼儿园可以在户外开辟一小块种植园地，设置一个小小动物园。农村幼儿园可组织幼儿到广阔的田野中去观察、去探索。

科学区的指导方式有显性和隐性两种，显性的指导体现在对语言的直接指导上，教师的语言指导应有助于幼儿思考和促进幼儿探索。如“你是怎么发现的?”“我们怎样才能找到?”“如果不这样，会怎么样?”“老师也觉得好奇怪！我们一起来想一想到底是怎么回事?”“试试看会发现什么?”“观察到什么变化了?”这类开放式的话可以鼓励幼儿从不同角度、用不同方法来观察、了解对象。要允许幼儿出错，让他们在尝试错误中获得正确的结论，同时要给他们自我纠正的机会，让他们觉得“我能行”。隐性的指导往往蕴含于活动材料和环境之中。科学探究的重点是要引导幼儿主动探索、发现，如在科学区设置一些有关探索过程的流程图示、一些使用材料的标志，幼儿根据这些图示和标志可自主地完成探索活动。

科学区要有可供幼儿记录的纸和笔，教师要借助记录表帮助幼儿整理他们获得的经验，引导和鼓励幼儿用适当的方式表达自己探索的过程和结果。教师可以采用形象的比喻、拟人的手法，让幼儿知道事物之间的关系和特征。如“种子是植物妈妈的孩子”“水会变成小淘气”“彩虹是雨后空气中的小水珠反射阳光形成的”，让幼儿感到观察对象的亲切、易于理解，并学会表达。

（一）认识动植物

（1）喂养：在饲养角喂养小鸟、鸡、鸭、鹅、兔等，在观察角养蚕、蝌蚪、乌龟、鱼等，鼓励幼儿参与饲养、照料，并观察小动物的外形特征、成长过程及生活习性。

（2）捕虫：用竹竿、铁丝、网袋或塑料袋组装一个捕虫工具，让幼儿到户外捕捉昆虫，或把铁丝圈安在一根竹竿上，在铁丝圈上粘上蜘蛛网也可以捕虫。

（3）种植罐、饲养罐：将可乐瓶剪成各式各样的种植罐、饲养罐，用来种花养鱼，既简便又实用。

（4）瓶插：将采集的柳条、迎春花枝及各种鲜花插在两个瓶子里，一个瓶内有水，另一个无水，让幼儿观察它们的变化，总结植物枯萎的原因。

（5）养花：将常见的月季花、鸡冠花、太阳花、菊花、水仙花等盆花，摆放在植物角，让幼儿欣赏、管理和观察。

（6）嫁接：在盆栽仙人柱的棱角上切一小口，插入一段蟹爪兰。注意蟹爪兰要切成斜面再插入，这样容易成活。

（7）榨汁：让幼儿将水分较多的植物的根、茎、叶、花、果分别放在乳钵或竹罐里榨压出汁，以使幼儿了解新鲜植物的根、茎、叶、花、果里都含有水分。

（8）变色白菜：将带根的大白菜菜心插入加有红墨水的水中，一段时间后，菜叶会变红。还可将浅色的花插入有颜色的水中，让幼儿观察毛细现象。

（9）生长试验：选择适宜的季节，分期分批地种植黄豆，将种子—发芽—长出根、茎、叶—开花—结果的一系列过程同时展现给幼儿，让幼儿更直观地了解植物的各个生长阶段。

（10）无土栽培：在玻璃缸或盆里倒入植物营养液，将泡沫塑料板凿洞，把菜苗的根固定在洞内，再放到营养液上栽培。无土栽培的方法很多，除用水培育外，还可选用固体基质（如炉渣、小石子、吸水纸、蒸煮消毒锅的木屑或稻壳等），将菜苗固定在基质上种植。使用固体基质须做好定量供液工作，每次喷洒营养液要严格控制量，以不积液为准。具体栽培技术可向当地农业科技人员请教。

（11）观察果实：提供水果刀和瓜果，如苹果、梨、橙子、枇杷、石榴、香蕉、茄子、黄瓜、苦瓜等，让幼儿随意切开（横切、竖切、斜切均可），观察果实的内部构造，了解果皮、果肉、果核的形状与颜色。

（12）植物的趋光性：将种子分别种在透光和不透光的瓶子里，在瓶子的不同位置挖几个孔，让幼儿观察种子的芽是从有亮光的孔生长出来的。

（二）认识人体

宝鸡市千阳县幼儿园的人体结构模型

• 提供能活动的牙齿模型，让幼儿观察牙齿结构与排列方式，思考不同牙齿的不同作用及其如何分工协作咬碎食物，也可将牙齿模型中的牙齿拔出来看一看，观察牙齿的牙根。

• 提供听诊器，让幼儿听一听自己的心跳声、呼吸声。

• 脉搏跳动：把橡皮泥捏成扁圆形状，插上一根牙签，放在手腕动脉处，就能观察到脉搏的跳动。

• 提供体温计：让幼儿把体温计放到腋下，测一测自己的体温，看是否与别人的体温一样。

• 将两根能弯折的吸管插进两个塑料袋里，扎紧袋口，做成“肺”的外形。让幼儿用嘴向两根吸管中同时吹气或吸气，观看“肺部”呼吸的模拟动态。

• 展览幼儿小时候的照片、衣服、用品，提供体重仪、身高测量仪让幼儿了解自身的变化。让幼儿聊一聊小时候的事，说一说现在拥有的本领，感知自己的成长。

• 提供图片、模型，让幼儿了解人体内部器官的基本结构及功能，如观察消化系统解剖图，寻找吃下的食物到哪里去了等。

• 表情娃娃：提供表情图册（内有微笑、生气、害羞等表情），绒布娃娃头像一个，与表情图册相匹配的表示喜怒哀乐的五官表情标志若干（背面缝有子母粘粗糙面），镜子一面。幼儿可根据表情图册中的表情，选择表情标志，相应地粘贴在布娃娃的眼睛、嘴巴位置，然后，再对照镜子尝试做与布娃娃相同的表情。

（三）认识自然现象

•找空气：提供塑料袋、气球、空瓶子等材料。让幼儿用塑料袋去装空气，捏紧袋口，摸一摸、压一压袋子，感觉空气的存在。也可让幼儿将吹满气的气球的口对准自己的脸，放开口，感知气流的冲击力。还可让幼儿把充满气的塑料袋或气球放进水中，放开口，观看水中的气泡，或让幼儿在水中自由摆弄空瓶子等物。

•空气流动：提供扇子、风车等，让幼儿扇、吹，感知空气流动形成风的现象。

•晴雨花：用粉红色的皱纹纸制作两朵小花，将其中一朵放在饱和的浓盐水中浸泡后晾干，与另一朵未经处理的花一同放置在气象角中进行比较。天晴时两朵花的颜色一样，将下雨时，由于空气中的湿度较大，被盐水浸泡过的小花会吸收空气中的水分，颜色加深。教师可指导幼儿从花的颜色变化来预测晴雨变化。

•彩虹：在阳光明媚的日子，为幼儿提供水盆、压力喷水瓶，借助阳光做光学小实验，观察小水珠在阳光照射下形成赤、橙、黄、绿、青、蓝、紫的彩虹的现象。

•光的折射：让幼儿把筷子放进水中，观察筷子的变化。用镜子将阳光连续反射到多面镜子上，幼儿会发现阳光会反射到本来照不到的地方。

•纸片燃烧：提供放大镜和纸片，让幼儿将放大镜对准太阳，在镜下聚光的地方放一张纸，观察纸片随温度升高而烤焦甚至燃烧的现象，感知光的能量。

•影子游戏：让幼儿在阳光下，找一找自己的影子，画一画别人的影子，还可以做手影游戏和踩影子的游戏。

•望远镜：提供望远镜让幼儿观察远处的景物。

•摩擦生静电：提供绸布、皮毛、绒布和塑料棒、玻璃棒、金属棒、木棒等摩擦物，让幼儿将物体相互摩擦，摩擦物发热后能吸起碎纸屑、毛发等，让幼儿观察什么材料会因摩擦产生静电。

•电路：提供电珠、电线、电池、电池盒，让幼儿自己安装电路，使小电珠亮起来。开始时可先提供一节电池，待幼儿掌握方法后再增加电池、电珠、电线的数量，指导幼儿做串联和并联电路实验。

•磁铁：提供多块磁铁和一些不同材料制成的物品，如回形针、铁钉、橡皮、玻璃球、积木等，让幼儿试试看哪些物品能被磁铁吸住。还可启发幼儿用磁铁隔着纤维板、塑料板吸铁，或用两块磁铁做异极相吸、同极相斥的实验。

• 翻跟斗的胶囊试验：将自行车轴中的小铁珠，放进药品空胶囊内，提供磁铁、大垫板给幼儿，让幼儿想办法使胶囊滚动起来，再试一试不用磁铁能否让胶囊滚动（倾斜大垫板就能让胶囊滚动）。

四、美工区

红、黄、蓝可以变幻出无穷的色彩，描绘出绚丽的画面。折、剪、贴可变化出不同的形状，组合出巧妙的图案，展现新颖的构思。幼儿园设立美工区，为幼儿提供绘画、手工等活动的条件，对培养幼儿初步的感受美和表现美等能力具有很大的作用。

美工活动内容丰富、形式多样，有绘画、印画、版画、折纸、剪纸等；需要的材料和工具也很多，各式各样的笔、纸、颜料、手工工具及辅助材料等。如何将如此丰富的内容和材料有效地提供给幼儿呢？首先，在内容的安排上可以配合美工教学进行课后练习，这样能为幼儿打下一定的美工基础。经过一段时间的练习，熟悉多种材料后可以让幼儿用几种材料创作综合性的美工作品。

美工区内要有适合幼儿创作的桌椅或画架，为减少清洗困难，可在桌上铺一张报纸或白色塑料纸，让幼儿戴上袖套和围兜进行创作。此外，还可为幼儿提供一个较大的创作空间，如瓷砖墙面、大画纸、黑板、沙滩或操场等，供幼儿群体创作，表现较大的主题。

幼儿作画时常常自言自语，用语言来补充画面，因而单从画面看其作品似乎不很完整。他们有时会将太阳画成绿色，把小草画成紫色。教师要尊重他们的艺术表现，多倾听他们的想法，或许有些成人认为反常的作品，却蕴藏着幼儿丰富的想象力。

美工区活动后，常需要展示幼儿的作品。教师可利用墙面、橱柜等为幼儿开辟一个作品展示栏或展示台。有些表现突出的作品还可请小作者当讲解员，向大家介绍作品的创意。作品展示既增强了幼儿的成功感，又为同伴间的相互学习提供了机会，是美工区活动的重要环节。

（一）趣味画

宝鸡市千阳西新幼儿园教师作品——扣画

• 调色：红、黄、蓝三原色像个魔术师，能变出许许多多美丽的颜色，这些美丽的颜色又能构成丰富多彩的画面。教师不妨为幼儿提供红、黄、蓝三原色颜料，让幼儿用滴管调配，或将颜料装在按压式瓶子里，让幼儿自由调配，观察颜色的变化。

• 油墨染画：在清水中滴入不同颜色的油墨颜料，轻轻吹散浮在水面上的油墨，直到形成自己满意的图案，再把宣纸平稳地放在水面上，吸附水面上的油墨，然后轻轻拿起宣纸，一幅奇妙的图案就形成了。教师可鼓励幼儿想象画面形象。

• 吹画：将颜料滴在纸上，再用嘴吹颜料，颜料四散开后形成一定的画面，再用手指点画，凭想象添补成一幅画。

• 蜡笔水彩画：先用蜡笔在纸上作画，然后用毛笔蘸水彩颜料涂在画面上。这种方法能衬出蜡笔的线条，其效果胜过单调的蜡笔画。

• 粉笔画：提供各色粉笔让幼儿在黑板上或水泥地面上作画。若在阳光下还可让幼儿互画对方的影子。教师还可在地上画上动物或房子等，由幼儿添画篱笆或小树林等。

• 掌画：用笔沿着手掌或脚掌的外形把手掌或脚掌描在纸上，再利用手掌或脚掌的形状或变化创意添补作画。也可让幼儿整个手掌均匀地蘸上适量颜料，轻轻地印在纸上或事先画在瓷砖墙上的树干上，印出片片“小树叶”。还可让幼儿脚掌蘸颜料印在地上，待颜料干后，让幼儿顺着脚印走。

• 想象画：让幼儿把学过的歌曲或诗歌内容画在纸上，如“门前大桥下游过一群鸭……”

• 石头画：提供形状各异的鹅卵石，让幼儿根据鹅卵石的形状作画，也可用橡皮泥与鹅卵石粘合作画。

宝鸡市千阳西新幼儿园教师作品——石头画

• 伞面画：幼儿有了一定的绘画基础后，教师可提供单色的雨伞和丙烯颜料，让幼儿在小伞上画出他们自己喜欢的图案，一把把漂亮的小伞就做成了。

• 脸谱画：收集各种纸盘、塑料盘，并提供水彩笔让幼儿在盘子底画出自己喜欢的京剧人物的脸谱或其他人物、动物的脸谱。

• 纸盒画：收集或制作各种不同形状的纸盒，让幼儿在排列好的各种纸盒上用自己喜欢的颜色画出高楼，并对楼房进行装饰。

• 印章画：用莲藕、蘑菇等有一定造型的植物根茎横切面做印章，或用硬纸板画出各种图案并剪下，用胶水或大头针将图案固定在泡沫塑料或小木块上制成印章，蘸上颜料制作印章画。

• 树叶画：收集各种大小不等、形状不一的树叶、蕨类或其他草的叶子，先把叶子平放在较浓的颜料上轻轻按一按，然后拿起树叶，将蘸过颜料的一面朝下，放在纸上，再用另一张白纸盖上，用手轻轻地按压。掀开纸和树叶，一张树叶画就做好了。

• 纸团印画：用纸团或将水果包装网扎成一团，蘸颜料印制花纹。

• 拓印：将硬币、剪纸等有凹凸纹理的材料置于质地较柔韧的纸下，用蜡笔、油画棒或铅笔在纸上来回涂抹，用这种方法能将图形的纹理清晰地拓印在纸上。

• 版画：用吹塑纸做底板，再用笔头粗一些的铅笔在吹塑板上刻画，形成凹槽画面。取比底板稍大一点儿的黑色印纸覆盖在刻画好的吹塑纸上，用夹子固定。再用排笔调广告颜料或水彩颜料，在已刻画好的吹塑纸画面上上色，每上一块颜色，就将黑色印纸覆盖拓印一次，直至所有画面都上完色，即完成一幅吹塑纸版画作品。印制时注意调色的水不宜太多，以免上色时不均匀。

（二）剪贴

宝鸡市千阳县幼儿园——教师与孩子们正在进行剪贴创作

• 剪报纸：提供报纸让幼儿剪纸条，比比看谁剪得最长。可启发幼儿绕着报纸边螺旋式一圈一圈地剪，剪得越细才能越长，但要注意不能剪断。

• 剪窗花：将彩色纸边对边折或角对角折数下，然后在边缘剪出规则或不规则的图形，展开后即是一张美丽的窗花。

• 剪图案：收集旧的挂历、图书、包装盒等，将它们上面的美丽图案剪下来，可用作拼图材料或环境布置材料。

• 薄膜粘贴：将有塑料薄膜的挂历纸剪成各种图形，放在水里浸湿，直接贴在瓷砖墙面上进行作画。

• 麦秆粘贴：将麦秆或芦苇秆按图形需要剪拼、粘贴成画。

• 苍耳子粘贴：苍耳子表面有钩刺，易于附着，不妨采摘一些成熟的苍耳子（或从药店购买），让幼儿在纱布或绒布上粘贴出图案。为增添美感与色彩表现力，可用水粉颜料将苍耳子染成各种颜色。

• 果壳粘贴：花生、瓜子壳等许多果壳都是作粘贴画的好材料。将这些果壳加以巧妙利用，就可以取得生动形象的制作效果。如取一些栗子壳用白乳胶粘贴成“鸟窝”；用西瓜子壳粘在纸上，再添画上小蝌蚪的尾巴等。

• 毛线粘贴：五颜六色的毛线是作粘贴画的好材料，将毛线进行弯、卷、盘、拉之后，再粘贴在纸上作画，其画面效果立体而逼真。

•纸绳粘贴：皱纹纸色彩鲜艳，柔软且较有韧性。将各色皱纹纸剪成长条，再用拇指与食指将其捻成纸绳，再将硬纸板剪成各种形状作为纸样。在纸样上均匀地涂抹上胶水后，将纸绳从内到外有序而紧密地粘贴在纸样上，可以制成精致的小杯垫、小拖鞋和漂亮的小壁挂等。

（三）小制作

•“毛毛虫”：在铅笔上卷上长 12 厘米、宽 3 厘米的皱纹纸，将铅笔竖起，把皱纹纸往下压紧，再退出铅笔，即成一条“毛毛虫”。

•“百变小人”：用电话线扎成小人。幼儿可以任意扭动小人的四肢，使小人做各种动作造型。

•纸棒：用挂历纸卷成或粗或细、或长或短的纸棒并粘牢。大的可以做体操棒，可以当“马”骑；小的可以串起来做门帘，还可作为比较长、短、粗、细的学具。

•编篮子：将硬质纸盒四周竖着剪成细条，再将挂历纸剪成条在纸盒四周穿梭编织，粘住连接处编到三分之二时将纸盒各条向下插进编织条内，再加上提手制成篮子。

•果冻盒制作：收集一些果冻盒，提供剪刀、胶水、彩色纸、彩笔、细铁丝、牙签等工具和辅助材料，鼓励幼儿发挥想象做出丰富的作品。

•结绳：让幼儿学打结、学编中国结等。

•可塑气球：用橡皮泥或面粉、湿细沙等填充气球，再将气球口扎紧，制成可塑气球，用捏、挤、压等方法塑造出形态各异的造型，并用彩笔或辅助材料添加装饰。

•做“面条”：将比较软的橡皮泥放进注射针筒里，挤出条状泥，做“面条”。

五、角色区

幼儿天生爱模仿，角色扮演是他们最喜欢玩的游戏。只要外界提供机会和条件，他们就会在假想的王国中创造出自己的世界。为了满足幼儿再现生活和模仿成人的愿望，幼儿园应常设角色区，让幼儿在游戏中模仿各行各业的人，感受各种角色间的关系，学习与人交往与合作，获取丰富的情感体验，创造性地反映现实生活。角色区为幼儿更好地适应社会提供了很好的学习环境，是促进幼儿社会性发展、满足幼儿情感需求的良好途径。

角色扮演的内容十分丰富，凡是幼儿生活中经历的事、感兴趣的内容均可作为游戏的素材，如幼儿有了看病的经历，就会玩“医院”游戏；有了购物的经历，就会玩“商店”游戏……因此教师应敏感地发现幼儿的兴趣和需要，适时地为他们提供相应的材料与环境，让他们尝试各种角色的扮演。如果一个主题玩了一段时间后，幼儿兴趣减弱，原定目标已达到，教师就应设立新的游戏主题。新主题的设立不应只出于教师的意愿和安排，幼儿自发在游戏中创造的健康向上的内容也可予以采纳。如奥运会举办期间，幼儿自发模仿升国旗颁奖的活动，教师就应予以肯定，并适时地提供其情节发展所需的材料，创设相关的游戏环境，让幼儿将游戏进行下去。

角色区环境布置和材料的投放对幼儿的扮演角色行为有很大的影响。角色区的活动场景可以是现实生活的缩影，如“娃娃家”的小柜子、小镜子、小床、小毯子，“商店”的小柜台、“货物”等，以期营造出与主题相关的氛围，使幼儿能较快地进入特定的游戏场景中。一般来说，实物（如厨房用品）要比玩具模型好，因为幼儿比较喜欢具有真实感的东西。幼儿园条件许可的话，可设置专门的角色游戏室，形成一个“小社会”，便于各主题游戏的开展。

角色区里的一些材料可以由幼儿自己动手制作，如“医院”里用的棉签、“药袋”“药片”，“餐馆”里的各种“食品”等，这样既可减少教师准备材料的工作量，又可让幼儿有事可做，乐在其中。另外，相关区角制作的材料可互相利用，如“工厂”生产的“产品”，可以是“超市”销售的“商品”，美工区制作的作品可以作为角色区的道具……

角色区除提供与主题相关的必备材料外，还可准备一些显示角色身份的小道具，如“妈妈的皮包”“爷爷的胡子”“奶奶的拐杖”“警察的帽子”“医生的白大褂”等，引发幼儿扮演角色的兴趣，增强幼儿的角色意识。

（一）“娃娃家”

家，通常让人感到温馨、亲切、有安全感。因此，幼儿特别是小班幼儿喜欢在这安全的港湾里，放松自己，体验亲情，得到满足。幼儿只需用几块积木围合起来，再将“小床”“小锅”“小灶”等玩具放入其中，就可以再现家的样子。为了让幼儿玩得更投入、更开心，教师可以从环境布置、材料投放等方面动一番脑筋。

“娃娃家”的布置应贴近真实生活并充满童趣。在场地布局上，最好用小屏风或积木将“娃娃家”分隔成“厨房”和“卧室”。“厨房”里摆放“炊具”“餐具”，“卧室”里放置“家具”，再挂上一张全家福，有条件的话，可以铺上一块地毯，使“娃娃家”更加舒适温馨。

宝鸡市千阳县南寨镇中心幼儿园区角——娃娃之家

“娃娃家”所投放的道具，应是幼儿在家常见的东西，如摇篮、布娃娃及日用品（奶瓶、菜篮、小桶、围裙、抹布）等。此外还需准备一些反映角色特征的服饰、道具或小标志，不仅会使角色更加形象逼真，也会帮助扮演者牢记自己的身份和职责。尤其是对年龄较小的幼儿，可促使他们有始有终地参与扮演活动。

在“娃娃家”游戏的开展过程中，教师可帮助他们拓展游戏的内容和情节，如给“家庭成员”过生日，开家庭联欢会，或到“商店”购物，到“美容厅”理发，促进“娃娃家”与其他主题的联系。

下面介绍几种“娃娃家”道具的制作方法，希望能起抛砖引玉的作用。

• “液化气灶”：在纸箱上方挖两个洞，并加上“开关”，然后稍加装饰制作成液化气灶。

• “摇篮”：将毛巾或绳网固定在两把小椅子的靠背上，就制成了一个简易的“摇篮”。也可在篮子或木板上铺上小床单，然后在四个角安上绳子吊起当“摇篮”。

• “洗衣机”“冰箱”：选择较大的纸箱，在上方割出两个可翻开的盖，装饰成“洗衣机”。如果在纸箱的侧面割出两个可打开的“门”，再加上“拉手”，就是一个“双开门冰箱”了。

（二）“超市”

宝鸡市千阳县幼儿园区角——“淘淘乐小超市”

“超市”里琳琅满目的“商品”常激起幼儿购买的欲望。他们可以在超市购物活动中，体验社会交往，发展口语能力，培养市场经济意识。

开展“超市”游戏前，需丰富幼儿有关货币和买卖交易方面的常识，同时准备“超市”游戏所需的材料，如货架、“商品”、包装袋、“电脑”“刷卡机”“零钞”等以及“顾客”使用的购物篮、“货币”等，活动中，教师应提醒幼儿文明购物，礼貌待客，还可根据活动状况适时地给“商家”设置些难题，引发他们改变“经营方式”，增添“商品”种类，增加“服务项目”，以深化活动主题，如开展“送货上门服务”“优惠大酬宾”活动等。还可提供一些纸张、画笔，让幼儿在“买卖”闲暇时制作“宣传广告”，开展“促销”活动。“超市”里的“货源”可来自各类物品的包装盒和美工区或“加工厂”中幼儿自制的各种“产品”。

• “食品柜”：各种现成的空瓶子、食品盒、易拉罐、食品包装袋都可以成为“食品柜”里的“食品”。

• “服装、鞋帽柜”：可以收集幼儿穿过的小衣服、戴过的小帽子，或用挂历纸、报纸、树叶等自制的各式“衣服鞋帽”来充实“货源”。

• “玩具柜”：玩具的种类繁多，无法一一列举。教师可将那些购买来的或师生自制的或向幼儿收集的玩具分类陈列。

• “花柜”：用各种可乐瓶、易拉罐等制作成“花篮”“花瓶”，用皱纹纸等制作“花束”“花环”，若能从野外采集到鲜花绿叶，会吸引更多爱美的“小顾客”。

• “图书馆”：放 1—2 个书柜，书柜上可陈列各种图书、挂历、年画以及幼儿绘制的图画、贺卡等。

• “洗涤化妆用品柜”：可以将用完的空瓶、空盒清洗干净，陈列出来，再悬挂或张贴一些“宣传广告品”，这儿将是许多“家庭主妇”经常光顾的地方。

（三）“餐馆”

餐馆的厨师头戴厨师帽，手持锅铲，利索地进行烹饪，烹制出一道道色香味俱全的佳肴，令人羡慕，也令幼儿感兴趣。开“餐馆”是幼儿乐意参加的活动之一。

宝鸡市千阳县幼儿园区角——“花样小炒店”

教师可以为幼儿提供桌椅、屏风、厨具、餐具、厨师帽、围裙、“菜谱”“食物”“佐料”、抹布等，也可以让幼儿自行寻找替代物或自制游戏材料与道具。下面介绍几种道具和活动材料的制作方法。

• 厨师帽：用白布缝制或用较厚的白挂历纸折叠成船形帽。

• 围裙：用白布或浅色花布缝制，上面稍加装饰。

• “炊具”“餐具”：用可乐瓶底做蒸笼，用瓦片、饮料瓶（靠底部剪开）或生日蛋糕托盘做碗、盘。

• “食物”：食物的外壳是最形象、最易得的“食物”，如贝类的壳，只要将其清洗干净并晒干即可。另外，用橡皮泥、面团来制作“点心”，都是十分形象的。

• “菜谱”：在较厚的纸上画上或贴上各种食物的图形。

（四）“医院”

去医院看病，是幼儿常有的生活体验，他们既对医生的诊断过程感到好奇，又害怕护士打针。“医院”区角的创设不仅可以满足幼儿的好奇心，又可以帮助其克服惧怕的心理。

宝鸡市千阳县幼儿园区角——“爱心小医院”

在创设“医院”这一区角时，教师可以与幼儿一同准备一些常见的医疗器械和药品等，如“听诊器”“体温计”、无针头注射器、棉签、纱布、胶布、“脉枕”、托盘、“处方单”、塑料“药瓶”、自制“药片”等，以及“医护人员”用的桌、椅、帽子、白大褂等。

宝鸡市宝桥幼儿园区角——“理发店”

（五）“理发店”

幼儿一般都有上理发店理发或陪妈妈做发型的经验。他们对发型师熟练的烫、剪、吹、洗等操作颇感兴趣，在幼儿园设置“理发店”，能够满足他们体验这类活动的愿望。

开办“理发店”必备的材料：镜子、剪刀、梳子、电吹风、脸盆、围布、卷发器、洗发水瓶以及发屋标志、发型图像等。教师可以在小椅背上固定一个用纸板制作的头形，给小椅子披上一块白布，让幼儿模仿理发师理发，也可由幼儿扮演被理发的人。

- “剪刀”：用硬纸板或塑料垫板制作。
- “电吹风”：利用坏了的电吹风。

• “热水器”：找一与热水器相似的纸箱，在底部穿两个洞，插上塑料管，装上“开关”，并在出水管上安装“喷头”。

六、建构区

建构区被誉为幼儿园“塑造工程师的地方”。在那里，常常会听到幼儿的许多宏伟计划：“我要搭长城”“我要建公园”“我要盖摩天大楼”……他们往往热衷于参与这些富有创造性的、能实现自我构想的活动。

建构材料能自由组合，重复使用，具有多变性、可塑性的特点，是幼儿园必备的玩具之一。幼儿在变化多样的建构活动中，不仅可以获得大小、高矮、长短、厚薄、轻重、对称、平衡、方位等基本概念，而且能锻炼动作的协调性、准确性，促进想象力与创造力的发展。同时，幼儿建构的作品如“公园”“小房子”等又可成为角色扮演游戏中的材料，引发幼儿角色扮演游戏的兴趣，增进区角间的联系。

也许正因为建构活动的功能和教育价值得到了大家的认可，所以目前建构材料已变得十分丰富。从质地上看有木制、塑料制、海绵制、纸制、竹制的；从体积上看，有大型、中型、小型的；从造型上看更是多种多样，不单有能搭建的几何形积木，还有能拼插的齿形积塑、管状积塑等。为使建构活动更加生动有趣，有必要添加一些辅助材料，如玩具汽车、动物玩具、人物玩具以及树枝花草等。我们还可以收集纸箱、纸盒、木块等废旧材料，对其进行加工制作，丰富建构材料，使之更富有情趣。

宝鸡市千阳县幼儿园区角活动

建构材料应根据幼儿的发展水平有步骤地投放。幼儿期积木建构活动一般要经历平铺、搭高、围合等初级阶段和假想创作阶段。最初幼儿喜欢把积木一块块堆叠起来，也喜欢把积木平铺在地上。铺路是常见的积木游戏，因此刚开始建构此类活动时，投放的材料可以是形状简单、数量充足的积木，如投放一些长方形和正方形的木制中型积木让幼儿铺路、垒墙。当幼儿在堆叠拼摆的过程中，渐渐知道积木的大小、形状与搭建物体的关系时，会有意识地选用材料，尝试用各种方法搭建，这时，要提供给他们多种不同形状的积木，让其搭建“房子”“城堡”“桥梁”等。到了假想创作阶段，幼儿能根据自己设想的主题迅速地选定材料，并能较有创意地综合运用材料搭建作品，此时教师不仅要提供给幼儿多种多样的积木，还要提供给他们更多辅助材料和能引发幼儿想象的替代物，使他们的作品更加丰富，更有创意。

大型积木建构物容易倒塌，活动时发出的声音也比较大，因此，建构区不要设置在走廊或过道，应该设置在相对宽敞、独立的地方，最好在建构区铺上平整的地毯，一来降低噪音，二来清洁卫生。

在幼儿活动时，教师如何指导幼儿是一个需要深入思考的问题，以下所举例子或许能对教师有所启迪。例如，幼儿拼摆完一件作品后，教师看后或许会随口说“很漂亮”“很好”，但这样的说法没有说出漂亮在哪里、好在哪里，对幼儿没有帮助。建议教师用描述性的语言来评论幼儿的作品，如幼儿使用了哪些材料，材料的摆放位置如何得当，喜欢这一作品的哪些特点等。这样说既能表明教师重视幼儿的作品，又能帮助幼儿审视自己的作品。

在观察幼儿的建构活动时，教师还可以提出一些诸如“你搭的东西可以做什么?”这类开放式的问题，鼓励幼儿表达自己的想法，帮助幼儿确定主题。在比较两个幼儿的作品时，最好是指出他们作品的差异，如“我发现你搭的桥和小宇搭的桥不一样，你的桥高，他的桥长”，而非判断二人作品的好坏。这样做不但能让幼儿感到教师喜欢他们的作品，同时能很形象直观地传授给他们高和长的概念。另外，教师还可以提出如下问题：“你为什么要搭这个?”“你是怎样搭的?”……要求幼儿叙述个人的构思和搭建的过程。这样做既可以帮助幼儿整理自己的思路，又可以锻炼幼儿的语言表述能力。

每一项活动都有结束的时候，但我们会发现有些幼儿沉醉于自己的创作中，不想停下来，还有些幼儿不愿拆掉他们的作品。面对这种情景，教师应在结束前几分钟，提醒幼儿活动时间快到了，使之有心理准备。对于较成功、较完善的作品，可请小作者向大家介绍，并保留一段时间。

为帮助教师了解幼儿在建构活动中的发展水平，我们可以从以下几个角度观察、分析幼儿的建构情况。

• 能有意识地选择材料，并能对之综合运用。

• 建构形式多样，有创意。

• 主题明确，不盲目模仿他人，能深化主题。

• 能专注地搭建，注意力持续时间较长。

• 既能友好地与人合作，又能独立进行。

建构材料除购买外，还可以利用周围易得的材料自制。下面介绍一些制作的方法供教师参考。

1. 木“积木”：选用不易变形的木料，制成单位积木。单位积木要求有一定的比例和造型规律，即在一套积木中以正方体的边长为基本单位，在这个尺寸上进行变化，如长方体的长度是正方体的两倍，圆柱体的直径与正方体的边长相同等。

2. 竹“积木”：将成年毛竹（生长两年以上）砍去枝叶，截成竹环、竹筒、竹片、竹块等，去边角毛刺，蒸煮晾干，刷上清油，再晾干，即可使用。

3. 纸箱“积木”：收集较厚的纸盒、纸箱，用透明胶带封牢盒体，再包上一层漂亮的包装纸或色彩鲜艳的挂历纸，即可使用。

4. 易拉罐“积木”：收集易拉罐，洗干净、晾干，即可使用。

建构材料多种多样，玩法灵活多变，幼儿可以根据建构材料和主题发挥自己的想象，创造出多种玩法。

七、运动区

活泼好动是幼儿的天性。幼儿园应创设运动区，让幼儿开展丰富多彩的体育活动，发展幼儿走、跑、跳、投掷、平衡、攀登、钻爬等基本动作能力，让幼儿在开心尽兴的运动中，提高动作的协调性、灵活性，增强体质，培养活泼勇敢的性格，促进身心健康成长。

运动区需要的活动空间较大，场地可设在户外或宽敞的室内，其活动范围大至操场、草坪、露天平台，小至走廊、室内阳台。教师可根据场地投放相应的运动器械。如攀、爬、钻、荡等大型的运动器械宜放在空间较大的操场上，而拳击、拍球等小型简单运动器械则可放在走廊或楼梯间。

当然，有条件的幼儿园还可以设置专门的室内运动室，供幼儿在雨天或酷暑时运动。另外建议教师在活动场地附近设立存放运动器械的小屋，制作一些小推车，按类摆放运动器械，以方便幼儿取用。

运动区场地划分要科学合理，以幼儿运动时互相不碰撞干扰为原则。可以把滑梯、攀登架、平衡木等占地面积小的器械安置在场地的周边位置，避开走、跑、跳等容易发生碰撞的运动；同时腾出较大、较完整的空间，供幼儿集体游戏和做操用。高大的运动器械必须安放在柔软的草地、泥沙地上，也可在器械下垫上软垫，且平常要勤于检查保养，及时维修。

运动区安全工作尤为重要，教师应从各个角度予以重视，消除不安全因素。运动前，应教给幼儿安全知识，使幼儿增强自我保护意识。运动中要防止幼儿过于兴奋、发生争执、互相碰撞等，同时要从情绪、脸色、出汗量等方面来观察幼儿运动的体能表现，合理调整运动量，以幼儿运动时精力充沛、情绪愉快、脸色红润、微微出汗为宜；幼儿过度兴奋、浑身冒汗、脸色发白、身体疲乏时应及时提醒其停下休息。不同年龄的幼儿运动项目应有所不同。年龄小的幼儿喜欢独自活动，可以多组织一些投掷或攀登等单独的活动。年龄大一些的幼儿可以开展跳“房子”、抛接球、踢毽子等合作类活动。年龄更大一些的幼儿则可开展难度较大或需共同配合、分工协作的活动，如舞龙或踢球等。

运动区的活动应自由、无压力，少用竞赛的形式，应从幼儿的个体差异出发，对发展水平、能力不同的幼儿提出不同的要求，让那些胆怯和运动能力较差的幼儿也能大胆参与其中。教师要针对幼儿的强项，有意识地引导他们选择相应的运动内容，以加强锻炼，促进每个幼儿在原有的水平上有所提高。

运动区应根据季节特点，科学合理地安排活动时间、活动场地和活动内容。一般夏季运动安排在上午 9 点以前，且提倡在树荫下或室内活动。冬季安排活动量大的运动，并提倡在户外阳光下进行。

（一）走

•走线：在教室的地上画圆形或方形线，让幼儿听音乐走线。这个活动特别适用于刚入园的幼儿，也常常作为教师介绍新材料或使幼儿安定情绪的方法。随着幼儿兴趣的需要和运动水平的发展，可逐步加深难度：两手侧平举、脚尖碰着脚跟走；手持水杯走；头顶沙包走；托乒乓球走；学小动物走；横着走等。除了踩线走，还可以踩点走、绕桌子走等。

• 跨步：在场地上画一条起跑线、一条终点线，两位幼儿站在起跑线的后面，以“锤子、剪刀、布”定输赢，赢者向前跨一大步，反复猜拳、跨步，先到终点线者获胜。

• 走高跷：在直径10厘米、高10厘米左右的竹节的口径两端，对称钻两个小孔，然后穿上一根结实的带子，做提线“高跷”；也可在竹节上端直接留下一段做“高跷”的提手。幼儿手提带子或提手，脚踏竹节，手脚配合协调地走。提线“高跷”用完后要两个一对地将绳子打一个活结，放在或挂在固定的地方，便于下次使用。

• 走木拖：分别在两块宽10厘米左右的木板上，钉上两条帆布带，带长根据幼儿鞋面大小而定。两三个幼儿一起套穿着，步伐一致地向前走。此游戏有一定难度，初学时要注意防止跌倒。

• 套圈走：提供竹圈或呼啦圈，让幼儿一个接一个套成一列“火车”向前走。此法要注意速度一致，以免摔倒。

• 吸“小铁人”：请一位幼儿头戴红帽或其他标志当“小磁人”，若干幼儿当“小铁人”，在场内四散开来随意走动。“小磁人”碰到谁，谁就被“磁化”，两人“吸”在一起（手牵着手走），再一起去“吸”别人，被碰到的“小铁人”又被“吸”住了，直至吸成一长串后，更换角色游戏重新开始。

（二）跑

• 骑“马”跑：给幼儿一根竹竿、木棍或纸棒当作“马”骑在胯下，让他们饶有兴致地骑“马”跑。

• 迎风跑：让幼儿举着长布条、纸条、柳条、棕榈条或风车迎风自由地跑。

• 放风筝：用一根线扎住塑料袋提手拉着跑，会有放风筝的情趣。

• 踩影子：在阳光下，幼儿相互追逐踩对方的影子，同时要迅速躲闪，不让别人踩到自己的影子。

• 揪“尾巴”：每人身后裤腰上夹一根布条或纸条当“尾巴”，幼儿互相追逐，设法拉下别人的“尾巴”，同时防止自己的“尾巴”被别人拉下。

• 追逐跑：准备一块方形布做披风，下摆用回形针或木夹固定上许多布条，请一位幼儿身披披风在前面跑，其他幼儿在后面追拉布条。

• 纸拖车：在废旧鞋盒的一端钻一个小孔，系上绳子，幼儿可以拉着走或拉着跑。可让幼儿将较轻的物品装入鞋盒中，增加运动的趣味性和情景性。此活动特别适合托班和小班幼儿。

宝鸡市宝桥幼儿园课外活动

• 快速跑：两个幼儿拉住一块旧彩旗或较大的布往上抛，当布抛起时其他幼儿迅速从布下穿过，尽量不被布罩住。幼儿在一抛一落的穿梭中会感到乐趣无穷。

• 捉光斑：用镜子反射太阳光，晃动镜片，移动光点，让幼儿追逐着去捉光斑。

• 捉泡泡：一名幼儿在场地上吹泡泡，其他幼儿追逐着捉泡泡。注意玩后要让幼儿洗手。

（三）跳

• 摸高跳：在两棵大树或两根柱子之间系上绳子，绳上挂上各种玩具，高度以幼儿纵跳能够触及为宜，让幼儿纵跳触物，练习弹跳。

• 空中“飞燕”：把羽毛球或毽子装饰成“小燕子”，吊挂在一定的高度，让幼儿纵跳拍打，羽毛球或毽子在空中飞荡就像一只会飞的“小燕子”。

• 跳圈：将竹、藤扎成圈或将体操圈平放在地上，也可在地上画圈，让幼儿进行单脚跳和双脚跳、学习屈膝跳，锻炼幼儿的平衡能力。

• 跳“小山”：将硬纸板对折，架在地上当“小山”，让幼儿从“小山”上跳过。

• 跳马：将废旧轮胎的一半埋入土中加固，幼儿可在轮胎上练习跳马。

• 运动棋：教师可将益智区中的许多棋类游戏引至运动区中，用粉笔在地上画棋盘，让幼儿当棋子，按游戏规则进行走、跳等运动。

（四）投掷

• 投“飞镖”：制作“飞镖”的方法很多，可用挂历纸一类质地较厚的纸，卷成纸“飞镖”；用木夹夹上布条、纸条或草制成木夹“飞镖”；将布条或毛线剪成条状，塞进废旧笔杆中制成笔杆“飞镖”；在手帕或布块中放一些填充物扎起，留出飘带即成手帕“飞镖”。教师可让幼儿用“飞镖”练习或比赛投远、投准。

• 丢石子：在地面上画一个直径 15 厘米左右的圆圈，放进石子若干，幼儿站直，将手中的石子瞄准圆圈中的石子扔下，被击中的石子归其所有，若未击中则换一个人玩，最后比一比谁得到的石子多。也可用各种豆子、果核等进行游戏。

• 打空罐：在场地上画个圈，圈外适当的距离画一条线。圈中放置几个空易拉罐，提供沙包若干，让幼儿站在线后用沙包掷空罐，看谁击倒的易拉罐多。

• 抛降落伞：将塑料袋提手或手帕四个角扎上细绳，下端挂一个重物或塑料小人，将塑料袋或手帕合拢用力向上抛，塑料袋或手帕很快会打开，像降落伞似地降落。

• 挂布条：在高于幼儿的上方横系几根绳子，让幼儿跳起往绳子上挂布条。

• 掷“保龄球”：准备一个球，将 10 个空矿泉水瓶按保龄球的玩法摆成倒三角形，让幼儿滚球击瓶。

• 空心靶：将铁线圈或将泡沫塑料板、旧草帽、旧篮子中间镂空挂起，即可成为幼儿投掷瞄准的空心靶。

• 镜后投球：准备一面镜子、一个纸箱、若干个纸团，让幼儿背朝纸箱，通过镜子观察身后的纸箱在哪里，然后将纸团向后投入纸箱。

• 玩“流星球”：将棉花或碎布等作为填充物做成若干个“圆球”，放入一只新的长筒袜里，两“球”之间相距约四五厘米，然后在两“球”之间打结，把“球”固定住，再将各色即时贴剪成大小不一的各种形状，粘贴在“球”的不同位置进行装饰。“流星球”既可做成两个“球”一串、三个“球”一串，也可做成单个“球”。幼儿可用它练习肩上挥臂投掷、自抛接球等；或手持一端挥臂划圈甩球；或将其悬挂在高处，让幼儿练习双脚原地纵跳触球。

• 捕“老鼠”：用一个易拉罐将网罩顶起放在场地一端，让幼儿拿另一个易拉罐或球当“老鼠”，打翻易拉罐，平滚进罩，以罩盖下为胜。

（五）平衡

• 踩绳：在地上放一条绳子，让幼儿踩在绳上从一端走向另一端。为增加难度还可让一个幼儿手拉绳子的一端，贴着地面左右摇动，另一个幼儿用脚横着踩住另一端一步一步地走向对方，踩不住为输，踩着走到对方面前为胜。摇绳的幼儿不能用力向后拉绳，以防踩绳的幼儿摔倒。

• 走竹梯：将竹梯横放在地上，让幼儿踩着横杆走。待幼儿熟练后将竹梯的一头架在20厘米左右高度的地方让幼儿练习走。

• 踏墩：可用直径15～20厘米、高10～30厘米的木墩、水泥墩、竹节、砖块，也可将油漆桶装进沙土封口为墩，或用七个易拉罐扎成一捆当墩，摆放在地面或半埋在地下。摆放距离可由密到疏，也可以无规律地摆放在场地四周。墩的直径可有大有小，墩的高度可有高有低。总之，墩的形体要有变化，以让幼儿进行不同难度的平衡练习。

• 做轮胎木马：将较大的废旧轮胎清洗干净，分切成两个半圆形，刷上色彩鲜艳的油漆，并进行装饰，就制成了简易好玩的轮胎木马。幼儿可以坐在上面前后摇动。

• 抬球走：四个幼儿抬一块1平方米左右的布，布上放一个小球，四人一起向前走，以球不掉为胜。

• 传羽毛：若干幼儿围一圈，两人之间相隔一臂距离，在一块木板上放一片羽毛，让幼儿一个一个地往下传，注意不要让羽毛飘落地上。

• 转伞球：在撑开的伞面上放置用废纸揉搓成的纸球，伞下的幼儿旋转伞，尽量使伞面上的纸球不落下来。

（六）钻爬

• 钻圈：将两个可乐瓶装满沙石，相距50厘米左右摆放，再将一根铁丝的两端插在两个瓶口处，形成一个拱形钻圈，供幼儿练习钻爬。

• 斗“狮子”：用纸条或毛线制作若干“狮子毛发”与“尾巴”，并提供若干沙袋。幼儿戴上“狮子毛发”，两手两脚作“狮子四肢”，在草地上或地毯上爬，屁股后夹上一条“尾巴”，背上放一个沙袋。然后两只“狮子”互相用“前爪”（手）去抓对方的“尾巴”，被抓住者算输，背上的沙袋掉下也算输。

• 爬“坦克链”：将较大的纸箱剪去上、下底做成“坦克链”。幼儿钻入纸箱筒中，身体顺一个方向，双手、双膝着地，练习爬行。小纸箱圈供单人爬行，大纸箱筒供多人合作爬行。

• “声音隧道”：提供冰箱包装箱或钻爬筒，在里面悬吊会发出各种声音的吊挂物，如风铃、贝壳等，让幼儿钻进“声音隧道”，触碰并倾听各种声音。

家园共育篇

幼儿的成长离不开幼儿园教师的教育，更离不开家长的教育。本章从家园共育角度展开内容，阐释幼儿园和家长合作的教育意义、合作方式、具体合作活动方案设计等，具体而微地对家长如何教育孩子进行指导。

第一节　家长工作指导的意义、原则及方式

一、家长工作指导的意义

《规程》中指出，幼儿园应主动与幼儿家庭配合，帮助家长创设良好的家庭教育环境，向家长宣传科学保育、教育幼儿的知识，共同担负教育幼儿的任务。可见，做好家长工作，指导家庭教育是幼儿园教育工作的需要，毫无疑问应该成为幼儿园工作的重要组成部分。幼儿家长工作指导的意义在于它能提高家长的教育素质，提高家庭教育工作质量，促进幼儿的健康成长。

（一）有助于提高家长的教育素质

教师通过向家长宣传幼儿教育的政策法规，讲述幼儿教育的目的目标，讲解家庭教育在幼儿成长中的作用，增强家长抚养教育幼儿的责任感和义务感；通过向家长传递有关幼儿的卫生学、心理学、教育学知识，丰富家长关于幼儿身心发展的知识，以及对孩子进行教育的知识，帮助家长树立正确的教养观念，提高家长教育幼儿的能力。

（二）有助于改进家庭教育工作

幼儿园对家长进行指导，能够改进家庭教育工作。通过向家长介绍幼儿园的培养目标，能够使家长与幼儿园达成教育共识；通过向家长介绍幼儿园的教育内容和方法，能够使家长注意采用积极引导的方式，对孩子进行教育；通过向家长介绍幼儿园的教育原则和途径，能够使家长重视为孩子创设良好的家庭教育环境，提高家庭生活的质量。

（三）有助于促进幼儿的健康成长

陈鹤琴先生指出幼儿教育是幼儿园与家庭共同的责任，他认为幼儿教育是很复杂的一件事情，不是家庭或幼儿园一方面可以单独胜任的，

必须要双方共同合作方能得到良好的教育效果。幼儿园和家庭是幼儿成长的两个不同场所，两个场所教育方向一致，就会形成教育合力，强化教育的作用，产生“1+1>2”的效果，促进幼儿的发展。反之，如果方向不一致，就会削弱、抵消教育的作用，导致“1－1＝0”的结果，阻碍幼儿成长。

幼儿园对家长进行指导，能够增强家长配合幼儿园教育的意识，实现家园合作，使幼儿在园教与家教的配合教育中，得以全面、协调发展。

二、家长工作指导的原则

（一）了解家长的原则

幼儿园要对家长进行指导，就必须要了解家长。这样，才能“量体裁衣”“对症下药”。

首先，要了解家长的自身情况，如其职业、文化程度、兴趣爱好等。其次，要了解家长的生活情况，如家庭教育结构、生活方式、家庭成员之间的关系等。再次，要了解家长在家庭中对孩子进行教育的情况，如他们是否重视孩子的教育，对孩子进行了哪些方面的教育，是如何教育的，有哪些做法值得肯定，哪些经验值得推广，还存在哪些问题需要矫正等。最后，要了解家长对幼儿园教育的看法，如改进幼儿园工作的建议等。

（二）关心家长的原则

幼儿园要对家长进行指导，就要真诚地关心家长。但幼儿园对家长的关心，主要是通过关心幼儿而实现的，教师要注意观察幼儿，并把观察的结果及时反馈给家长，这样就能增进家园之间的合作。首先，教师要关心幼儿的身体变化，并及时与家长沟通，使家长感受到教师对自己孩子的关怀。其次，教师要关心幼儿的心理变化，主动与家长联系，并了解幼儿心理变化的原因，采取有效的措施对幼儿进行引导。再次，教师要对特殊家庭的幼儿给予更多的关心，使他们也能像正常幼儿一样成长。最后，教师要把幼儿在幼儿园发生的事故如实向家长通报，取得家长的理解与原谅。

（三）尊重家长的原则

幼儿园要对家长进行指导，就必须尊重家长。《纲要》明确指出，家庭是幼儿园的重要合作伙伴。应本着尊重、平等的原则，争取家长的理解、支持和主动参与，并积极支持、帮助家长提高教育能力。教师要树立家、园是一家的思想，时刻把幼儿、家长放在心中，处处尊重家长，平等地对待家长，这样，才能赢得家长的支持和配合。

首先，教师要尊重职业、家庭条件不同的家长。其次，教师要尊重幼儿情况不同的家长。最后，教师还要尊重那些喜欢提意见、反映问题的家长。

（四）帮助家长的原则

幼儿园对家长进行指导的同时，还要给予家长帮助，使家长能战胜教育孩子中的各种困难，取得教育孩子的佳绩。

教师要帮助家长解决特殊困难。了解家庭教育中最困惑的问题，理解家长的难处，提醒并引导家长发现家庭教育中存在的问题，指导家长改进家庭教育方法，提高家庭教育水平，改善家庭环境、氛围。

（五）切合家长实际的原则

幼儿园对家长进行指导，要针对家长的不同特点，实行分层分类指导，注意指导方法的针对性、具体性和灵活性。

首先，教师要区分不同性格类型的家长，针对他们在教育子女过程中存在的具体问题，进行指导。其次，要区分不同文化层度的家长，针对他们在教育子女的过程中存在的具体问题进行指导。最后，要区分不同年龄段幼儿的家长，针对在教育过程中家长可能会遇到的问题进行分类指导。

三、家长工作指导的方式

幼儿园应制订家长工作指导计划，建立家长联系制度，因地制宜，采取多种形式，通过多种渠道，向不同年龄段幼儿的家长提供较全面的家庭教育知识和方法；指导家长正确了解幼儿园保育和教育的内容及策略，认真分析、吸收家长对幼儿园教育与管理工作的意见和建议，推动家长工作的开展和幼教质量的提高。

幼儿园家长工作指导的方式主要有个别谈话、电话交流、建立家园联系册、召开家长会、组建家长学校、家长开放日、家庭访问、组建家长委员会等。

事实上，只要教师重视并关注幼儿园家长工作，就会发现，幼儿园家长工作的指导方式是多种多样的，要提高家庭教育指导活动的效率，就必须了解家长，利用家长喜闻乐见的形式开展活动，使家长乐于参与各项活动。

四、家园合作活动设计方案

家园合作活动方案，一般包括以下几个方面：活动名称、活动主持人、参加活动的人员、活动时间与地点、活动目标、活动准备、活动内容与形式、活动的具体步骤与过程、活动评价等。家园合作活动的种类丰富多彩，内容涉及幼儿发展的各个方面。按照活动的形式，大体上可以分为家园合作学习活动方案、家园合作游戏活动方案、家园合作生日活动方案、家园合作节庆活动方案、家园合作艺术活动方案、家园合作体育活动方案、家园合作郊游活动方案、家园合作生活活动方案、家园合作劳动活动方案、家园合作拍卖活动方案等。

【活动案例】

1. 活动名称：小动物音乐会（小班英语教学单元复习活动）

2. 活动主持人：班主任

3. 活动对象：教师、家长、幼儿

4. 活动时间：上午9:00—9:30

5. 活动地点：教室

6. 活动目标

（1）强化幼儿学习英语的兴趣；帮助幼儿巩固之前的知识经验；培养幼儿使用文明礼貌用语的习惯。

（2）使家长了解幼儿在园学习的状态；调动家长参与教学的积极性。

7. 活动准备

（1）邀请英语较好的家长来园一起参与幼儿学习英语的活动，欢迎不会讲英语的家长来园观看教学活动。

（2）教师和家长共同商量幼儿学习的具体内容、形式，并明确各自的分工和职责。

(3) 准备好教具，如头饰、乐器、奖品等。

8. 活动内容：英语礼貌用语

9. 活动形式：小组活动、集体活动

10. 活动步骤及过程

(1) 分组彩排

① 幼儿分组

教师和家长一起用桌椅搭成舞台，在桌子上放置不同的乐器，在椅子上摆上动物玩偶做观众。

教师、家长根据幼儿对动物的喜爱情况，进行分组：把幼儿分成大象乐团、小熊乐团等，教师轮流指导各乐团进行排练，暂时没有排练任务的幼儿和家长可以做观众或给活动出谋划策。

② 幼儿彩排

教师戴上头饰，手拿话筒扮演导演，要求每一个乐团的演员戴上相应的头饰，由一名家长担任团长手拿话筒。

导演对大象乐团进行培训：团长率领乐团登场演出，对观众说“Hello!”，观众回应“Hello!”后，导演说“Sit down，please!”，开始演奏。演员可以按照自己的喜好选择乐器（选择乐器的过程中教师可以播放准备好的音乐，吸引观众们的注意力）。演奏结束时，导演说“Stand up，please!”观众掌声之后，演员向观众鞠躬说“Thank you!”退场，观众说“Good bye!”告别。

(2) 全班音乐会（略）

(3) 颁奖仪式

颁奖过程中教师同样要提示幼儿使用英语表达感谢。

该活动考虑了幼儿记忆易于遗忘的特点，教师在教育活动中适时组织幼儿复习，注意知识的再现，有助于加强幼儿的记忆力，提高幼儿学习的效率。

该活动还注意了幼儿大脑易疲劳、注意力保持时间较短的特点。教师采用了分组的活动形式，有助于提高活动质量。

该活动还兼顾了幼儿表现欲强的特点，使每个幼儿都有机会登台表演，得到同伴、家长及教师的肯定。这不仅强化了幼儿学习英语的兴趣，而且有助于幼儿自信心的培养和社会交往能力的提高。

第二节　提高家长的教育能力

家长的教育能力是家长运用科学知识，解决家庭教育中遇到的种种问题，促进幼儿身心健康发展的策略、技能等综合能力。主要包括了解幼儿的能力、观察幼儿的能力、记录幼儿情况的能力、评价幼儿的能力以及发展幼儿能力的能力等。

一、提高家长了解孩子的能力

了解孩子是家长教育孩子的前提条件。家长只有全面深入地了解孩子，才能选择适当的教育内容，运用恰当的教育方法，对孩子进行有针对性的教育，提高教育效率。家长了解孩子的能力包括两方面：一是了解孩子的一般发展水平；二是了解自己孩子独特的发展水平。

（一）了解孩子一般发展水平

幼儿园可以向家长推荐好的育儿书报、电视节目，聘请专家为家长举办专题讲座，促使家长了解处于幼儿期孩子的一般发展水平，如孩子在认知、情感、个性等方面发展的主要特点，从而增强了解孩子的能力。

具体来说：一是了解和掌握孩子认知发展的特点；二是认识孩子情感发展的特点；三是理解孩子意志发展的特点；四是掌握孩子个性发展的特点。

（二）了解孩子独特的发展水平

教师可以通过和家长的交流，引导他们在日常的家庭生活活动、游戏活动、劳动活动、交往活动以及聚会、旅游、参观等各种各样的活动中，了解孩子特殊的潜能及潜能的发展水平，从而有针对性地给孩子及时有效的引导，使有特殊才能的孩子的兴趣得以保护，潜能得以发掘和提升。

此外，教师、邻居及孩子的小伙伴也是家长了解孩子重要信息的来源，家长不能只相信自己的眼睛，不相信其他人的反映，也不能偏听偏信，而要注意从多方面来了解孩子。

二、提高家长观察孩子的能力

观察是家长有目的、有计划地认识孩子、了解孩子、深入理解孩子的最重要的手段。在家庭教育的整个过程中，家长要做观察孩子的有心人，挤出时间去和孩子相处，掌握孩子更多的情况。家长观察孩子的能力体现在三个方面：一是观察孩子的作品；二是观察孩子的情绪；三是观察孩子的语言。

（一）观察孩子动作的发展

幼儿动作的发展包括小肌肉动作和大肌肉动作的发展。

1. 观察孩子小肌肉动作的发展

观察孩子能否拉下拉上衣服的拉链；能否解开、系上鞋带；能否用笔画画；能否把液体倒入容器中；能否捏取细小的物体放回器皿中，等等。

2. 观察孩子大肌肉动作的发展

家长可在户外活动中，从以下几个方面来观察：观察孩子能否步伐均匀地走路；能否自然地跑步；能否作“金鸡独立”状；能否双脚同时跳跃，等等。

当然这些过程对于不同年龄阶段的幼儿来说，也有难易之分。

（二）观察孩子情绪的发展

家长观察孩子情绪的发展的能力主要体现在两个方面。

1. 观察孩子情绪的状态

家长要观察孩子的情绪是否经常处于快乐之中，还是陷于紧张、恐惧或是悲伤、痛苦、厌倦、愤怒之中。家长要想方设法让孩子保持平稳、平和、宁静、快乐的情绪。

2. 观察孩子的情感发展

家长要观察孩子情感发展的水平：他是否对他人具有信赖感，对父母是否十分依恋、信赖；是否具有自信心；是否具有合作意识，乐意与小伙伴交往；是否懂得珍惜，爱护周围环境和物品；是否具有强烈的求知欲望，喜欢探索、探究，关注身边的事物，等等。

（三）观察孩子语言的发展

家长可从以下方面观察孩子语言的发展。

1. 观察孩子运用语言的自信心

家长要留心观察，孩子讲话时是否充满了自信；是否能大声说话，让别人都听见；是否能主动与别人交谈，家里来了客人，孩子能否主动招呼客人。

2. 倾听孩子的发音、词汇的运用

孩子讲话时，家长要注意倾听，看其能否顺利地和亲朋好友、小伙伴们沟通；能否清晰地讲故事、朗读诗歌。

3. 观察孩子倾听的技能

家长要观察孩子是否能安静地听别人讲话、讲故事，不随便插嘴；是否能分辨同义词和同音词；是否能记住一些已经听过的词汇。

4. 倾听孩子对语句的运用

孩子讲话时，家长要注意倾听，看其是否能讲完整的句子；是否能提出问题与要求；是否能参与别人的谈话，等等。

总之，家长在观察孩子时，应注意将某一方面观察与全方位观察相结合，重点观察与普遍观察相结合，有目的、有计划地观察与随机观察相结合，以提高观察幼儿的能力。同时，家长要做幼儿语言学习的引领者、支持者和以身作则的示范者。

三、提高家长记录孩子情况的能力

家长要对孩子各方面的情况加以记录，这是评价孩子发展水平的重要依据。

（一）全面记录

家长既要对孩子身体方面的发展加以记录，也要对孩子的言语、行为、表情等各种信息加以记录，此外，还要记录各种表现所发生的时间和地点。这样，就能通过比较观察记录，看出孩子是否随着地点的变化、环境的不同而有不同的表现。

（二）及时记录

家长可以在每天的任何时间花一点儿时间来对孩子的表现进行记录。但人的记忆时间和精确性是有限的，若不及时对观察结果进行记录，时间一长便会忘记或是记忆模糊不清。为了完整、准确地保存所获得的信息，家长要注意及时做观察笔记。

（三）客观记录

家长要用客观的语言对孩子的言语、行为、表情进行描述，而不能用评价性的词语或模棱两可的语言进行记录，以保证记录能真实地再现当时的情景及人物之间的关系。

（四）多种形式的记录

家长可以通过多种多样的形式，对孩子的发展状况进行记录。例如，（1）日记法记录；（2）事件法记录；（3）表格法记录；（4）视听媒体记录。

此外，孩子的绘画作品、书法作品、手工作品等都记录了其发展的轨迹，家长也要加以收集和保存。

四、提高家长评价孩子的能力

科学评价孩子是家长教育孩子的有效手段，家长在评价孩子时，首先要检查已收集到的信息是否全面，是否具有代表性。然后对记录材料进行分析、综合、抽象、概括，做出切合实际的判断，再以此为基础，选择恰当的方式对孩子进行教育，以取得更好的家庭教育效果。

（一）评价孩子的社会认知水平

家长在考察孩子社会认知的发展水平时，可采用游戏规则法和故事问题法。

游戏规则法是家长利用游戏规则，向孩子提出问题，要求孩子回答的一种方法。故事问题法是家长在给孩子讲述故事时，向孩子提出问题，要求孩子作答的一种方法。

在这一过程中家长需要注意的是，答案不是标准的、唯一的，不能因为孩子没有给出我们所期望的答案来便给孩子们以过分的纠正，甚至是责备。如果家长责备孩子，就会破坏良好的亲子关系和氛围，造成孩子不敢如实与家长交流心中所想，家长也失去了了解孩子内心真实感受和当前发展状况的机会。

（二）评价孩子的社会情感水平

1. 投射测验法

又称故事续讲法，是指在讲故事时讲到主人公的行为以后，让孩子接着预测故事的结局的一种方法。

2. 移情测验法

是指设计能引起孩子移情的情境，来发现、了解孩子对他人的情感和态度的方法。

（三）评价孩子的社会行为水平

可用自然测验法、情景测验法来进行。

家长需要注意的是，无论使用哪一种评价方法，都应在顺其自然的、孩子乐意的状态下进行，不可强迫孩子。

五、提高家长发展孩子能力的能力

家长在评价孩子的基础上，要针对孩子的具体情况，采取一定的教育措施，促使孩子向好的方向转变，发扬优点，克服缺点，不断进步。

家长发展孩子的能力体现在多方面。

（一）发展孩子的观察力

为了提高孩子的观察力，父母在家庭生活中应当注意如下几点。

1. 激发孩子观察的兴趣

家长要通过千变万化的大自然和社会生活中的现象，来激发孩子观察的强烈欲望。比如，引导孩子观察花草树木的变化，即其形状、颜色，以及发芽、生长的过程。

2. 教给孩子观察的方法

家长可教孩子分主次观察：先观察中心部分，后观察四周；用方位程序法观察事物：由近及远或由远及近；用分析综合法观察事物：先局部后整体等；用比较法观察物体：对两种或两种以上的物体、进行比较，观察其异同点。

3. 培养孩子观察的习惯

孩子一旦形成了观察的习惯，就会积极主动地观察事物。比如，每天送孩子去幼儿园的途中，家长可让孩子观察马路上的信号灯、各种车辆、不同的行人等。

4. 支持孩子的实践活动

种植、饲养、烹调、手工等都是孩子十分喜爱的活动，孩子在操作活动中，各种感官都参与其中，能直接观察到事物的变化，获得丰富、深刻的认识。因此，父母要支持孩子各方面的实践活动。

（二）发展孩子的记忆力

记忆力是孩子储存知识的工具，是孩子智力发展的基础，为了增强孩子的记忆力，家长可从以下几个方面着手。

1. 培养孩子有意识的记忆

家长要经常给孩子提出记忆的任务，如送孩子去幼儿园的路上，记住回家的路；记住家人的生日、电话号码等，以提高孩子记忆的目的性、自觉性，促进孩子有意识记忆的发展。

2. 教给孩子记忆的方法

孩子对理解的事物能较好地记忆，所以家长要先帮助孩子理解，再让其进行记忆。例如学习唐诗，可以先以故事的形式讲给孩子听，再让他背诵。

3. 进行专门的记忆练习

家长可把多种记忆的方法教给孩子。归类法：对物体进行分析、综合、抽象、概括，建立意义联系，归类之后，孩子就能更好地识记记忆对象；协同记忆法：孩子识记时，家长要尽可能地引导他使眼、耳、鼻、口、手等各种感觉器官都参与活动，以建立多方面的联系。

（三）发展孩子的想象力

想象是孩子智力活动的翅膀，没有想象力，孩子的思维活动就腾飞不起来，家长要想丰富孩子的想象力，可从以下几个方面入手。

1. 丰富孩子的生活经验

孩子想象的水平是与其所具有的表象的数量和质量密切相关的，孩子的表象储存越丰富，其想象就越开阔、越深刻，因此，家长要让孩子多感知事物，丰富孩子各方面的经验。

2. 培养孩子的游戏想象力

游戏是孩子最喜欢的活动，孩子在游戏中通过角色扮演，想象力会逐渐发展起来。家长要有一颗童心，做孩子游戏的伙伴，和孩子一起商量游戏的主题、情节，分配游戏角色，和孩子一起玩。

3. 发展孩子的绘画想象力

家长要鼓励孩子以绘画的形式来再现现实生活，或表现想象中的未来世界。比如，孩子到儿童乐园游玩之后，鼓励孩子完成一幅游乐园景色的图画。定期把孩子的作品集中起来邀请小伙伴参观，或是用孩子的作品装扮家居空间，以强化孩子的创作热情，促进其想象力的发展。

4. 提高孩子的故事想象力

家长以多种形式给孩子讲故事，能有效提高孩子的想象力。家长可让孩子参与到讲故事的过程中：一是续故事；二是描绘故事中的情节；三是描绘角色的神态、行为；四是自己创编故事。

5. 鼓励孩子的创造想象力

孩子的想象力如果别出心裁、富有创造性，家长应予以鼓励和赞扬，不能用成人的眼光去看待孩子，不能用成人的想法去要求孩子，更不能干涉、指责孩子的自由想象，以免阻碍孩子想象力的发展。

（四）发展孩子的思维能力

思维能力是孩子智力活动的核心，是孩子智力发展的主要标志。要发展孩子的思维能力家长要做到以下几点。

1. 保护孩子的好奇心

孩子会逐渐向家长提出各种各样的问题，比如，动物中谁的本领最大？为什么早晨的太阳看起来特别大？这是孩子求知欲强的表现，家长应加以珍惜和保护，并且要耐心给予解释，以鼓励和支持孩子的探究行为。

2. 向孩子提出启发性问题

提问是家长引导孩子认识事物的一种方法，家长应经常向孩子提出一些开放性的问题。

3. 培养孩子解决问题的能力

当孩子在日常生活中遇到困难和问题时，家长不要急于告诉孩子如何战胜困难，而是要给孩子留有思考的余地，让孩子自己去寻找解决问题的各种方法。

4. 丰富孩子的词汇

语言是思维的物质外衣，家长应通过增加孩子的词汇量，来促进其思维的发展。家长可根据孩子的接受能力，适时、适量地教给孩子一些抽象的词语，并尽量联系该词语所表示的对象，以加深孩子的理解。

5. 提高孩子的逻辑思维能力

猜谜语是一项十分有趣的活动，也是训练孩子思维能力的有效活动。

（五）发展孩子良好的性格

性格是孩子对事物的综合反映，3—6 岁是孩子性格形成的关键期，孩子情绪稳定、性格开朗、心态积极向上等良好的个性特质将直接影响其未来的学习、生活和工作，而且关系到将来走上社会如何处事做人。所以，家长要特别重视从小塑造孩子积极向上的性格。

1. 锤炼孩子的意志

家长要注意培养孩子的独立性、纪律性、目的性、主动性、坚韧性，对孩子的执拗、顽固要进行积极的引导。

2. 陶冶孩子的性情

家长要注意培养孩子活泼愉快的心境和积极稳定情绪。做到既不溺爱孩子，又不过于严厉要求孩子，不滥用体罚，以免孩子养成被动依赖的坏习惯或产生胆小畏惧的心理，唯唯诺诺，失去童年的天真和欢乐。

3. 培养孩子与人交往的正确态度

家长应鼓励孩子遇到问题自己想办法解决。比如，孩子们之间发生了争吵，家长应让孩子自己动脑筋解决问题，如启发他们大家轮流玩、交换玩等，使孩子在争吵中学会与别人合作和分享，以及正确交往、友好相处的技能。

4. 养成孩子理智的性格

家长要注意培养孩子主动观察、独立思考、大胆想象的习惯，这可以通过日常生活来进行。

（六）做好幼小衔接的准备

幼儿园和小学是两个截然不同的教育阶段，家长在孩子入学前，要有意识地培养孩子的学习能力，使孩子能较快地适应小学生活。

1. 提高孩子专心听说的能力

家长可以通过说有趣的口令、说悄悄话、听话做动作或做表情、玩词语接龙等游戏提高孩子专心听说的能力。家长讲话时要求孩子保持安静，注意力高度集中，听清楚、听准确家长所说的话；记住听到的内容，并能加以复述。

2. 训练孩子正确书写的能力

首先引导孩子学会正确的握笔姿势和坐姿，根据孩子个人情况和能力，灵活安排孩子的具体实践内容和时间。在幼儿时期重点在于培养孩子良好的书写习惯，并不是要求孩子能写、会写大量的汉字。

3. 培养孩子认真看书的能力

阅读是孩子一生学习的重要形式，家长在孩子步入小学前就应该对此加以指导，教给孩子阅读的正确姿势和方法，如拿书的手势、坐姿、书籍和眼睛的距离以及阅读的步骤等。同时教育孩子不躺着看书，不在光线过强或过暗的环境下看书，不用手指沾唾液翻书，使孩子养成良好的阅读习惯，提高阅读能力。

随着人们生活水平的不断提高、家庭生活条件的日益改善，家长也可以选用视听媒体，定期为孩子拍摄一些照片和视频，作为孩子发展过程中的珍贵资料。

需要注意的是，家长在培养孩子各个方面能力的同时，也应严格要求自己，为孩子做好示范表率。

参考文献

[1] 张燕．幼儿园管理［M］．北京：北京师范大学出版社，1997.

[2] 党劲．幼儿园教育活动设计与实践［M］．长春：东北师范大学出版社，2009.

[3] 徐萍．幼儿区角活动［M］．福州：福建教育出版社，2009.

[4] 张建岁．幼儿园安全工作指南［M］．长春：东北师范大学出版社，2012.

[5] 项家庆．幼儿教师的十大教学技能及训练［M］．天津：天津教育出版社，2012.

[6] 李生兰．幼儿家庭教育［M］．上海：上海教育出版社，2000.

后　记

自2011年以来，陕西省宝鸡教育学院连续四年承担并组织实施的“国培计划”项目，共有22个项目，培训学员1924人。其中涉及幼儿教师培训的项目有11个，培训幼儿教师1402人。

“国培”工作的进一步推进以及一线教师的专业需求，对我们提出了新的、更高的要求。编撰一本适合目前幼教现状、通俗易懂、简明规范、能够给予参训教师专业理念和技能帮助的幼儿教师学习指导手册，成为摆在我们面前的紧迫任务。为此，陕西省宝鸡教育学院成立编写组，由张昭、孟凡、杨婕同志共同研究、策划、设计、编撰了此书，以期为幼教培训事业做出一点贡献。

在陕西省教育厅、宝鸡市教育局以及各县区的各级领导、幼儿园领导的关心和大力支持下，宝鸡教育学院培训工作的质量和社会效益不断提升，在这里，特别感谢各级领导对学院“国培”工作的信任和支持，感谢兄弟单位以及基层幼儿园对“国培”工作的鼎力协助。同时，在编撰过程中，我们参阅了大量的名家专著，汇编了他们的观点、理论和教学案例，在此一并表示感谢！由于时间仓促，缺乏经验，书中疏漏在所难免，敬请方家不吝赐教。

西南师范大学出版社
《名师工程》系列丛书目录

系列	序号	书　　名	主编	定价
陕派名师系列	1	《让教育走进灵魂深处——一位优秀教师的教育心语》	刘跃红	30.00
	2	《教育与梦想同行——宝鸡“国培计划”项目成果精选》	李春杰	30.00
	3	《中小学教师师德素养提升80讲》	张军学　曹永川 国晓华	30.00
	4	《轻松突破作文瓶颈——构建范畴思想下的作文思维》	李旭山	35.00
	5	《爱在人生伊始——幼儿教师培训指导手册》	张　昭	35.00
	6	《为儿童的终身发展奠基——幼儿教师必备的幼教技能》	靳存安	30.00
	7	《如何成为一名专家型教师》	孙铁龙　党　纳	35.00
教研提升系列	8	《语文教师必备的音韵学素养》	李明孝	30.00
	9	《校本教研的7个关键点》	孙瑞欣	30.00
	10	《教师怎样做小课题研究——高效助力教师专业化成长》	徐世贵　刘恒贺	30.00
	11	《今天我们应怎样评课》	张文质　陈海滨	30.00
	12	《今天我们应怎样进行教学反思》	张文质　刘永席	30.00
	13	《一节好课需要的教育智慧》	张文质　姚春杰	30.00
教育探索者·鲁派名师系列	14	《追问历史教学之道》	钟红军	36.00
	15	《灵动英语课——高效外语教学氛围创设艺术》	邵淑红	30.00
	16	《校园，幸福教育的栖居》	武际金	30.00
	17	《复调语文——尊重生命自我成长的语文教学》	孙云霄	30.00
	18	《智趣数学课——在情感深处激发学生的数学智能》	王冬梅	30.00
	19	《高品位“悦读”——让情感与心灵更愉悦的阅读教学》	马彩清	30.00
	20	《品诵教学——感悟母语神韵的阅读教学》	侯忠彦	30.00
	21	《智趣化学课——在快乐中提升学生的科学素养》	张利平	30.00
名师解码系列	22	《教育需要播种温暖——谢文东与儒雅教育》	余　香　陈柔羽 王林发	28.00
	23	《为了未来设计教育——梁哲与探究教育》	冼柳欣　肖东阳 王林发	28.00
	24	《真心是教育的底色——谭永焕与真心教育》	谭永焕　温静瑶 王林发	28.00
	25	《做超越自我的教师——刘海涛与创新教育》	王林发　陈晓凤 欧诗停	28.00
	26	《打造灵动的教育场——张旭与情感教育》	范雪贞　邹小丽 王林发	28.00
高效课堂系列	27	《让数学课堂更高效——教研员眼中的教学得失》	朱志明	30.00
	28	《从教会到教慧——小学生数学学习能力的培养艺术》	滕　云	30.00
	29	《用什么提高课堂效率 ——有效数学课必须关注的10大要素》	赵红婷	30.00
	30	《让作文更轻松——小学作文高效教学36锦囊》	李素环	30.00
	31	《让研究性学习更高效 ——研究性学习施教指导策略》	欧阳仁宣	30.00
	32	《让母语融入学生心灵——提升学生语文素养的高效施教艺术》	黄桂林	30.00

系列	序号	书　　名	主编	定价
创新课堂系列	33	《重塑课堂生命力——小学新课堂教改成功之路》	陈华顺	30.00
	34	《小学语文“三环节”阅读教学法——自学、读讲、实践》	薛发武	30.00
	35	《个性化课堂教学艺术：小学语文》	商德远	30.00
	36	《如何实现三维目标——让学生与文本共鸣的诵读教学》	张连元	30.00
	37	《想说　会说　有话可说——突破作文瓶颈的三维教学法》	杨和平	30.00
	38	《综合课的整合创新教学》	周辉兵	30.00
	39	《如何打造学生喜欢的音乐课堂》	张　娟	30.00
	40	《理想课堂的构建与实施——一个教研员眼中的理想课堂》	张玉彬	30.00
	41	《小学语文：决定教学质量的关键策略》	李　楠	30.00
	42	《用〈论语〉思想提升数学教育智慧》	胡爱民	30.00
	43	《童化作文——浸润儿童心灵的作文教学》	吴　勇	30.00
名校系列	44	《人本与生本：管理与德育的双重根基》	广州市广外附设外语学校	30.00
	45	《生本与生成：高效教学的两轮驱动》	广州市广外附设外语学校	30.00
	46	《世界视野与现代意识：校本课程开发的二元思维》	广州市广外附设外语学校	30.00
	47	《让每个生命都精彩——生命教育校本实践策略》	王鹏飞	30.00
	48	《好学校，从关注每个学生开始——石梅小学优质教育多元感悟》	顾　泳　张文质	30.00
思想者系列	49	《回归教育的本色》	马恩来	30.00
	50	《守护教育的本真》	陈道龙	30.00
	51	《教育，倾听心灵的声音》	李荣灿	30.00
	52	《心根课堂——让教育随学生心灵起舞》	刘云生	30.00
	53	《做一个纯粹的教师》	许丽芬	26.00
	54	《率性教书》	夏　昆	26.00
	55	《为爱教书》	马一舜	26.00
	56	《课堂，诗意还在》	赵赵（赵克芳）	26.00
	57	《今日教育之民间立场》	子虚（扈永进）	30.00
	58	《教育，细节的深度反思》	许传利	30.00
	59	《追寻教育的真谛——许锡良教育思考录》	许锡良	30.00
	60	《做爱思考的教师》	杨守菊	30.00
教育探索者·鲁派名校系列	61	《让生命异彩纷呈——差异教育的构建与实施》	张晓琳	30.00
	62	《博弈中的追求——一位中学校长的“零”作业抉择》	李志欣	30.00
	63	《大教育视野下的特色课程构建——海洋教育的开发实施》	白刚勋	30.00
名师教学手记系列	64	《唤醒生命的对话——孙建锋语文教学手记》	孙建锋	30.00
	65	《让作文教学更高效——王学东写作教学手记》	王学东	30.00
名校长核心思想系列	66	《智圆行方——智慧校长的50项管理策略》	胡美山　李绵军	30.0
	67	《做一个智慧的校长》	孙世杰	30.00
	68	《成为有思想的校长》	赵艳然	30.00

系列	序号	书名	主编	定价
创新班主任系列	69	《班主任专业化成长策略》	杨连山	30.00
	70	《班级活动创新与问题应对》	杨连山 杨 照 张国良	30.00
	71	《班集体建设与创新人才培养》	李国汉	30.00
	72	《神奇的教育场——打造特色班级文化创新艺术》	李德善	30.00
创新语文教学系列	73	《曹洪彪新概念快速作文》	曹洪彪	30.00
	74	《小学语文：享受对话教学》	孙建锋	30.00
	75	《小学语文：名师教学目标落实艺术》	刘海涛 王林发	30.00
	76	《小学语文：名师魅力教学设计艺术》	刘海涛 王林发	30.00
	77	《小学语文：名师魅力课堂激趣艺术》	刘海涛 豆海湛	30.00
	78	《小学语文：单元整体教学构建艺术》	李怀源	30.00
	79	《小学作文：名师情趣课堂创设艺术》	张化万	30.00
优化教学系列	80	《高效教学组织的优化策略》	赵雪霞	30.00
	81	《高效教学方法的优化策略》	任 辉	30.00
	82	《高效教学过程的优化策略》	韩 锋	30.00
	83	《让教学更生动——激发兴趣让学生快乐认知》	朱良才	30.00
	84	《让教学更高效——策略创新让教学事半功倍》	孙朝仁	30.00
	85	《让教学更开放——拓展延伸让学生触类旁通》	焦祖卿 吕 勤	30.00
	86	《让教学更生活——体验运用让学生内化知识》	强光峰	30.00
	87	《让知识更系统——整合与概括让学生建构体系》	杨向谊	30.00
	88	《让思维更创新——思辨与发散让学生思维活跃》	朱良才	30.00
名师名课系列	89	《名师如何炼就名课》（美术卷）	李力加	35.00
教师成长系列	90	《做会研究的教师》	姚小明	30.00
	91	《学学名师那些事》	孙志毅	30.00
	92	《给新教师的建议》	李镇西	30.00
	93	《教师心灵读本：成为有思想的教师》	肖 川	30.00
	94	《教师心灵读本：教师，做反思的实践者》	肖 川	30.00
幼师提升系列	95	《全国优秀幼儿健康教育活动课例评析》	教育部教育管理信息中心	30.00
	96	《全国优秀幼儿艺术教育活动课例评析》	教育部教育管理信息中心	30.00
	97	《全国优秀幼儿社会教育活动课例评析》	教育部教育管理信息中心	30.00
	98	《全国优秀幼儿语言教育活动课例评析》	教育部教育管理信息中心	30.00
	99	《全国优秀幼儿科学教育活动课例评析》	教育部教育管理信息中心	30.00
教师修炼系列	100	《班主任工作行为八项修炼》	杨连山	30.00
	101	《教师心理健康六项修炼》	李慧生	30.00
	102	《教师专业化五项修炼》	杨连山 田福安	30.00
	103	《课堂教学素养五项修炼》	刘金生 霍克林	30.00
	104	《高效教学技能十项修炼》	欧阳芬 诸葛彪	30.00
	105	《教师新师德六项修炼》	王毓珣 王 颖	30.00
创新数学教学系列	106	《小学数学：名师教学目标落实艺术》	余文森	30.00
	107	《小学数学：名师高效教学设计艺术》	余文森	30.00
	108	《小学数学：名师易错问题针对教学》	余文森	30.00
	109	《小学数学：名师魅力课堂激趣艺术》	余文森	30.00
	110	《小学数学：名师同课异教》	林高明 陈燕香	30.00
	111	《小学数学：名师抽象问题艺术教学》	余文森	30.00

系列	序号	书名	主编	定价
教育心理系列	112	《做最好的心理导师——中学生心理健康咨询手册》	杨　东	30.00
	113	《每天学点教育心理学》	石国兴　白晋荣	30.00
	114	《学生心理拓展训练与指导》	徐岳敏	30.00
	115	《好心态成就好学生——学生心理问题剖析与对症教育》	李韦遴	30.00
教学新突破系列	116	《把教学目标落实到位——名师优质课堂的效率管理》	冯增俊	30.00
	117	《拿什么调动学生——名师生态课堂的情绪管理》	胡　涛	30.00
	118	《零距离施教——名师和谐师生关系的构建艺术》	贺　斌	30.00
	119	《一个都不能落——名师提升学困生的针对教学》	侯一波	30.00
	120	《让学习变得更轻松——名师最能吸引学生的情境设计》	施建平	30.00
	121	《让知识变得更易学——名师改造难学知识的优化艺术》	周维强	30.00
教育通识系列	122	《用心做教师——青年教师快速成长的十大定律》	王福强	30.00
	123	《做最受学生欢迎的老师》	赵馨　许俊仪	30.00
	124	《做有策略的校长——经典寓言与学校管理智慧》	宋运来	30.00
	125	《做有策略的教师　经典故事中的教育启示》	孙志毅	30.00
	126	《从学生那里学教书》	严育洪	30.00
	127	《突破平庸——提升教育质量的31个跳板》	严育洪	30.00
	128	《教育，诗意地栖居》	朱华忠	30.00
	129	《好班规打造好班级》	赵　凯	30.00
	130	《做学生成长的引领者——学生终身成长的素质培养》	田祥珍	30.00
	131	《如何管出好班级——突破班级管理的四大瓶颈》	刘令军	30.00
	132	《青春期性教育教师实用手册》	闵乐夫	30.00
高中新课程系列	133	《高中新课程：教师角色转变细节》	缪水娟	30.00
	134	《高中新课程：班主任新兵法细节》	李国汉　杨连山	30.00
	135	《高中新课程：教学管理创新细节》	陈　文	30.00
	136	《高中新课程：更有效的评价细节》	李淑华	30.00
名师讲述系列	137	《施教先施爱——名师讲述班主任的核心教导力》	杨连山　魏永田	30.00
	138	《在欢乐中成长——名师讲述最具活力的课堂愉快教学》	王斌兴	30.00
	139	《让学生做自己的老师——名师讲述如何提升学生自主学习能力》	徐学福　房　慧	30.00
	140	《引领学生高效学习——名师讲述如何提高学生课堂学习效率》	刘世斌	30.00
	141	《教育从心灵开始——名师讲述最能感动学生的心灵教育》	张文质	30.00
教育管理力系列	142	《名校激励管理促进力》	周　兵	30.00
	143	《名校安全管理执行力》	袁先潋	30.00
	144	《名校师资团队建设力》	赵圣华	30.00
	145	《名校危机管理应对力》	李明汉	30.00
	146	《名校校本研究创新力》	李春华	30.00
	147	《学校文化力建设策略》	袁先潋	30.00
	148	《名校长核心教育力》	陶继新	30.00
	149	《名校长高绩效领导力》	周辉兵	30.00

系列	序号	书　　名	主编	定价
教育管理力系列	150	《名校行政管理细节力》	杨少春	30.00
	151	《名校教学管理提升力》	张　韬　戴诗银	30.00
	152	《名校学生管理教导力》	田福安	30.00
	153	《名校校园文化构建力》	岳春峰	30.00
大师讲坛系列	154	《大师谈教育心理》	肖　川	30.00
	155	《大师谈教育激励》	肖　川	30.00
	156	《大师谈教育沟通》	王斌兴　吴杰明	30.00
	157	《大师谈启蒙教育》	周　宏	30.00
	158	《大师谈教育管理》	樊　雁	30.00
	159	《大师谈儿童人格塑造》	齐　欣	30.00
	160	《大师谈儿童习惯培养》	唐西胜	30.00
	161	《大师谈儿童能力培养》	张启福	30.00
	162	《大师谈早恋与性教育》	闵乐夫	30.00
	163	《大师谈儿童情感教育》	张光林　张　静	30.00
教育细节系列	164	《名师最具渲染力的口才细节》	高万祥	30.00
	165	《名师最有效的沟通细节》	李　燕　徐　波	30.00
	166	《名师最有效的激励细节》	张　利　李　波	30.00
	167	《名师培养学生好习惯的高效细节》	李文娟　郭香萍	30.00
	168	《名师人格教育的经典细节》	齐　欣	30.00
	169	《名师营造课堂氛围的经典细节》	高　帆　李秀华	30.00
	170	《名师最有效的赏识教育细节》	李慧军	30.00
	171	《名师最有效的批评细节》	沈　旎	30.00
教学提升系列	172	《方法总比问题多——名师转变棘手学生的施教艺术》	杨志军	30.00
	173	《用特色吸引学生——名师最受欢迎的特色教学艺术》	卞金祥	30.00
	174	《让学生爱上课堂——名师高效课堂的引导艺术》	邓　涛	30.00
	175	《拿什么打开思路——名师最吸引学生的课堂切入点》	马友文	30.00
	176	《没有记不牢的知识——名师最能提升学生记忆效果的秘诀》	谢定兰	30.00
	177	《让学生的思维活起来——名师最激发潜能的课堂提问艺术》	严永全	30.00
国际视野系列	178	《行走在日本基础教育第一线》	李润华	26.00
	179	《润物细无声——品鉴国外德育智慧》	赵荣荣　张　静	30.00
	180	《不让一个学生掉队——国际视野下的教育均衡实践》	乔　鹤	28.00
	181	《从白桦林到克里姆林宫——俄罗斯中小学教育纪实》	赵　伟	30.00